Veronika Koren

Siegfried Lauffer
Kurze Geschichte der antiken Welt

Siegfried Lauffer

Kurze Geschichte der antiken Welt

BECHTERMÜNZ

Genehmigte Lizenzausgabe für Weltbild Verlag GmbH, Augsburg 2001
(Veränderter Nachdruck der Lizenzausgabe der
TR-Verlagsunion, München)
Copyright © by Verlag Georg D.W. Callwey GmbH & Co., München

Einbandgestaltung: Studio Höpfner-Thoma, München
Einbandmotiv: AKG, Berlin
Gesamtherstellung: Clausen & Bosse, Leck
Printed in Germany
ISBN 3-8289-0769-5

2004 2003 2002 2001

Die letzte Jahreszahl gibt die aktuelle Lizenzausgabe an.

Inhalt

5

Vorwort

Die Geschichte der Griechen und Römer galt lange als Grundlage jeder Geschichtsbetrachtung. Seitdem sich der historische Horizont jedoch auf die Völker und Kulturen aller Kontinente ausgedehnt hat und die Vorgeschichte ebenso wie die Zeitgeschichte umfaßt, hat das Altertum seine frühere primäre Bedeutung weithin verloren. Dennoch wird die Geschichte der Antike auch in Zukunft die Welt der klassischen Geschichte und Geschichtsschreibung bleiben. In ihr sehen wir Menschen und Ereignisse, Schicksale und Probleme auch anderer Zeiten, einschließlich der Gegenwart, in exemplarischer Weise vorgeprägt, nicht in dem Sinne, daß sich der Ablauf der Geschichte wiederholen würde oder daß Vorbilder nachzuahmen wären, sondern als Quelle bleibender, gültiger Erkenntnisse. Der Wert der Geschichte erschließt sich erst dann, wenn man nicht nur historisches Wissen sammelt, sondern auch darüber nachdenkt. Griechen und Römer, die in vieler Hinsicht so grundverschieden erscheinen und doch in ihrer Überlieferung und Nachwirkung als Kulturwelt der Antike eine Einheit bilden, stellen uns im einzelnen wie im ganzen immer wieder vor diese Aufgabe.

Die vorliegende kurzgefaßte Darstellung beruht auf den Angaben der Quellen und den Ergebnissen der Forschung. Dabei wurde jedoch angestrebt, die Dinge aus sich selbst verständlich zu machen. Auf Fachbegriffe wurde nicht verzichtet, doch werden sie auch nicht als bekannt vorausgesetzt, sondern aus dem Zusammenhang erklärt. Sowohl der Kenner wie der Liebhaber der Antike soll angesprochen sein.

Dem Text ist das Manuskriptbuch zu zwei Fernsehreihen über griechische und römische Geschichte zugrunde gelegt, die im Studienprogramm des Bayerischen Rundfunks unter Leitung von Dr. W. Flemmer und in anderen Programmen gesendet wurden. Diese Fassung wurde nochmals durchgesehen, im wesentlichen aber nicht geändert.

Einige Wiederholungen, die je unter griechischem oder römischem Aspekt dasselbe behandeln, wurden absichtlich beibehalten, um die Zusammengehörigkeit der beiden Teile noch deutlicher hervortreten zu lassen. Das gemeinsame Personen- und Sachregister soll ebenfalls die Verbindungen aufzeigen. Die Zeittafeln beschränken sich auf die Orientierung über die Angaben im Text. In das Verzeichnis ausgewählter Fachliteratur sind vor allem solche Werke aufgenommen, die für ein tieferes Eindringen in die antike Geschichte und Kultur heranzuziehen sind.

Dem Verlag Georg D. W. Callwey, der dieses Buch angeregt und durch die freundliche Vermittlung der TR-Verlagsunion herausgebracht hat, möchte ich an dieser Stelle aufrichtig danken. Mein besonderer Dank gilt dabei Herrn Karl Baur, dessen Rat und Sachkenntnis mir in vielen Fragen sehr wertvoll waren.

Siegfried Lauffer

Griechenland

URSPRUNG
EUROPAS

I. Einleitung und Frühzeit

Die Griechen bedeuten den Ursprung Europas. Wenn wir hier von den Griechen sprechen, so meinen wir die antiken Griechen. Die heutigen Griechen sind ihre Nachkommen und sind ein europäisches Volk wie jedes andere auch, mit allen Möglichkeiten begabt und allen Gefahren unserer Gegenwart ausgesetzt. Die antiken Griechen sind die geistigen Ahnen und das Urbild aller Völker Europas. Die griechische Geschichte nennen wir deshalb die klassische Geschichte. Wie die moderne Weltkultur von unserem kleinen Erdteil Europa ausgegangen ist und heute alle Kontinente erfaßt hat, so ging einst von Griechenland, einem Anhängsel unseres Kontinents, die europäische Kulturbewegung aus und durchdrang im Laufe der Zeit alle Länder und Völker Europas.

Niemand kann seinen Ursprung verleugnen und sich dem Gesetz der Fortwirkung entziehen. Deshalb kommen wir immer wieder auf die Griechen zurück und erkennen uns selbst in ihrer Geschichte, in ihren Vorzügen und ihren Schwächen. Jede Wiederentdeckung der Griechen, zuerst durch Cicero und die römischen Philhellenen, dann durch die Renaissance und die Humanisten, im Klassizismus Winckelmanns, Goethes und Humboldts, im Historismus Droysens und Burckhardts, jede neue Hinwendung zum Griechentum bedeutete eine neue Epoche der Geistesgeschichte, einen Fortschritt des Menschen in seiner Selbsterkenntnis und Selbstverwirklichung.

Dabei wurde immer wieder versucht, das Wesen des Griechentums auf eine Formel zu bringen. Man sah in den Griechen die Verkünder der Wahrheit – im Apollon von Olympia –, der Schönheit – in der Venus von Milo –, der Freiheit – in den Tyrannenmördern von Athen –, aber alle diese Definitionen erwiesen sich als unzulänglich, das Ganze zu erfassen. Es waren die eigenen, immer neuen Ideale, die man bei den Griechen vorgeprägt sah. Das wird in Zukunft nicht anders sein und soll nicht anders sein. Wir werden im antiken Griechentum finden, was wir für unsere eigene Zukunft brauchen. Es wird ein neuer, realer und kritischer Humanismus sein. Schon heute brauchen wir ihn, vielleicht mehr als vieles andere.

11

Die Betrachtung der Griechen und ihrer Geschichte soll real und kritisch sein, das heißt, nicht wirklichkeitsfremd und lebensfremd, nicht ästhetisierend und schwärmerisch, wie man früher oft von den Griechen sprach. Man soll ihre erstaunlichen Leistungen und Fähigkeiten bewundern, aber man soll auch die Schattenseiten ihres Lebens und ihrer Geschichte sehen. Auch darin sind sie lehrreich. Vielleicht wird man in der Zukunft noch ganz andere, neue Dinge an den Griechen sehen, entdecken, hervorheben. Ihre Geschichte ist unerschöpflich. Wenn man von den Griechen nicht mehr reden wird, wird auch von der europäischen Kultur nicht mehr die Rede sein.

Die griechische Geschichte ist daher nicht nur politische Geschichte, sondern ebenso oder noch mehr Kulturgeschichte. Wir würden ein unvollständiges Bild vom Griechentum gewinnen, wenn wir nur die vergangenen Ereignisse ihrer Geschichte betrachten würden, nicht auch ihre bleibenden Leistungen. Kein anderes Volk hat der Nachwelt eine solche Fülle von Werken der Kunst und Literatur hinterlassen, ein so reiches Erbe an Gedanken, Begriffen, Ideen. Auch wer es nicht wahrhaben will, verkennt oder leugnet, lebt doch davon.

Wir wollen uns das Verständnis der griechischen Geschichte, von der uns ein Zeitabstand von zwei Jahrtausenden trennt, nicht dadurch erleichtern, daß wir die Dinge modernisieren und aktualisieren. Ihre fortwirkende Bedeutung offenbart sich von selbst. Es ist die Aufgabe der Wissenschaft, die geschichtlichen Tatsachen zuverlässig festzustellen und sie in ihrer Eigenart darzustellen.

Um eine Vorstellung vom Verlauf der griechischen Geschichte zu gewinnen, haben wir zunächst ihre einzelnen Epochen ins Auge zu fassen. In der Frühzeit oder frühgriechischen Zeit, zu der die kretisch-mykenische Kultur gehörte, etwa bis 1200 v. Chr., wurden die Grundlagen geschaffen, auf denen die historische Entwicklung beruhte. Mehrere Elemente oder Komponenten, verschiedene Völker, Sprachen und Kulturen teils mittelmeerischen Ursprungs, teils östlicher oder nördlicher Herkunft, vereinigten sich während dieser Zeit zu der vielseitigen, vielbegabten Einheit des Griechentums.

Die zweite Hauptepoche, das Zeitalter Homers, der Aristokratie und der archaischen Kunst, etwa bis 500 v. Chr., stellt gleichsam die Jugend des Griechentums dar. Vieles scheint noch in starren Formen befangen, doch kam das Leben aus ungebrochener Kraft. Was später folgte, wurde in großen Unternehmungen erprobt und geistig vorbereitet.

Die nächste Epoche, das 5. und 4. Jahrhundert v. Chr., gilt mit Recht als

12

der klassische Höhepunkt der griechischen Geschichte und Kultur, verkörpert durch den Parthenon in Athen. In dieser kurzen Zeit der Reife vollbrachten die Griechen ihre bedeutendsten Leistungen, mit denen sie auch auf die Nachwelt am stärksten eingewirkt haben. Es sind Werke des Geistes und der Kunst, und es ist zugleich die Zeit des Perikles und der Demokratie.

Die hellenistische Epoche, vom 3. bis 1. Jahrhundert v. Chr., war gleichsam das moderne Zeitalter des antiken Griechentums, eingeleitet durch Alexander den Großen. Der Hellenismus, die griechische Weltkultur, breitete sich nach allen Richtungen aus und nahm dabei das Erbe des Ostens in sich auf.

In der Römerzeit schließlich, besonders im römischen Kaiserreich, vom 1. Jahrhundert n. Chr. an, fand die griechische Geschichte des Altertums ihren Abschluß. Durch die Einbeziehung der hellenistischen Staatenwelt ins Römertum und durch den Zusammenschluß der griechisch-römischen Kultur fand die christliche Spätantike den Übergang zum Mittelalter.

Wenn man das Land der Griechen betrachtet, die Geographie Griechenlands, so hat man nicht den Eindruck, als sei dieses Volk durch seinen natürlichen Raum zu weltgeschichtlicher Bedeutung bestimmt gewesen. Das Land ist ungemein gebirgig, erreicht alpine Höhen, hat keinen einzigen schiffbaren Flußlauf und nur wenige fruchtbare Ebenen. Es ist ein Ausläufer der Balkanhalbinsel, nur nach Norden mit der Festlandsmasse verbunden. Die Siedlungs- und Verkehrsverhältnisse waren daher von Anfang an nicht günstig. ›Griechenland ist ein armes Land‹, sagt Herodot. Dieser Satz gilt ebenso für das Altertum wie für die Gegenwart. Zu Griechenland gehört aber auch die See. Land und See gehören hier zusammen. Da die griechische Küste reich gegliedert ist und viele Hafenbuchten hat – anders als die Küsten Italiens und Spaniens –, war die Küstenschiffahrt seit ältester Zeit leicht möglich. Dazu kommt die große Zahl der ägäischen Inseln. Sie liegen so dicht, daß man sie nach kurzer Fahrt fast überall am Horizont auftauchen sieht. Schon frühe Zeichnungen auf Ton, vom 3. Jahrtausend v. Chr., gefunden auf diesen Inseln, zeigen Schiffsdarstellungen, ein primitives Boot mit Rudern, das für den Verkehr in der Ägäis genügte. Der ganze ägäische Raum also, einschließlich der Nordküste, der Meerengen, der Westküste Kleinasiens und der Insel Kreta im Süden, bildete zusammen mit dem griechischen Festland eine geographische Einheit.

So erscheint die Lage Griechenlands günstiger, als es zunächst aussah.

13

Über die Ägäis ergab sich die Verbindung mit den Ländern des Ostens und der altorientalischen Kultur, was für den Beginn der geschichtlichen Entwicklung in Griechenland entscheidend war. Nur wo es Verbindungen gibt, Einflüsse, Wechselwirkungen der Völker und Kulturen, kann Geschichte entstehen. Indem Griechenland aus zwei verschiedenen Richtungen immer wieder solche Einflüsse empfangen konnte, aus Norden von Europa und aus Osten vom Orient, lag es im Kreuzungspunkt, im Schnittpunkt zweier Welten. Vielleicht liegt darin eine Ursache der einzigartigen Bedeutung des Griechentums.

Mit der Erforschung der griechischen Frühzeit befaßte sich zuerst die Sprachwissenschaft. Sie erkannte, daß das Griechische eine indogermanische Sprache ist, verwandt den meisten Sprachen Europas, wie die Wortvergleichung zeigt, zum Beispiel griechisch patér, lateinisch pater, deutsch Vater. Daraus ergibt sich, daß die Griechen von Norden her eingewandert sein müssen und ihre Sprache im Lande durchgesetzt haben. Die drei Dialektgruppen, der jonische, der achäisch-äolische und der dorische Dialekt, lassen erkennen, daß diese Einwanderung nach Stammesgruppen in mehreren Wellen erfolgte. Zuerst kamen wohl die Joner, zuletzt die Dorier.

Eine Anzahl alter Ortsnamen, Berg- und Flußnamen in Griechenland, die nicht indogermanisch sind, können somit nur von der vorgriechischen Urbevölkerung stammen, die schon vor der Einwanderung der Griechen im Lande war. Es sind vor allem Namen mit den Endsilben -inthos, -assos, -ossos und ähnlich, also Korinthos, Parnassos, Knossos. Ihr weites Verbreitungsgebiet zeigt, daß die Träger dieser untergegangenen Sprache nicht nur in Griechenland und in der Ägäis, sondern auch im Westen und besonders in Kleinasien lebten. Man bezeichnet diese älteste Schicht als mediterranes Substrat, mittelmeerische Grundbevölkerung. Die Griechen selbst nannten solche Völker Autochthonen, Ureinwohner. Sie zählten dazu die Pelasger, die Karer und Leleger, die zum Teil noch in historischer Zeit in Kleinasien nachweisbar sind. Von dieser vorgriechischen Schicht sind auch einige Kulturwörter und Pflanzennamen mit den gleichen Endungen wie jene Ortsnamen erhalten, so Labyrinth, Hyazinthe, Terebinthe, Narzisse, Zypresse.

Anthropologische Beobachtungen stützen und ergänzen die Ergebnisse der Sprachforschung. Es ist nicht zu leugnen, daß sich bestimmte körperliche Merkmale über lange Zeiträume hinweg vererben und unverändert erhalten können. Der feingliedrige, dunkel pigmentierte Typus der Griechen, der sich ähnlich in Unteritalien, Sizilien und anderen Mittel-

14

meerländern findet, geht offenbar auf das altmediterrane Volkstum zurück. Er bestätigt, was schon das Fortleben der Ortsnamen beweist, daß nämlich die Vorbewohner von den zahlenmäßig schwächeren Einwanderern nicht ausgerottet, sondern nur zurückgedrängt wurden und sich im Laufe der Zeit als Typus wieder durchsetzen konnten. Gewisse charakteristische Gebärden, besonders der Hände, eine Art uralter Zeichensprache, die man noch jetzt übereinstimmend bei den Mittelmeervölkern findet, scheinen ebenfalls auf diese älteste Schicht zurückzugehen. Doch die meisten Aufschlüsse über die Frühzeit Griechenlands verdanken wir den Bodenfunden, den Ausgrabungen der Archäologie. Jedes Jahr werden dabei neue Entdeckungen gemacht und wir lernen immer wieder dazu. So ist es gelungen, von den einzelnen Kulturperioden und ihrer zeitlichen Abfolge ein recht klares Bild zu gewinnen. Schematisch kann man sagen, daß die jüngere Steinzeit oder neolithische Zeit etwa bis zur Mitte des 3. Jahrtausends v. Chr. dauerte. Auf sie folgte die Bronzezeit von rund 2500 bis 1200 v. Chr., gegliedert in die frühe, mittlere und späte Bronzezeit, wofür auch die Bezeichnung helladische bzw. minoische Zeit gebräuchlich ist, helladisch für das Festland, minoisch für Kreta. Der Ausdruck ›minoisch‹ ist von Minos, dem sagenhaften Herrscher und Gesetzgeber Kretas, abgeleitet. Das Fachwort ›helladisch‹ im Sinne von frühgriechisch hat den Zweck, die bronzezeitlichen Frühgriechen, die Helladiker, von ihren späteren Nachkommen, den eigentlichen Griechen, die sich selbst Hellenen nannten, zu unterscheiden. Die Helladiker verhalten sich also zu den Hellenen etwa wie die Germanen zu den Deutschen. Den letzten Abschnitt der festländischen Bronzezeit, die späthelladische Zeit, pflegt man nach der berühmten Burg von Mykene auch als mykenische Zeit zu bezeichnen. Mit dem Beginn der Eisenzeit um 1200 v. Chr. endet die Frühgeschichte Griechenlands.

Wenn wir diese Übersicht mit unseren vorhergehenden Feststellungen kombinieren, so können wir jedenfalls die letzte griechische Einwanderungswelle der Dorier, die Dorische Wanderung, auf diesen Zeitpunkt um 1200 ansetzen, da man weiß, daß sie das Ende der mykenischen Kultur herbeigeführt hat. Eine frühere große Einwanderung läßt sich archäologisch auch für die Zeit um 2000 nachweisen. Die Grabungsbefunde zeigen nämlich, daß zahlreiche Siedlungen der frühen Bronzezeit in einer Schutt- und Brandschicht untergegangen sind. Ähnliche Beobachtungen wurden übrigens in Italien gemacht, wo ebenfalls um 2000 und um 1200 starke indogermanische Einwanderungen von Norden erfolgten. Wahrscheinlich liegen allen diesen Bewegungen gemeinsame Ursachen zugrun-

15

de, Klimaveränderungen und Völkerverschiebungen in Mittel- und Osteuropa. Die mediterrane Urbevölkerung schließlich, von der wir ausgingen, wäre demnach in die neolithische Zeit und frühe Bronzezeit einzuordnen.

Betrachten wir nun die einzelnen Kulturperloden etwas genauer! Wenn wir zunächst fragen, auf welchem Fund- und Beweismaterial diese Erkenntnisse hauptsächlich beruhen, so sind vor allem die Scherben zu nennen. Die schlichte Tonscherbe ist nicht nur das häufigste und dauerhafteste Relikt des frühgeschichtlichen Menschen, sondern auch das zuverlässigste Objekt der Bodenforschung. An der keramischen Technik, an den Gefäßformen und der Ornamentik lassen sich die verschiedenen Zeiten und Kulturen meist ohne weiteres erkennen.

Schon die neolithische Keramik Griechenlands weist bezeichnenderweise nach zwei verschiedenen Richtungen, nach Osten und nach Norden. Die Sesklo-Keramik, benannt nach dem Hauptfundplatz Sesklo im südlichen Thessalien, mit roten Streifenmustern und feinster weißer Politur, die oft wie Porzellan aussieht, noch ohne Töpferscheibe gemacht, steht sichtlich in Verbindung mit ähnlichen Funden in Kleinasien, Syrien, Mesopotamien. Da die Kultur in diesen Ländern älter und entwickelter war als in Griechenland, kann der Einfluß nur von Ost nach West, nicht umgekehrt gegangen sein. Die neolithische Sesklokultur Griechenlands war also ein westlicher Vorposten, eine Außenprovinz der altorientalischen Kultur. Ob dabei eine Volkseinwanderung von Osten erfolgte oder nur eine Kulturübertragung durch Handelsverkehr, läßt sich nicht entscheiden.

Die Sesklobevölkerung bestand meist aus Bauern. Ihre Siedlungsplätze in der fruchtbaren thessalischen Ebene lagen doppelt so dicht wie die heutigen Dörfer Thessaliens. Zu den neolithischen Funden gehören zahlreiche weibliche Tonfiguren, sogenannte Idole, die wohl kultische Bedeutung hatten und eine Fruchtbarkeitsgöttin darstellen. Damit scheint die stark matriarchalische, mutterrechtliche Religion, Familien- und Gesellschaftsverfassung altmediterraner Völker zusammenzuhängen, in deren Mittelpunkt die Frau, nicht der Mann stand, im Gegensatz zur patriarchalischen, vaterrechtlichen Ordnung der indogermanischen Völker.

Doch auch nach Norden, zum Balkan und Donauraum, zeigt die neolithische Kultur Griechenlands schon Verbindungen. Es ist die mehrfarbige Dimini-Keramik, deren Entsprechungen bis nach Ungarn und Siebenbürgen reichen. Sie liegt stratigraphisch, schichtenmäßig, über der Seskloware, ist also jünger als diese. Zu ihren Ornamenten gehören Spi-

16

rale und Mäander, bandkeramische Muster, die bald im ganzen Ägäisbereich Verbreitung fanden. Aus späterer Zeit sind besonders die Spiralen und Rosetten an der Decke des mykenischen Kuppelgrabes von Orchomenos bemerkenswert. Der Mäander, benannt nach dem gewundenen Lauf des Flusses Maiandros in Kleinasien, hat sich als Ornamentband aus der Laufspirale entwickelt und bis in klassische Zeit so stark durchgesetzt, daß man ihn noch heute als echt griechisches Ziermuster empfindet. Die Fundamentreste von Dimini in Thessalien lassen eine mehrfach ummauerte Siedlung erkennen, mit großem Hof in der Mitte und einem Herrenhaus, dessen Grundriß mit Säulenvorhalle und Giebeldach schon den späteren griechischen Tempel andeutet. Es scheint, daß die Diminikultur von ersten Einwanderergruppen begründet wurde, die das Vardar-Tal herab vom Donauraum kamen.

In der frühen Bronzezeit setzten sich diese Einflüsse fort. Eine befestigte Siedlung auf einem Hügel nahe den Dardanellen in Nordwestkleinasien erscheint nach Anlage und Hausformen ähnlich wie Dimini. Heinrich Schliemann, der erste deutsche Ausgräber, erkannte schon 1870 in diesem Platz das sagenberühmte Troja. Er fand dort einen Schatz aus Gold – Schmuckstücke und goldenes Tafelgeschirr – und glaubte, damit den Schatz des Königs Priamos aus der Zeit des Trojanischen Krieges gefunden zu haben. Der Schatzfund stammt in Wirklichkeit aber aus viel älterer Zeit, aus der frühbronzezeitlichen Schicht, die um 2000 v. Chr. durch Zerstörung unterging. Schliemann brachte den Goldfund von Troja nach Berlin. Dort ist er in unserer Zeit, am Ende des Zweiten Weltkriegs, zum zweiten Male und endgültig zugrunde gegangen.

Solche Gefäße östlicher Herkunft wie aus Troja, mit schnabelförmigem Ausguß, im Jargon der Archäologen Sauciéren genannt, aus reinem Gold oder aus Bronze, einer Legierung aus Kupfer und Zinn, wurden im frühhelladischen Griechenland auch aus Ton hergestellt, mit glänzendem Firnisüberzug, um den Metallglanz nachzuahmen. Es ist derselbe kulturelle Einfluß, der schon bei der Sesklokultur von Osten nach Westen ging. Die ägäischen Inseln, besonders die Inselgruppe der Kykladen, spielten dabei die Vermittlerrolle. Sie entwickelten eine eigene frühbronzezeitliche Kultur, die als frühkykladisch bezeichnet wird. Zu ihr gehören die erwähnten Schiffsbilder und besonders auch Idolplastiken, eigenartig stilisiert und erstmals aus Marmor. Sie zeigen wieder die weibliche Gottheit – die größte Statue dieser Art von der Insel Amorgos ist über 1,5 m hoch –, daneben andere Darstellungen, so einen Flötenbläser und einen Harfenspieler oder Sänger, einen Vorgänger des Rhapsoden Homer.

17

Anfänge der griechischen Kultur wurden am Ende der frü-
zeit gewaltsam unterbrochen. Die starke Einwanderungswel-
den, die auf Grund der Zerstörungsbefunde in den Ausgra-
ichten anzunehmen ist, läßt sich auch durch positive Indizien
nach sen. Von Böhmen über Ungarn bis Griechenland finden sich
durchlochte Streitäxte aus poliertem Stein. Ihr Material war rückständig, seitdem es in der Ägäis schon Geräte aus Metall gab, aber in der
Hand kriegerischer Invasoren müssen diese Waffen für die friedliche
Ackerbaubevölkerung furchtbar gewesen sein. Gleichzeitig mit der Streit-
axt tritt eine fremde Keramik in Griechenland auf, primitiver in der Technik als die bemalte Firnisware und andersartig im Stil. Es ist vor allem
der Typus der bauchigen Amphora, die sich bis Mitteleuropa zurück-
verfolgen läßt. Im Gegensatz zu den asymmetrischen Schnabelgefäßen
ist sie streng tektonisch gebaut, nach indogermanischem Formprinzip,
wie man gesagt hat. Auch ihr einfaches Tannenzweig-Ornament stammt
aus dem Kulturkreis der europäischen Schnurkeramik.
In der mittelhelladischen Gefäßkunst verband sich die straffe Tektonik
mit dem Streben nach Metallimitation. Die klar gegliederten Becher und
Näpfe dieser Zeit, meist in einfachem Grauton ohne Ziermuster, sind so
hart gebrannt, daß sie sich kaum zerbrechen, nur zerschlagen lassen. Sie
sind wie der sichtbare Ausdruck des Wesens ihrer Hersteller, der Mittel-
helladiker, die sich in Griechenland durchsetzten und die mykenische
Zeit heraufführten, während auf Kreta das einheimische, minoische Element bestimmend blieb. So ergab sich der Doppelcharakter der kretisch-
mykenischen Kultur, die den Abschluß der Frühzeit bildet. In ihren Palä-
sten und Burgen spielte sich ein ungleich reicheres Leben ab als in der
vorhergehenden Zeit.
Mit der kretisch-mykenischen Kultur haben wir uns im nächsten
Abschnitt zu befassen. Die Anfänge, die wir bis jetzt betrachtet haben,
sind im Vergleich damit dürftig und unscheinbar. Dennoch sind sie nicht
bedeutungslos, eben weil sie Grundlage für alles Weitere geworden sind.

II. Die kretisch-mykenische Kultur

Die Wiederentdeckung der kretisch-mykenischen Kultur ist eine der bedeutendsten Leistungen der modernen Archäologie. Was man vorher davon kannte, waren nur mythische Namen, Sagen von Theseus und Ariadne, Atreus und Agamemnon, vom Trojanischen Krieg. Die Ausgrabungen haben uns gelehrt, daß hinter allen diesen Namen eine große geschichtliche Wirklichkeit steht, die erste Hochkultur im europäischen Raum.

Wir haben im ersten Abschnitt gesehen, wie sich die Anfänge der griechischen Frühzeit entwickelten. Auf dem Festland wechselten Einflüsse von Osten und Zuwanderungen von Norden. Kreta dagegen hatte durch seine insulare Lage eine andere Entwicklung. Gegen die kriegerischen Invasionen, die stets einen kulturellen Rückfall zur Folge hatten, war es besser geschützt, zugleich aber hatte es durch friedlichen Seeverkehr eine engere Verbindung mit den Ländern des Ostmittelmeers. Die Entstehung und Eigenart der minoischen Kultur auf Kreta beruhte also darauf, daß sich das autochthone, einheimische Element lange Zeit ohne indogermanischen, festländischen Zustrom erhalten konnte und daß es dabei von den alten Stadtkulturen des Orients starke Impulse empfing. Im 2. Jahrtausend v. Chr. war Ägypten unter den Pharaonen auf der Höhe seiner Macht, in Mesopotamien und Syrien bestanden das Babylonische und Assyrische Reich, in Kleinasien das Hethiterreich, Cypern vermittelte den Handelsverkehr.

Nach solchen Vorbildern und Anregungen entstanden auf Kreta zu Beginn der mittleren Bronzezeit oder mittelminoischen Zeit um 2000 v. Chr. die ersten Paläste und Stadtanlagen. Der größte Palast wurde in Knossos von dem Engländer Evans ausgegraben und zum Teil wiederhergestellt. Der Grundriß zeigt ein wahres Labyrinth von Räumen, um einen Mittelhof gruppiert, mit Treppen, Obergeschoß, Säulen und Lichtschächten, Bädern und Magazinen. Dabei lassen sich ältere und jüngere Bauperloden bis in spätminoische Zeit unterscheiden. Mehrmals wurde der Palast durch Erdbeben, wie es scheint, zerstört und neu aufgebaut. Ähnliche Paläste entdeckte man in Phaistos und Hagia Triada im Süden, in Mallia und zuletzt in Zakro im Osten Kretas. Eine Stadtanlage mit enggebauten Häusern und gepflasterten Gassen wurde in Gurnia freigelegt. Kleine Votivbilder zeigen, wie die Häuser aussahen, der heutigen Würfelbauweise auf den ägäischen Inseln bemerkenswert ähnlich. Auf der Insel Thera oder Santorin sind neuerdings sogar vollständig erhaltene, mehrstöckige Häuser aus minoischer Zeit zum Vorschein gekommen.

Es gab also auf Kreta städtisches Leben und eine höfische Gesellschaft unter Stadtfürsten oder unter der Herrschaft des Minos von Knossos. Nach der Überlieferung besaß Minos auch ein Seereich in der Ägäis, dem Athen tributpflichtig war. Wenn die minoische Flotte die See beherrschte und auf Kreta Friede war, dann ist es verständlich, daß die kretischen Städte und Paläste keine Mauern hatten. Auch Knossos war unbefestigt. Der Thronsaal im Palast von Knossos war zugleich Kultraum. Der Herrscher, der hier thronte, war auch Priester. Vielleicht ist ›Minos‹ nicht als Name zu deuten, sondern als Titel im Sinne von Priesterkönig. Im kretischen Kult spielte der Stier oder Stiergott eine große Rolle. Minos selbst galt bei den Griechen als Sohn der Europa und des Stiers. Deshalb gehört hierher auch die Sage vom Minotauros, einem Fabelwesen halb Stier, halb Mensch, das in der Tiefe des Palastes hauste und schließlich von dem Athener Theseus bezwungen wurde. Theseus fand mit Hilfe des Leitfadens, den er von der Königstochter Ariadne erhielt, aus dem verwirrenden Lavyrinth, das heißt aus den Palasträumen mit dem Kultzeichen der Labrys, der Doppelaxt, wieder heraus. Das Labyrinth soll Daidalos erbaut haben, dem auch die ersten Flugversuche zugeschrieben werden. Die Sage von der Tötung des Stiers durch Theseus symbolisiert wahrscheinlich den späteren Sturz der minoischen Herrschaft. Das akrobatische Stierspringen, das die Wandfresken von Knossos zeigen, fand bei kultischen Festen im Hof des Palastes statt. Dabei hat man sich die Treppen und Balkone der Palastfassade voll von Zuschauern zu denken.

Die erhaltenen Bilder zuschauender Damen lassen eine eigentümlich freie und bevorzugte Stellung der Frau in der minoischen Gesellschaft erkennen. Die Gesellschaftsordnung hatte offenbar die Tendenz zum Matriarchat. Niemals erscheinen Männer im Mittelpunkt oder an hervorragender Stelle, sondern Frauen mit lebhaften Gebärden, plaudernd, tanzend, beim Stiersprung, in Opferszenen und Prozessionen. Die weibliche Tracht besteht meist aus einer kurzen Jacke mit nackter Brust, enger Taille und einem weiten, bunten Glockenrock. Die Schlangengöttin, die Priesterinnen und die Damen der Gesellschaft werden so dargestellt. Die soge-

20

nannte Pariserin auf einem Fresko von Knossos hat porträtartige Züge, eine elegante Lockenfrisur, geschminkte Lippen, einen graziösen Hals. Die Männer, so der Prinz mit Federkrone und Wespentaille, scheinen feminin, ähnlich der Vasenträger, der laufende Soldat oder der etwas stutzerhafte Wachoffizier. Man hat gesagt, die Struktur der minoischen Hofgesellschaft mit ihren Stierspielen, dem Typus der Dame und den zugehörigen Kavalieren erinnere an die spanische und französische Hofkultur des 17. und 18. Jahrhunderts. Solche tieferen morphologischen Zusammenhänge über lange Zeiträume hinweg mögen in der Tat vorhanden sein, doch sind sie historisch nicht sicher zu beweisen.

Eine Szene des minoischen Volkslebens wird trefflich illustriert durch die Schnittervase von Hagia Triada. Dargestellt ist ein Zug von Landarbeitern, die anscheinend von der Ernte kommen, angeführt von einem Aufseher im Fransenrock. Die Männer marschieren im Gleichschritt und haben ihre Arbeitsgeräte geschultert. Ein Musikant schwingt sein Rasselinstrument, er und die Nächsten singen lauthals dazu. Einer ist gestolpert und packt den Vordermann, der sich umdreht, am Bein. Das Vasenbild ist meisterhaft. Es gibt dazu nichts Vergleichbares.

Die minoische Vasenkunst ist insgesamt sehr bedeutsam und charakteristisch. Aus der frühen Keramik der Schnabelgefäße und Firnismalerei entwickelte sich in mittelminoischer Zeit der sogenannte Kamares-Stil, genannt nach einer Kulthöhle im kretischen Idagebirge. Auf dunklem Grund sind weiße und bunte Muster gemalt, Spiralen, Rosetten, Pflanzen, Tiere, Motive einer unerschöpflichen Phantasie. Im spätminoischen ›Palast-Stil‹ erreichte diese Kunst ihre Vollendung. Die Formen der Gefäße sind elastisch geschwungen, die Ornamente bizarr und zugleich naturhaft, Seelilien und Tintenfische umspielen die Gefäßwand. Diese Vasen sind der Inbegriff der kretischen Kunst. In den Wandfresken der Paläste findet man dieselbe phantastische Welt mit märchenhaft erscheinenden Blumenwiesen, Affen, Greifen und Delphinen. Im Detail noch präziser sind solche Darstellungen auf den gravierten Gemmen, Steinsiegeln und Ringen. Hier sieht man Tiere in fliegender Bewegung, Kultszenen und zahllose andere Bilder, die wir nicht deuten können.

Auch außerhalb Kretas wurden minoische Vasen und Gemmen gefunden, im Osten bis zum Nil und Euphrat, wie andererseits auf Kreta selbst ägyptische, genau datierbare Importstücke vorkommen. Es gab also Handelsverkehr und politische Beziehungen zwischen diesen Ländern. In Oberägypten sind auf Grabgemälden kretische Gesandte dargestellt, die Vasen und andere Geschenke bringen. Sie werden dort Keftiu genannt, das heißt Kreter. Im Alten Testament bei den Israeliten sind es die ›Krethi und Plethi‹, Kreter und Philister.

Besonders eng wurden jedoch die Beziehungen Kretas zum griechischen Festland. Damit kommen wir zum zweiten Teil unserer Betrachtung der kretisch-mykenischen Kultur. Im Verhältnis zu Griechenland spielte das minoische Kreta mit seiner überlegenen Kultur eine andere Rolle als gegenüber dem Orient. Es verhielt sich zu den eingewanderten Helladikern oder Mykenern des Festlandes mehr gebend als nehmend und bestimmte dadurch weithin ihre Kultur. Auch in Griechenland wurden echte minoische Vasen gefunden, in Mykene, Argos, Pylos, deutlich zu unterscheiden von dem einfacheren, linear-tektonischen Stil der mykenischen Keramik. Kretisch ist auch der Stierkopf aus Mykene, ein Fresko aus Tiryns mit einer Eberjagd, einer Frau in minoischer Tracht. Die Wandbilder können nicht importiert worden sein, sondern setzen voraus, daß kretische Künstler dort an Ort und Stelle gearbeitet haben. Berühmt sind die zwei Goldbecher von Vaphio bei Sparta, nach Stil und Relieftechnik ähnlich der Schnittervase von Hagia Triada. Wilde Stiere werden in einem Netz zwischen Bäumen gefangen – die Bewegungen sind erstaunlich lebendig – und nach der Bändigung von einem Mann in kretischem Schurz zur Feldarbeit geführt.

Die mykenischen Palastanlagen in Griechenland zeigen klar das kretische Vorbild, so der Palast von Pylos am Westrand des Peloponnes. Man sieht wieder wie in Knossos eine Vielzahl ineinandergehender Räume und Gänge, doch mit dem Unterschied, daß beim Hof ein großes Hauptgebäude mit Saal und Vorraum liegt, das an das viel ältere Herrenhaus von Dimini erinnert. Vergleicht man damit noch den Grundriß des Palastes von Tiryns, so erkennt man hier gleichfalls in der Mitte den Hof und den Hauptbau, außen aber eine gewaltige Ummauerung, wie sie auf Kreta nirgends vorhanden war. Diese Mauern, mehr als 6 m dick, aus Blöcken bis 3 m Länge, hat man kyklopisch genannt, weil die späteren Griechen glaubten, die Kyklopen oder Zyklopen, die Riesen, hätten sie erbaut. Der Palast, der eine solche Befestigung hatte, war also zugleich eine Burg. Die Bewohner rechneten mit dem Angriff von Feinden. Anders als im friedlichen Kreta herrschte hier ein kriegerischer Geist. Die gewölbten Kasematten auf der Burg von Tiryns machen einen düsteren, drohenden Eindruck.

Die Burg von Mykene, die berühmteste dieser Art, nach der wir die ganze späthelladische oder mykenische Zeit benennen, liegt, wie schon Homer sagt, in einem Winkel der Landschaft Argolis, auf einer Anhöhe,

22

die ringsum durch Berge und Schluchten geschützt ist. Den Eingang bildet das Löwentor, mit einem Torweg, der rechts von einer Bastei flankiert wird. Von hier konnten die Angreifer aus guter Position beschossen werden, da sie den Schild links hielten. Über dem Tor aus drei kyklopischen Blöcken stehen die Löwen, nicht bloß als Wappen oder Machtsymbol, sondern als magische Beschützer der Burg. Das Motiv mit der minoischen Säule in der Mitte stammt aus Kreta, wie entsprechende kretische Siegelbilder zeigen, doch ist die monumentale Wucht dieses Reliefs nicht minoisch, sondern eben mykenisch.

Im ansteigenden Innern der Burg, auf deren Höhe der Hof und der Hauptbau liegen, ist besonders ein runder Grabbezirk bemerkenswert, mit den Schachtgräbern von Mykene. Hier fand Schliemann Skelette mit so reichen Beigaben – mehr als 30 Pfund Goldschmuck –, daß es sich nur um die Gräber der Herrscherfamilie handeln kann. Die Masken aus Goldblech, die den Toten aufgesetzt waren, zeigen bärtige Gesichter, willensstark, mit einem Zug ins Brutale. Waren das die Atriden, aus des Tantalos' Geschlecht, von deren Greueltaten, Gattenmord, Inzest, Kindermord, die griechische Sage erzählt, Atreus, Thyest, Aigisth, bis Agamemnon und Klytaimnestra? Man möchte es glauben. Die Könige von Mykene waren einst vom Balkanraum eingewandert. Dort wurden an der Grenze Albaniens ähnliche barbarische Gesichtsmasken gefunden. Ihre Gier nach Gold befriedigten die Mykener wohl nicht nur durch Handel und durch Tausch von Geschenken, sondern ebenso durch Raub und Krieg. Auf mykenischen Vasen erscheinen erstmals Kriegergestalten, auf Reliefs Streitwagenkämpfer, auf Dolchklingen eine Löwenjagd. Auch eine originale mykenische Panzerrüstung mit Eberzahnhelm wurde neuerdings gefunden. Es ist eine andere Welt und ein anderer Geist als im minoischen Kreta. Die kretisch-mykenische Kultur bildet nur eine scheinbare Einheit. Die Mykener haben vieles von Kreta übernommen, aber sie haben ihre eigene Art nicht aufgegeben.

So sind auch die Kuppelgräber, die mächtigsten Bauten von Mykene, zu verstehen. Sie sind jünger als die Schachtgräber und liegen außerhalb der Burg, in den Berghang hineingebaut. Das größte ist das sogenannte Schatzhaus des Atreus, in Wirklichkeit vielleicht das Grab des Agamemnon. Ein langer Gang mit Quaderwänden führt zum Eingang, über dem ein 120 Tonnen schwerer Türsturz ruht, in das 13 m hohe Kuppelgewölbe und zur Grabkammer, die längst ausgeraubt war, als sie entdeckt wurde. Es gibt keinen antiken Kuppelbau, außer dem Pantheon in Rom und der Hagia Sophia in Konstantinopel, mit so großartiger Raumwirkung.

Die Baumeister der Mykener waren vermutlich kretischer oder ägyptischer Herkunft, doch der mykenische Ahnenkult, bei dem die Könige in den Gräbern als Heroen verehrt wurden, das heißt als vergöttlichte Wesen, war indogermanisch.

Ähnliche Burgen, Paläste, Gräber wie in Mykene, Tiryns und Pylos hat man auch an anderen Plätzen gefunden und zwar meist dort, wo es bekannte griechische Sagen gab, was kein Zufall sein kann. In der Sage hat sich die Erinnerung an die mykenische Zeit erhalten. Besonders Theben und Orchomenos in Boitien sind hier zu nennen, Athen mit seiner Umgebung, Amyklai bei Sparta, Jolkos in Thessalien, Troja. Diese Orte waren die Zentren der mykenischen Kultur und Geschichte.

In Orchomenos, dem Sitz des Königs Minyas, fand sich ebenfalls ein Kuppelgrab, ähnlich wie in Mykene. In Theben, wo die Sagen von Kadmos und Oidipus, Kreon und Antigone, Amphitryon und Alkmene zu Hause sind, wurde erst neuerdings ein Palast freigelegt, dessen Schmuckkammer samt Inhalt fast unversehrt war. Die größte aller mykenischen Burganlagen, noch kaum erforscht, liegt auf einer einsamen Felseninsel namens Gla oder Palaiokastro in der Nähe von Orchomenos – den antiken Namen der Burg kennen wir nicht – im ehemaligen Kopaissee, der heute trockengelegt ist. Die Mauer, die hier den Palast umgibt, hat einen Umfang von 2,5 km. Auf der Akropolis von Athen, wo Theseus residierte, ist neben den Propyläen der klassischen Zeit noch ein Stück der alten Burgmauer in kyklopischem Stil erhalten, das sogenannte Pelargikon. Der Palast, der auf der Burg stand, wurde später abgetragen, als die großen Tempel errichtet wurden. In der Nähe von Sparta liegt der mykenische Burgberg von Amyklai. Dort stand der Palast des Menelaos und der Helena, deren Entführung den Trojanischen Krieg verursacht haben soll. Die schöne Helena mag man sich vorstellen ähnlich dem aparten Porträtbild, das von einer unbekannten mykenischen Fürstin erhalten ist. Von Jolkos schließlich ging die Fahrt der Argonauten aus, die Sage von Jason und Medea.

Alle diese Könige und Burgherrn, die das umliegende Land beherrschten, waren unabhängig. Sie bekriegten einander, verbündeten oder verschwägerten sich, doch hat es nie ein mykenisches Großreich gegeben, das ganz Griechenland umfaßte. Der sagenhafte Zug gegen Troja war wohl ein gemeinsames Unternehmen, zu dem sich die Fürsten unter Führung des Agamemnon verbündet hatten. Die Ausgrabungen in Troja, die nach Schliemann von Dörpfeld und Blegen fortgesetzt wurden, ergaben, daß nach den frühen Siedlungsschichten in mykenischer Zeit eine starke

24

Palastburg bestand, die 6. Schicht von Troja. Zu ihr gehört der große Mauerring, der deutliche Spuren der Zerstörung und späteren Renovierung aufweist. Ob dieser Befund auf den Trojanischen Krieg zurückgeht oder auf einen Angriff von Einwanderern, die über die Dardanellen kamen, oder auf ein Erdbeben, läßt sich nicht sicher entscheiden.

Die Sage bezeichnet die Griechen vor Troja als Achaier. Dieser alte Name für die Mykener hat sich in der Landschaft Achaia im Peloponnes und im südlichen Thessalien, der Heimat des Achilleus, erhalten. Er kommt auch in den Keilschrifttexten der Hethiter in Kleinasien vor, in denen ein Land Achijawa genannt wird. Damit könnte Griechenland oder Westkleinasien, doch auch Rhodos oder Cypern gemeint sein, wo es ebenfalls frühgriechische Achaier gab. Zwischen den Hethitern und den Achaiern müssen politische und schriftliche Kontakte bestanden haben.

Man hat lange geglaubt, es habe damals in Griechenland noch keine Schrift gegeben, weil ja die Annahme des phönikischen Alphabets erst später erfolgte. Da wurde 1939 in dem erwähnten Palast von Pylos, der Residenz Nestors, ein Archiv von 600 Tontafeln mit mykenischer Schrift gefunden. Weitere Funde von Pylos und Mykene kamen seitdem dazu. Schon aus Kreta kannte man solche Schrifttafeln in sogenannter Linearschrift, doch niemand konnte sie lesen, da Sprache und Schrift unbekannt waren. Die Entzifferung der Pylostafeln gelang 1952 dem Engländer Ventris, einem Außenseiter, der nach langem Experimentieren überraschend feststellte, daß die Sprache von Pylos ein altertümliches Griechisch war, nicht ein fremdes, vorgriechisches Idiom. Damit war bewiesen, daß die Mykener tatsächlich Frühgriechen waren. Die Schrift hat für jede Silbe ein Zeichen, ist also keine Alphabetschrift, sondern eine Silbenschrift, zum Beispiel to-ra-ke, im klassischen Griechisch = thorakes, thorax, ›Panzer‹, oder ti-ri-po-de = tripodes, tripus, ›Dreifußkessel‹. Oft stehen entsprechende Bildzeichen dabei, sogenannte Ideogramme, ein Panzerhemd, ein Dreifußkessel, wodurch die Richtigkeit der Entzifferung bestätigt wird. Bei den Schrifttafeln aus Kreta läßt sich ein älteres und ein jüngeres Silbensystem unterscheiden, Linearschrift A und B. Die jüngeren Tafeln zeigen dieselbe Schrift und mykenische Sprache wie die Funde auf dem Festland, die älteren kretischen Texte dagegen sind in einer anderen, noch immer unverständlichen Sprache geschrieben, die nur das Minoische sein kann. Aus dieser Überlagerung des Minoischen durch das Mykenische oder Frühgriechische auf Kreta ist zu folgern, daß die Mykener vom Festland her Kreta besetzten und die Minoer unterwarfen. Wahrscheinlich ist die endgültige Zerstörung des Palastes von Knossos um 1400 v. Chr.

darauf zurückzuführen. Die Mykener waren damit nicht nur die Erben der minoischen Kultur geworden, sondern auch der einstigen Macht der Minoer auf Kreta und in der Ägäis.

Die Texte in Linear B von Pylos und den anderen Fundplätzen enthalten leider keine Nachrichten über die Geschichte der mykenischen Zeit und auch keine Dichtungen von frühen Vorgängern Homers, sondern ausschließlich Buchungsnotizen der Palastverwaltung, Warenlisten und ähnliches. Wir erfahren, wieviel Weizen oder Öl geliefert wurde, was an Mobiliar samt Badewannen und Fußschemeln vorhanden war, wie groß der Bestand an Streitwagen, Schwertern und Pfeilspitzen war. Diese Angaben, so unbedeutend sie im einzelnen sein mögen, geben doch einen gewissen Aufschluß über die wirtschaftlichen Verhältnisse der mykenischen Zeit. Demnach waren die Bauern, Hirten und Handwerker zu Lieferungen und Leistungen an den Herrscher, den wanax, verpflichtet, worüber von den Beamten und Schreibern genauestens abgerechnet wurde. Auch das Opferwesen mit den Abgaben für die Gottheiten und für die Priester war so geregelt. Es gab also in Pylos und Mykene ebenso wie in Knossos eine Art von zentralisierter Königswirtschaft, die die Arbeit der Bevölkerung, die Erzeugung und den Verbrauch im Lande organisierte und kontrollierte. Ähnliche Systeme mit straffer Sozialstruktur und bürokratischem Apparat bestanden in den Großreichen des Orients, in Babylonien und Ägypten. In ihnen sahen die kretischen und mykenischen Herrscher wohl auch ihr Vorbild.

Die Tontafeln von Pylos, denen wir diese neuen Erkenntnisse über die mykenische Zeit verdanken, sind uns nur deshalb erhalten, weil sie im Feuer einer Brandkatastrophe gehärtet wurden. Um 1200 v. Chr. haben die einwandernden Dorier die Burgen und Paläste zerstört, auch Pylos. Die kretisch-mykenische Kultur fand damit ihr Ende. Ein neuer Abschnitt der Geschichte stand bevor.

26

III. Das homerische Zeitalter

Die letzte Einwanderungswelle der griechischen Frühzeit, die um 1200 v. Chr. der kretisch-mykenischen Kultur ein gewaltsames Ende bereitete, war der Teil einer größeren Völkerbewegung vom Balkanraum nach den Ländern des Ostmittelmeers. Die Phryger kamen über die Dardanellen und vernichteten das Hethiterreich in Kleinasien. Die sogenannten Seevölker griffen Ägypten an und wurden hier nur mit Mühe abgewehrt. Zu ihnen gehörten die Philister, die nach Palästina weiterzogen und diesem Land den Namen gaben. Sie stammten aus Illyrien im westlichen Balkanraum.

Von dort kamen auch die Dorier nach Griechenland. Sie besetzten den östlichen Teil des Peloponnes, wo Korinth, Argos, Sparta ihre Hauptorte wurden, ferner Kreta, Rhodos und die Südwestküste Kleinasiens. Athen konnten sie nicht erobern, so daß sich hier wie auf den Inseln und an den Küsten der mittleren Ägäis der jonische Volksstamm und Dialekt erhielt. Der Gegensatz zwischen Athen und Sparta in der griechischen Geschichte geht wesentlich auf diesen Unterschied der Joner und Dorier zurück.

Zur Zeit der Dorischen Wanderung rückten auch die Stämme der Nordwestgriechen ein. Sie besetzten vor allem Epirus, Aitolien, Phokis, Elis. In einigen Landschaften und Rückzugsgebieten konnten sich die aiolisch-achäischen Bewohner halten, so in Messenien und Arkadien, in Boiotien, Thessalien und im Küstengebiet um Lesbos. Wo es keine Umwälzungen gab, da sammelten sich Flüchtlinge und Vertriebene.

Die Vielfalt der Volksstämme und Dialektgruppen, die sich aus diesen Bewegungen ergab, macht es verständlich, daß es für die Griechen so schwierig war, im Lauf ihrer Geschichte zu größerer Einheit und Gemeinsamkeit zu gelangen. Man hat mehr den Eindruck der Zersplitterung als der Einigkeit. Eine griechische Nation hat es jedenfalls am Anfang nicht gegeben. Wir dürfen einen solchen Begriff daher auch nicht voraussetzen. Meist beginnt die geschichtliche Entwicklung mit einer Vielzahl von Stämmen und kleineren Gemeinschaften, die in erster Linie frei und unabhängig sein wollen. Erst am Schluß steht die errungene oder erzwungene Einheit. Ähnlich war es in der deutschen Geschichte und so scheint es auch in der europäischen Einigungsbewegung zu sein.

Die Griechen bezeichneten sich selbst nach einem kleinen Stamm in Thessalien als Hellenen. Dieser Name bedeutete nicht ein Volk im politischen Sinn, sondern eine Gemeinschaft der Sprache, Sitte und Kultur gegenüber den Nichtgriechen, den sogenannten Barbaren, das heißt Menschen fremder Sprache und anderer, meist geringerer Kultur. Von den Römern wurden die Hellenen als Graeci bezeichnet, nach dem Stamm der Graiker, worauf auch unsere Bezeichnung Griechen zurückgeht.

Die Zeit nach der Dorischen Wanderung hat man die dunklen Jahrhunderte genannt, weil darüber wenig überliefert ist. Aus den Wirren, in denen die mykenische Kultur untergegangen war, konnte sich nur langsam eine neue Gesittung entwickeln. Darauf bezieht sich die dorische Sage von Herakles und seinen Taten. Unermüdlich habe er gegen wilde Tiere, Räuber und Wegelagerer gekämpft, besonders im Peloponnes, um Sicherheit und Ordnung herzustellen. In ferne Länder sei er gewandert, bis zum Atlasgebirge und nach Gibraltar zu den sogenannten Säulen des Herakles. Auch die Etrusker und Römer kannten ihn unter dem Namen Hercules.

Deutlicher als die Sage gibt uns die Keramik des geometrischen Stils einigen Aufschluß über diese Zeit. Geradlinige, abstrakte Streifenmuster umziehen das ganze Gefäß, eine Ornamentik, die im Vergleich zur minoischen Vasenkunst mit ihrer naturalistischen Phantasie völlig neu und andersartig erscheint. Es liegt nahe, den straffen, streng stilisierten Charakter der geometrischen Kunst mit dem harten und nüchternen Wesen der dorischen Einwanderer in Verbindung zu bringen. Die schönsten Vasen dieser Art, Amphoren bis 1,5 m hoch, wurden jedoch in Athen gefunden, wohin die Dorier, wie schon bemerkt, nicht gekommen sind. Wir dürfen also nicht ohne weiteres vom Kunststil auf den Volkscharakter schließen oder umgekehrt. Vielleicht war es so, daß die Dorier die Anregung zum geometrischen, abstrakten Stil nach Griechenland brachten, daß er aber dann von anderen übernommen und von den künstlerisch so begabten Athenern bis zur Vollkommenheit ausgebildet wurde.

Die Funde solcher Keramik in Gräbern am Dipylon, dem Doppeltor in Athen – daher auch Dipylonvasen genannt –, belegen die Entwicklung lückenlos vorn 12. bis 8. Jahrhundert, vom einfachen protogeometischen bis zum reifen geometrischen Stil.

Eines dieser Gefäße ist besonders bemerkenswert, weil es das älteste Vorkommen der Buchstabenschrift zeigt, eine Versinschrift von rechts nach links, dem Sinne nach etwa: ›Wer am schönsten tanzt von allen, soll es haben‹, also ein Preis, den der Gewinner später mit ins Grab nahm. Die Griechen hatten wohl im 10. Jahrhundert die Lautschrift, die weit praktischer war als die mykenische Silbenschrift, von dem semitischen Handelsvolk der Phöniker übernommen und ihrer eigenen Sprache angepaßt. Die Herkunft der Buchstaben ist an ihren Formen und Namen deutlich zu erkennen: Aleph, Beth – Alpha, Beta. Ohne dieses Alphabet könnten wir uns die Kulturgeschichte der Menschheit bis in unsere Zeit nicht vorstellen.

Die knappen Figurenfelder der geometrischen Vasen zeigen Darstellungen aus dem Leben der Zeit, einen Zug von Streitwagen, Krieger und Kampfszenen, Aufbahrungen mit ritueller Totenklage, auch Sagenbilder wie die Entführung der Helena, die von Paris auf ein großes Ruderschiff gebracht wird.

Diese Szene führt uns unmittelbar zu Homer – sein Idealporträt stammt aus späterer Zeit –, in dessen Dichtungen der mykenisch-trojanische Sagenkreis unvergänglich weiterlebt. Die spätgeometrische Kunst und das homerische Epos sind in die gleiche Zeit, ins 8. Jahrhundert, zu datieren. Es ist wie ein Wunder, daß sogleich am Anfang der griechischen und europäischen Literatur ein Dichter steht, der unbestritten zu den Größten der Weltliteratur gehört, Homer, der Dichter der Ilias und der Odyssee. Manche Kritiker haben gemeint, diese Epen, die gewisse Unterschiede und Widersprüche enthalten, seien von anonymen Volkssängern aus alten Heldenliedern zusammengesetzt worden. Homer sei nur ein erfundener Sammelname und habe nie gelebt. Diese Ansicht kann heute als überwunden gelten. Gewiß hatte Homer seine Vorgänger, denen er folgte, doch verliert sein Werk dadurch nichts an Eigenart und Bedeutung.

In der Ilias wird nur eine Episode des Krieges um Troja dargestellt, der Konflikt zwischen Agamemnon und Achilleus und seine Folgen. Dabei führt uns aber das Epos durch alle Höhen und Tiefen des Daseins. Schuld und Sühne, Leben und Tod, Menschen und Götter sind sein Thema.

In den Göttern Homers erkennen wir am besten den Geist dieser Zeit. Es sind nicht mehr die tierhaften Schreckgestalten der Vorzeit wie der Minotauros oder wie Kronos und die Titanen. Sie sind aber auch nicht dem allmächtigen, fernen Weltengott der späteren monotheistischen Religionen vergleichbar. Die Götter wurden menschlich gedacht, doch von höherer Art als die Sterblichen. Sie sind immer dann gegenwärtig und wirksam, wenn der Mensch vor einer Entscheidung steht, einen Entschluß faßt oder eine Tat vollbringt. Wenn er einen klugen Einfall hat, dann war es Athena, die ihn eingegeben hat. Wenn ihn Liebe befällt, war es Aphrodite. Wenn er in dunkler Nacht den Weg findet, hat ihn Hermes geleitet. Wenn er den Bogen spannt und den Feind trifft, dann stand Apollon hinter ihm und hat den Pfeil gelenkt. Nur wenn man diesen Glauben an die Gegenwart der Götter nachvollzieht, werden sie verständlich und lebendig.

Die reale Umwelt, in der sich die epische Handlung abspielt, ist nicht mehr die mykenische Vergangenheit, trotz der alten Namen, sondern die eigene Zeit des Dichters, ähnlich wie beim Nibelungenlied, wo auch die alten, germanischen Sagenstoffe in die Realität des Mittelalters übertragen sind. Die Ilias schildert uns also die Verhältnisse des 8. Jahrhunderts, die darüber hinaus für ein ganzes Zeitalter charakteristisch sind.

Die homerischen Helden sind in Wirklichkeit fürstliche Herren dieser Zeit. Sie halten Hof und haben große Güter, ziehen mit ihren Gefolgsleuten zu ritterlichem Kampf gegeneinander aus, lassen bei Festen durch fahrende Sänger wie Homer die Taten ihrer Ahnen preisen. Es ist eine Art Adelsgesellschaft, eine Aristokratie, wie der griechische Ausdruck dafür lautet. Die Aristoi sind die ›Besten‹, wörtlich übersetzt, also die Tüchtigsten, Stärksten, Reichsten, eine exklusive Oberschicht, die über das Hofgesinde und Landvolk ›herrscht‹ und es in anerkannter Gefolgschaft hält. Untereinander betrachten sich die Aristokratengeschlechter als ebenbürtig, so die Alkmaioniden in Athen, die Bakchiaden in Korinth. Gemeinsame Angelegenheiten beraten und beschließen die benachbarten Sippen zusammen, dulden aber keine übergeordnete Gewalt. Wo sich das Königtum über die Wanderungszeit erhalten hatte, wurde es beseitigt oder eingeschränkt.

In Athen läßt sich die Entwicklung vom mykenischen Königtum bis zur reinen Aristokratie schrittweise und beispielhaft verfolgen. Zuerst wurde die Erblichkeit der Königswürde abgeschafft und die Wahl des Königs durch den Adelsrat eingeführt. Dieser Rat tagte auf dem Areshügel, dem Areiopag, einem Felsplateau unterhalb der Akropolis, der alten Königsburg. Dann wurde die Regierungszeit des Königs auf 10 Jahre beschränkt und ihm ein gewählter Adelsvertreter mit dem Titel Archon beigegeben. Schließlich gab man dem Archon die maßgebende Stellung und beließ dem König nur noch den Ratsvorsitz. Seit dem Anfang des 7. Jahrhunderts wurden die Archonten aus dem Kreis der Adelsgeschlechter jährlich gewählt.

Dabei entstanden in Athen und an anderen Orten schon städtische Verhältnisse. Bereits in spätmykenischer Zeit hatte sich am Abhang der Burgen eine Unterstadt gebildet, in der sich Handwerker und Kleinhändler

30

ansiedelten. Dort gab es bald auch einen Markt, besonders in der Nähe von Hafenplätzen. Die Aristokraten lebten zwar meist auf ihren Landgütern, brauchten aber ebenfalls eine Stadtwohnung, wenn sie zu ihren Beratungen zusammenkamen oder das Volk zu einer Versammlung beriefen. Auf diesen Voraussetzungen beruht die Bildung des griechischen Stadtstaats, der Polis.

Das Wort Polis bezeichnete ursprünglich die Burg, umfaßte dann aber auch die Siedlung am Fuß des Berges und erhielt dadurch die Bedeutung ›Stadt‹. Die Bewohner der Stadt, die Politen, entsprechen in diesem Sinn unserem Begriff des Bürgers, der auch von Burg abgeleitet ist. Alles, was die Polis und die Politen betrifft, ist somit ›politisch‹. Die ›Politik‹ ist die Beschäftigung mit den Angelegenheiten der Polis. Für die Burg kam zur Unterscheidung von der eigentlichen Stadt erst später die Bezeichnung Akropolis auf, ›Oberstadt‹. Der Burgberg von Korinth hieß daher Akrokorinth. Der Hauptplatz der Stadt, auf dem die Versammlungen und Märkte abgehalten wurden, war die Agora, wörtlich ›Versammlungsplatz‹, also in erster Linie politischer Mittelpunkt, erst danach Marktplatz.

Eigenartig waren die Verhältnisse in Sparta. Die dorischen Spartaner hatten das Eurotastal in Lakonien besetzt und nach schweren Kämpfen auch Messenien westlich des Taygetosgebirges unterworfen. Um diese Gebiete zu beherrschen, entwickelten sie eine besondere Staats- und Gesellschaftsordnung, in der auch alte Stammeseinrichtungen der Wanderzeit erhalten waren. Ihr Begründer soll der Gesetzgeber Lykurg gewesen sein. Jeder Spartaner hatte gleichen Grundbesitz und zwar so viel, daß er sich in Krieg und Frieden selbst versorgen konnte, nach dem Grundsatz der Autarkie, der wirtschaftlichen Unabhängigkeit. Die Güter waren unteilbar und unveräußerlich, so daß keine Besitzunterschiede und Klassengegensätze aufkamen. Durch streng ›spartanische‹ Erziehung, gemeinsame Lebensweise und ständige Waffenübungen waren die Männer imstande, äußere Feinde abzuwehren und vor allem die rebellischen Unterworfenen niederzuhalten, die sogenannten Heloten, die als rechtlose Hörige auf den Gütern arbeiteten. Die Vollversammlung der Spartaner wählte den Ältestenrat, die Gerusie. Zwei erbliche Könige, überwacht von den Ephoren, führten das Heer. Durch diese starre, aber äußerst stabile Ordnung und Kriegerkaste, die als unbesiegbar galt, erlangte Sparta die Vorherrschaft im Peloponnes und wurde so zur stärksten Macht in Griechenland.

Bei den langwierigen Kriegen, die während des 8. bis 6. Jahrhunderts von den Griechen geführt wurden, ging es meist um den Besitz strittiger

Grenzgebiete, da der anbaufähige Boden infolge der Zunahme der Bevölkerung immer knapper wurde. So zwang Sparta das dorische Argos zur Abtretung der Landschaften Kynuria und Thyreatis. Die Aristokraten von Chalkis auf Euboia eroberten im Kampf gegen ihre Nachbarn von Eretria die fruchtbare lelantische Ebene. Die Athener siegten über Megara und gewannen dadurch die Insel Salamis.

Die Landnot war wohl auch die Hauptursache der großen Auswanderungsbewegung dieser Zeit, der griechischen Kolonisation, die in der Mitte des 8. Jahrhunderts begann und die Küsten fast des ganzen Mittelmeers erfaßte. Im Westen fuhren die Kolonisten von Chalkis, Korinth und anderen Häfen aus nach Unteritalien, das daher die Bezeichnung Großgriechenland erhielt, weiter nach Sizilien, in die Adria, nach Südfrankreich und Spanien. Zahlreiche Siedlungen, sogenannte Apoikien, wurden gegründet, die sich zu bedeutenden Städten entwickelten und zum Teil noch heute ihren griechischen Namen tragen, so Tarent, Syrakus, Neapel, Nikaia-Nizza, Massalia-Marseille. Nur Nordwestafrika, Sardinien und Westsizilien blieb den Griechen verschlossen, weil dort schon vorher die Phöniker ihre Handelsstützpunkte gegründet hatten, vor allem das mächtige Karthago, das im Bunde mit den Etruskern die Griechen in der Schlacht bei Alalia auf Korsika zurückschlug.

Im Unterschied zu den Phönikern, die Tauschhandel trieben, kam es den Griechen darauf an, Ackerboden zu gewinnen. Sie siedelten daher meist in einer Ebene und stets an der Küste, so daß ihnen der Seeweg offen blieb. Die einheimischen Stämme in Sizilien und Italien, die Sikuler, Lukaner, Osker und andere, wurden ins Hinterland verdrängt. Wie weit aber auch dort der griechische Einfluß reichte, zeigt der Fund eines Bronzekessels, eines sogenannten Kraters, in dem keltischen Fürstengrab von Vix bei Paris, wohin er wohl über Massalia gekommen war. Zu den nachhaltigsten Wirkungen der griechischen Kultur im Westen gehört die Übermittlung der Schrift an die Völker Italiens. Von den Westgriechen stammt das lateinische Alphabet und damit auch unsere heutige Schrift.

In den Bereich der griechischen Westkolonisation gehört auch Homers Odyssee. Die Irrfahrten und Abenteuer des Odysseus bei seiner Rückkehr von Troja spielen meist im Westen. Seine Heimatinsel, wo Penelope auf ihn wartete, heißt noch heute Ithaka. Das märchenhafte Land der Phaiaken, wohin es ihn verschlug, können wir freilich nicht lokalisieren, auch nicht die Insel der Nymphe Kalypso, die Höhle des Kyklopen Polyphem, die Skylla und Charybdis mit den Sirenen. Diese Episoden der Odyssee sind Seemannsgeschichten voller Spannung und Phantasie, wie sie von

32

den Fahrten der Kolonisten aus fernen Ländern erzählt und gerne gehört wurden.

Im Ostmittelmeer war die ägäische Küste Kleinasiens und ein Teil Cyperns schon von den Frühgriechen und den Doriern besetzt worden. Jetzt besiedelten die griechischen Kolonisten vor allem die Cyrenaika, Südkleinasien und das Gebiet um die Chalkidike, die Dardanellen und den Bosporos, wo Byzantion gegründet wurde. Darüber hinaus fuhren sie, meist von Milet aus, an die Küsten des Pontos, des Schwarzen Meeres. Hier gründeten sie außer anderen Städten auch Pantikapaion-Kertsch auf Tauris, auf der Krim, sowie Tanais-Rostow an der Mündung des Don. Dadurch kamen die Skythen, die prähistorischen Steppenvölker am Nordostrand der antiken Welt, in Berührung mit der griechischen Kultur, wie die Italiker, Kelten und Iberer im Westen. Doch ähnlich wie im südwestlichen Mittelmeer die Macht Karthagos das Vordringen der Griechen verhinderte, so im Südosten das Großreich der Assyrer. In Syrien und Ägypten, im Bereich der altorientalischen Stadtkulturen, konnten nur wenige griechische Niederlassungen angelegt werden, so Naukratis im Nildelta.

Jede Kolonistensiedlung war selbständig und auch im Verhältnis zur Mutterstadt politisch unabhängig. Nur durch ihre Sippenverbände und Götterkulte, durch den Seeverkehr und gelegentliche Bündnisverträge blieben die Kolonien mit der Heimat verbunden. Jede griechische Polis, im Mutterland und in den Kolonialgebieten, beharrte auf dem Grundsatz der Autonomie, das heißt auf dem Recht, nach ›eigenen Gesetzen‹ zu leben. Freiheit galt den Griechen mehr als Einheit. So erklärt es sich auch, daß die Kolonisationsbewegung zu keinem größeren Zusammenschluß und nicht zur Bildung eines griechischen Mittelmeerreiches führte. Dazu fehlte als Voraussetzung schon eine zentrale Lenkung der Bewegung, die vielmehr aus lauter Einzelaktionen bestand. Anders verfuhren später die Römer Die römischen Kolonisten wurden alle planmäßig von Rom ausgesandt und behielten ihr römisches Bürgerrecht. Ihre Siedlungen wurden dadurch zu festen Machtstützpunkten des römischen Reiches. Ein solcher Imperialismus lag den Griechen der Kolonistenzeit völlig fern.

Die Einheit der Griechen bestand in der Gemeinschaft ihrer Sprache, Sitte und Religion. Ihren sichtbarsten Ausdruck fand sie in den panhellenischen, gemeingriechischen Kultstätten, vor allem, in Delphi und Olympia. Das Heiligtum des Apollon in Delphi, in großartiger Gebirgslandschaft am Parnaß bei der kastalischen Quelle gelegen, war ein geistiges Zentrum der griechischen Welt. Von überall kamen die Besucher

33

hierher, um das Orakel zu befragen, das heißt, um sich in persönlichen oder politischen Dingen vom Gott beraten zu lassen.

Die Sprüche der Pythia, der Prophetin des Apollon, galten als göttliche Eingebung. Sie wurden von erfahrenen Priestern verkündet, oft dunkel und zweideutig, doch immer so, daß sie eine praktische Weisung oder Lebensregel enthielten. Die delphische Priesterschaft, die über weitreichende Informationen verfügte, gab auch den Anführern der Kolonistenzüge ihren Rat. In Sparta war es üblich, über Fragen der Verfassung und der Außenpolitik ständig Gutachten aus Delphi einzuholen. Die Athener und andere erbauten Schatzhäuser in Delphi. Sogar die Könige Kroisos von Lydien und Amasis von Ägypten sandten Geschenke an das delphische Orakel. Von den Alkmaioniden, dem reichsten Aristokratengeschlecht Athens, wurde der erste große Apollontempel in Delphi erbaut. Für die Sicherheit des Heiligtums und seiner Besucher sorgte die Amphiktyonie, ein Schutzverband der umliegenden Stämme. Sie hatte auch die pythischen Spiele zu leiten, die in Delphi abgehalten wurden.

Noch größere Bedeutung erlangten jedoch die Spiele von Olympia am Alpheios im Stammesgebiet der Elier. Sie waren wohl aus einem lokalen Heroenkult der mykenischen Zeit für den Herrscher Pelops hervorgegangen, nach dem der Peloponnes benannt ist, wurden aber dann zu Ehren des olympischen Zeus, des höchsten griechischen Gottes, alle vier Jahre gefeiert. Die Wettkämpfer, die Athleten, wie man sie nannte, konkurrierten im Stadionlauf, wozu später der Fünfkampf kam, bestehend aus Lauf, Weitsprung, Ringen, Speer- und Diskoswurf. Eine Reihe weiterer Agone oder Wettbewerbe, wie Faustkampf, Wagenrennen und anderes kam noch dazu.

Die Listen der Sieger, der Olympioniken, die aus der ganzen griechischen Welt stammten, besonders häufig aus Sparta, auch aus Sizilien und Unteritalien, wurden seit dem Jahre 776 v. Chr. geführt. Dieses Datum gilt seitdem als der Beginn der Olympischen Spiele. Sie waren das größte panhellenische Fest, das die Einheit des Griechentums repräsentierte und den zahlosen Teilnehmern, Besuchern und Abordnungen immer wieder das Bewußtsein der Zusammengehörigkeit gab. Während der agonalen Spiele ruhten alle Fehden und Kriege. Es war der erste Versuch in der Geschichte, wenigstens vorübergehend eine allgemeine Friedensordnung zu stiften.

Durch die deutschen Ausgrabungen in Olympia wurde der Festplatz, die Altis, mit den Bauten und Anlagen verschiedener Zeit freigelegt. Die Mitte nimmt der Zeustempel des 5. Jahrhunderts ein, dessen Säulen durch

Erdbeben gestürzt sind. Am Fuß des Kronoshügels liegen der Tempel der Hera, das Stadion, die Übungsplätze des Gymnasions und der Palaistra sowie die Schatzhäuser, in denen die Weihgeschenke verwahrt wurden. Die ältesten Votivgaben, die man gefunden hat, sind Bronzefiguren in geometrischem Stil, Dreifußkessel mit scharf geformten Greifenköpfen als Schmuck, zahlreiche Schildzeichen und Helme.

Diese Weihungen von Olympia, die beständig dargebracht wurden, lassen nichts davon erkennen, daß das Zeitalter Homers und der Aristokratie zu Ende ging. Tiefe Wandlungen des gesellschaftlichen und geistigen Lebens setzten ein, die eine neue Epoche der griechischen Geschichte herbeiführten.

IV. Die Krise der Aristokratie

Die Zeit der Aristokratie, die wir im letzten Abschnitt betrachtet haben, war von ungewöhnlicher Dauer und Beständigkeit. Dennoch zeigt sie, wie jede Epoche der Geschichte, bestimmte innere Wandlungen, die schließlich zur Veränderung der Verhältnisse führen mußten. Dies läßt sich auf wirtschaftlichem und gesellschaftlichem Gebiet, aber auch im politischen und geistigen Leben beobachten.

Die wirtschaftliche Grundlage war stets der Landbau gewesen. Sowohl die Aristokraten auf ihren großen Gütern wie die selbständigen Bauern lebten hauptsächlich vom landwirtschaftlichen Ertrag. Auch die Kolonisten, die nach Italien, Sizilien und anderen Ländern ausgewandert waren, hatten dort Ackerboden gesucht. Die Produkte wurden in älterer Zeit meist von den Erzeugern selbst in Haus und Hof verbraucht. Sie dienten dem eigenen Bedarf der Oikonomie, wörtlich der ›Haushaltung‹. Das erste ökonomische Prinzip war also die Hauswirtschaft mit ihrem geschlossenen Kreislauf von Erzeugung und Verbrauch. Der Tauschhandel war zweitrangig und umständlich. Ein eherner Dreifußkessel ›kostete‹, wie die Ilias angibt, zwölf Rinder.

Doch die Zahl der Handwerker und Händler nahm zu, der Marktverkehr verstärkte sich. Die Hauswirtschaft entwickelte sich zur Marktwirtschaft. Dazu trug vor allem das Aufkommen des Geldes bei. Die Könige von Lydien hatten im 7. Jahrhundert damit begonnen, ihre Söldner nicht mehr mit Naturalien zu entlohnen, sondern mit kleinen Stücken Edelmetall, die einen Stempel trugen und weiterverhandelt werden konnten. Die Griechen erkannten die wirtschaftliche Bedeutung dieses Verfahrens und prägten bald darauf Münzen als Zahlungsmittel.

Es scheint, daß die Münzen zuerst als Privatgeld von einzelnen Aristokratengeschlechtern in den Verkehr gebracht wurden. Dann einigte man sich jedoch auf gemeinsame, öffentliche Prägungen der Polis. Seitdem gehört die Münzprägung zu den Hoheitsrechten des Staates. Jede Polis gab ihrem Münzgeld ein typisches Bild: Aigina eine Schildkröte, Korinth das Flügelroß, den Pegasos, Athen den Kopf der Stadtgöttin Athena und auf der Rückseite die Eule der Athena. Es waren im 6. Jahrhundert meist

Silberstücke zu 2 oder 4 Drachmen und kleinere Einheiten. Das Währungssystem beruhte auf orientalischen Gewichtsnormen, die öfters abgewandelt wurden. Gewöhnlich rechnete man 1 Talent – 60 Minen. 1 Mine = 100 Drachmen, 1 Drachme = 6 Obolen. Das aiginetische und das euböisch-attische Geld fand die weiteste Verbreitung. Das Tageseinkommen eines Handwerkers betrug 2–3 Obolen; davon konnte er leben.

Durch Handel und Gewerbe, Geldwirtschaft und Seeverkehr gewannen die Städte an der Küste und auf den Inseln immer mehr Bedeutung, vor allem Aigina, Megara, Korinth, Chalkis, Chios, Milet. Hier gab es Seeleute, Taglöhner, Gewerbetreibende, die nicht mehr vom Grundbesitz lebten, sondern von Handarbeit und Geldeinkommen. Nur im Binnenland, wie in Thessalien, Boiotien, Arkadien, Lakonien, blieb die Landwirtschaft vorherrschend. In den Handelsstädten bildete sich auch eine neue Oberschicht von Großkaufleuten, Schiffsbesitzern und Inhabern von Manufakturbetrieben, die es an Reichtum und Ansehen mit den alten Aristokratenfamilien aufnehmen konnten. Metallwaren wurden hauptsächlich in Chalkis und Samos hergestellt, Textilien in Milet und Megara, Töpferwaren in Korinth, Rhodos und Athen.

Die korinthische Keramik, die im 7. Jahrhundert den geometrischen Vasenstil ablöste, zeigt Ornamentstreifen mit Pflanzenmustern und Tierfriesen, auch Fabeltieren wie Sphingen und Greifen. Der Einfluß des Orients ist hier wie bei der ganzen materiellen Kultur Griechenlands in dieser Zeit unverkennbar. Die Handelswaren, die aus Lydien, Syrien und Ägypten eingeführt wurden, regten zu Nachahmung und Weiterbildung an.

Auch den Menschenhandel, die Sklaverei, übernahmen die Griechen vom Orient. Schon in der aristokratischen Gesellschaft Homers hatte es rechtlose Kriegsgefangene und andere Unfreie im Dienst ihrer Herren gegeben, doch erst im 7. und 6. Jahrhundert machte man den Menschen zur Ware, wie es bei den orientalischen Völkern seit ältester Zeit üblich war und als selbstverständlich galt. Erst durch die Kommerzialisierung der Unfreiheit wurde die eigentliche Sklaverei geschaffen. Der Handelsgewinn war ihr primäres Motiv. Auf der Insel Chios gab es den ersten griechischen Sklavenmarkt, wo die Gefangenen und Geraubten, meist nichtgriechischer Herkunft, verkauft wurden. Sie dienten vor allem als Arbeitskräfte in gewerblichen Betrieben, die sich dadurch vergrößern konnten und infolgedessen weiteren Bedarf an Sklaven hatten. Es waren also weniger die Agrargebiete als die Handels- und Gewerbestädte, in denen es eine wachsende Zahl von Sklaven als unterste Bevölkerungsschicht gab.

Es bleibt ein Makel des antiken Griechentums, die organisierte Sklaverei in Europa eingeführt zu haben. Der Klassizismus hat diese Tatsache oft verschwiegen oder beschönigt. Wir müssen jedoch hinzufügen, daß es ebenfalls die Griechen waren, die später das humane Denken entwickelt haben und damit auch das Bewußtsein, daß die Sklaverei ein Unrecht sei. Nur dadurch wurde es möglich, daß der Sklavenhandel heute in fast allen Ländern der Erde verschwunden ist.

Auch auf dem Lande, bei den Gutsbesitzern und Bauern, zeigten sich Rückwirkungen der wirtschaftlichen Veränderung. Der boiotische Dichter Hesiod verfaßte um 700 ein episches Lehrgedicht, die ›Werke und Tage‹, worin er den Kleinbauern Ratschläge gab, wie sie sich durch zweckmäßigen Anbau gegen Not und Verschuldung schützen könnten, vor allem gegenüber den mächtigen Aristokraten, die ihre Güter immer mehr vergrößerten. Diese Zunahme des Großgrundbesitzes führte weithin zu einer Krise des Bauernstandes. Sie verschärfte sich noch durch die Einführung des Geldwesens. Ein Bauer, der durch Mißernte in Not geraten war, konnte geliehenes Saatgetreide leichter zurückerstatten als ein verzinsliches Darlehen in Geld. Zur Sicherheit für den Gläubiger mußte er dabei auch seinen Acker verpfänden – der Begriff Hypothek stammt aus dieser Zeit – und sogar sich selbst, so daß er bei Zahlungsunfähigkeit nicht nur seinen Grund und Boden verlor, sondern auch als Schuldsklave verkauft werden konnte.

In Attika wurden die Agrarverhältnisse besonders kritisch. Zahlreiche Bauern waren versklavt, andere waren ausgewandert oder geflohen, das ganze Land befand sich in Händen weniger Großbesitzer. Der Gesetzgeber Drakon versuchte es mit strengen Maßnahmen – daher der Ausdruck ›drakonische Strenge‹ –, zum Beispiel Todesstrafe für Diebstahl von Feldfrüchten, doch die Lage verschlimmerte sich dadurch um so mehr, wie es in solchen Fällen immer geht. Es kam zu Aufständen.

Da wurde Solon im Jahre 594 v. Chr. in Athen zum Archon und Schlichter berufen. Er ist der erste große Staatsmann der griechischen und europäischen Geschichte, einer der Sieben Weisen des Altertums. Er hob die Schuldknechtschaft in Attika auf, befreite die Bauern von den Lasten und Abgaben an ihre Grundherrn und schuf damit das Fundament für die spätere attische Demokratie. Wie bahnbrechend Solon als Sozialreformer war, ist daran zu erkennen, daß in den meisten Staaten der Neuzeit die bäuerliche Leibeigenschaft und Grunddienstbarkeit erst im 18. und 19. Jahrhundert abgeschafft wurde. Solon war bestrebt, einen Ausgleich der Gegensätze herbeizuführen. ›Mit starkem Schilde‹, sagt er in einem seiner Gedichte, ›hielt ich beide Seiten davon ab, ungerecht zu siegen‹. Der Sieg der Interessen, so lehrt Solon, ist der Sieg des Unrechts.

Wenn die Bauernbefreiung Bestand haben sollte, so mußte sie notwendig durch eine politische Neuordnung ergänzt werden. Auch sie wurde von Solon auf Grund seiner Vollmachten durchgeführt. Er erkannte, daß bei den Wahlen und anderen politischen Entscheidungen nicht mehr allein die Zugehörigkeit zu den exklusiven Aristokratengeschlechtern maßgebend sein dürfe, sondern daß auch den Bauern sowie den Handel- und Gewerbetreibenden ein Mitbestimmungsrecht gegeben werden müsse. Zu diesem Zweck gliederte er die Bevölkerung in vier Einkommens- oder Vermögensklassen mit abgestuften Rechten. Wer jährlich mindestens 500 Zentner erntete oder ein entsprechendes Geldeinkommen hatte, gehörte zur obersten Klasse. Er bekam höhere politische Rechte, wurde aber auch bei der Erhebung von Umlagen und bei der Ausrüstung zum Kriegsdienst am stärksten herangezogen. Die unterste Klasse der Lohnarbeiter oder Theten hatte verhältnismäßig am wenigsten Rechte und Pflichten.

Da für die solonische Staats- und Gesellschaftsordnung also die Besitzklasse, das Timema, ausschlaggebend war, bezeichnete man sie in der griechischen Staatslehre als Timokratie. In der geschichtlichen Entwicklung steht die Timokratie etwa in der Mitte zwischen der Aristokratie und der Demokratie. Solon hatte zwar das ausschließliche Vorrecht der Aristokraten beseitigt, doch führte er keine demokratische Gleichheit aller Staatsbürger ein. Um den überwiegenden Einfluß der Oberschicht noch stärker auszugleichen, setzte er schließlich zwei neue Organe ein: den Volksrat, die Eule, als Gegengewicht zum Rat vom Areiopag, und das Volksgericht, die Heliaia, als Berufungsinstanz gegen Beamtenentscheide.

Alle diese Reformen waren grundlegend für die Zukunft, aber sie konnten zunächst nicht verhindern, daß nach Solons Amtsjahr die innerpolitischen Gegensätze in Athen aufs neue ausbrachen. Die Aristokraten wollten sich mit der Beschränkung ihrer Rechte nicht abfinden und den Besitzlosen gingen die Reformen nicht weit genug. In manchen Jahren konnte man sich nicht einmal auf die Wahl eines Archons einigen. Es herrschte ›Anarchie‹.

In den andern griechischen Staaten nahm die politische Krise dieser Zeit einen verschiedenen Verlauf. In Chios wurde ebenfalls ein Volksrat geschaffen, der die Herrschaft des Adelsrates einschränkte. Auf Lesbos führte Pittakos von Mytilene als Schlichter und Vermittler ein ähnliches Reformprogramm durch wie Solon in Athen. Im Westen wirkten die Gesetzgeber Zaleukos von Lokroi in Unteritalien und Charondas von Katane auf Sizilien in gleichem Sinne. An andern Orten gelang es jedoch der Aristokratie, ihre Rechte zu behaupten oder mit Gewalt zurückzugewinnen. Am stabilsten blieb die Lage in Sparta. Hier bewirkte die straffe und zugleich gerechte lykurgische Ordnung, daß keine Veränderungen aufkamen, was freilich auf die Dauer auch zur Folge hatte, daß Sparta hinter der allgemeinen Entwicklung der Zeit zu neuen politischen Formen immer mehr zurückblieb. Es wurde dadurch zur Schutzmacht aller aristokratischen Staaten, die um die Erhaltung ihrer konservativen Ordnung kämpften.

In vielen Städten kam es zur Errichtung einer illegalen Alleinherrschaft, der Tyrannis. Sie ist für diese krisenhafte Übergangszeit besonders charakteristisch. Als Tyrann galt jeder Machthaber, der durch einen Putsch oder auf andere gewaltsame Art zur Regierung gekommen war, um als Usurpator – darin liegt der Unterschied zu einem legalen Monarchen – seine Mitbürger zu beherrschen, wobei er sich meist auf eine Söldnertruppe stützte. Manche Tyrannen waren kluge und bedeutende Herrscher, andere regierten willkürlich, despotisch und grausam, was wir noch heute tyrannisch nennen. Nicht die Art der Herrschaftsausübung, sondern die unrechtmäßige oder nur scheinbar legale Art der Machtergreifung kennzeichnet den Begriff des griechischen Tyrannen.

Im Konflikt zwischen dem Adel und dem Volk traten diese Männer, obwohl sie großenteils den führenden Familien entstammten, als Vorkämpfer des Volkes auf. Auch während ihrer Regierung spielten sie diese Rolle. Die Tyrannis bedeutete dadurch in der griechischen Geschichte den weiteren Abbau der Adelsvorrechte und den Übergang zur späteren verfassungsmäßigen Festlegung der Volksrechte. Nirgends wurde die Tyrannis zur ständigen Regierungsform, da es weder die Aristokraten noch das Volk ertrugen, auf die Dauer von einzelnen Mitbürgern beherrscht zu werden.

Am längsten hielten sich die Tyrannen des 7. und 6. Jahrhunderts in Korinth. Hier regierten Kypselos und sein Sohn und Nachfolger Periander. Beide waren hervorragende Staatsmänner. Sie erhoben Korinth zur größten See- und Handelsmacht, gründeten zahlreiche Kolonien und zogen bedeutende Künstler an ihren Hof. In dieser Zeit wurde der Apollontempel in Korinth erbaut, der Artemistempel der korinthischen Kolonie Korkyra-Korfu mit seinem Giebelschmuck sowie der erst neuerdings wiederentdeckte Diolkos, eine Pflasterstraße, auf der die Schiffe das ganze Altertum hindurch bis ins Mittelalter über den Isthmos von Korinth gezogen wurden.

Im Osten errichtete der Tyrann Polykrates von Samos ein Seereich, das fast die ganze Ägäis umfaßte. Er trat in Beziehungen zu den Königen von Persien und Ägypten. Der Tempel der Hera, den er auf Samos erbauen ließ – noch eine Säule steht davon –, sollte an Größe und Pracht alle früheren Bauten übertreffen. Die Wasserleitung, die sein Ingenieur Eupalinos in einem unterirdischen Stollen aus den Bergen zur Stadt führte, war ebenfalls eine hohe technische Leistung.

Wie das übergroße Glück des Tyrannen und sein Ende im Volksglauben gedeutet wurde, zeigt die Geschichte vom Ring des Polykrates, die Herodot in seinem Geschichtswerk erzählt. Polykrates hatte seinen kostbarsten Siegelring, ein Meisterstück des Künstlers Theodoros, der auch beim Tempelbau mitwirkte, als Opfer ins Meer geworfen, um dem Neid der Götter zu entgehen. Doch in einem großen Fisch, den ein Fischer dem Herrscher zum Geschenk brachte, fand sich der Ring wieder. Die Götter hatten das Opfer nicht angenommen. Sie wollten den Untergang des Tyrannen, weil er maßlos in seinen Zielen und Erfolgen war. Bald darauf geriet Polykrates in die Gewalt seiner persischen Feinde und starb am Marterpfahl.

In Athen machte sich Peisistratos im Jahre 560 zum Alleinherrscher. Er war als Anführer der Bauern aufgetreten und hob deshalb auch während seiner Regierung die solonischen Gesetze nicht auf, sondern suchte die Landwirtschaft durch Kredithilfen und andere Maßnahmen weiter zu fördern. Beim Fest des Bauern- und Weingotts Dionysos ließ er durch den Schauspieler Thespis zum ersten Mal ein Kultspiel aufführen, womit die Entwicklung der dramatischen Kunst begann. Peisistratos war ›mehr Volksfreund als Tyrann‹, wie Aristoteles später urteilte, so daß seine Herrschaft in Athen ohne Schwierigkeit auf seine Söhne Hippias und Hipparch überging. Diese regierten jedoch mehr und mehr tyrannisch, bis Hippias 510 durch aristokratische Emigranten mit Hilfe der Spartaner vertrieben wurde.

Schon vorher war Hipparch einem Attentat des Harmodios und Aristotgeiton erlegen. Diese beiden ›Tyrannenmörder‹, wie man sie nannte, wurden in der Folgezeit mit den höchsten Ehren ausgezeichnet. Sie sind zu Symbolgestalten der politischen Freiheit geworden, nicht nur für die athenische Demokratie, sondern weit über die griechische Geschichte hinaus bis zur Tat der Caesarmörder an den Iden des März und bis zur Idee des Widerstandsrechts in unserer Zeit.

Es war von entscheidender Bedeutung, daß sich nach dem Sturz der Tyrannis in Athen nicht die restaurativen Kräfte durchsetzten, sondern der große Reformer Kleisthenes, ein Alkmaionide, der die Politik Solons weiterführte. Durch die Verfassung des Kleisthenes wurde die Wiederkehr sowohl der Adelsherrschaft wie der Alleinherrschaft in Athen für die Zukunft wirksam verhindert.

Die erste Maßnahme dabei war die Neugliederung des Landes in zehn Phylen, Bezirke oder Wahlkreise. Dadurch wurden die Querverbindungen der aristokratischen Sippenverbände und ihr Einfluß bei den Wahlen beseitigt, also das Gleichheitsprinzip, die Isonomie, uneingeschränkt zur Geltung gebracht. Der Volksrat erhielt 500 Mitglieder, je 50 aus einer Phyle, womit er zu einem repräsentativen Organ wurde, in dem alle Landesteile gleichmäßig vertreten waren. Die kleinste politische Einheit innerhalb einer Phyle war der Demos, das Dorf, die Ortsgemeinde, die Keimzelle der Demokratie.

Zur Verhinderung der Tyrannis führte Kleisthenes das Scherbengericht ein, den Ostrakismos. Wenn ein Politiker den Verdacht erweckte, daß er nach persönlicher Herrschaft strebe, so konnte in der Volksversammlung eine Abstimmung gegen ihn beantragt werden. Als Stimmscheine dienten dabei Tonscherben, Ostraka, auf die sein Name geschrieben wurde. Zahlreiche solche Scherben hat man in Athen gefunden. Wer ostrakisiert wurde, mußte für zehn Jahre das Land verlassen. Keinem gelang es seitdem mehr, eine Alleinherrschaft zu errichten. Der Verfassungsstaat war gesichert.

Die klar durchdachte Staatsordnung des Kleisthenes, die jeder herkömmlichen oder willkürlichen Machtausübung ein Ende setzte, läßt sich in einen größeren geistigen Zusammenhang stellen. Es ist das Erwachen des verstandesmäßigen, logischen Denkens, das Nachdenken über grundlegende Fragen der Welt und des Daseins, die Geburt des Geistes bei den Griechen. Die beweglichen Ostgriechen, die Joner, begannen im 6. Jahrhundert, die Erkenntnisse der ägyptischen und babylonischen Sternkunde, Zahlenlehre, Feldmessung zu übernehmen und selbständig zur Astronomie, Arithmetik, Geometrie weiterzubilden.

Thales von Milet konnte im Jahre 585 erstmals eine Sonnenfinsternis vorausberechnen. Anaximander und Anaximenes, beide ebenfalls von Milet, erkannten, daß die Erde frei im Raume schwebe und daß der Mond sein Licht von der Sonne empfange. Diese ersten griechischen Philosophen waren also vor allem Naturforscher oder Physiker, wie man sie nannte. Der Begriff der Natur, der Physis, wurde von ihnen geprägt. Sie machten die große Entdeckung, daß es in der Natur nicht willkürlich zugehe, nach dem Belieben höherer Mächte, sondern gesetzmäßig, nach einer kosmischen Ordnung. Kosmos heißt Welt und zugleich Ordnung. Ähnlich forderten ja auch Solon und Kleisthenes, daß es im Staat, im Leben der Polis, gesetzmäßig zugehen müsse.

Heraklit von Ephesos philosophierte noch weiter und tiefer. Das Naturgesetz, so lehrte er, ist der Logos, die Weltvernunft, ein geistiges Prinzip. Alle Dinge aber sind im Fluß – panta rhei –, in stetiger Veränderung. Es gibt kein Beharren. Dieses Problem des Seins und Werdens wurde weitergeführt von Parmenides und Xenophanes von Elea in Unteritalien. Dorthin, nach Kroton, war auch Pythagoras von Samos ausgewandert. Er erkannte die Zahl als Strukturprinzip der Welt, das Zahlenverhältnis im Wesen der Dinge. Daher lehrte die Schule der Pythagoreer Harmonie und Symmetrie, in der Mathematik und in der Musik, in der Lebensführung und Politik.

Die Erkenntnisse und Lehren aller dieser frühen griechischen Denker, der sogenannten Vorsokratiker, die vor Sokrates lehrten, bilden das Fundament der europäischen Wissenschaft und Philosophie. Mit ihnen beginnt die Geistesgeschichte. Es kennzeichnet diese Männer, daß sie es wagten, zum ersten Mal als einzelne Persönlichkeiten mit ihren Gedanken hervorzutreten und dabei den herkömmlichen Meinungen und Vorstellungen entgegenzutreten. Das Zeitalter des individuellen Denkens und Schaffens, der geistigen Freiheit, kündigte sich an.

Dasselbe beobachten wir in der Dichtung dieser Zeit. Die älteren Dichter, Homer und Hesiod, waren persönlich hinter ihrem Werk zurückgetreten und fast anonym, namenlos, geblieben. Jetzt traten Dichter mit eigenem Namen auf und brachten ihre subjektiven Überzeugungen und Erlebnisse zum Ausdruck. Solon rechtfertigte seine politische Tätigkeit und seinen Standpunkt in Gedichten. Archilochos von Paros, ein Krieger und Abenteurer, verfaßte leidenschaftliche Spottverse gegen seine Widersacher. Theognis von Megara, ein vertriebener Aristokrat, pries die gute alte Zeit und verdammte die reichen Emporkömmlinge. Alkaios und Anakreon feierten die Liebe und den Wein. Über ihnen steht Sappho von Lesbos, die erste und vielleicht größte Dichterin, die den ›bittersüßen Eros‹, wie sie ihn nennt, besang. Nach der Lyra, dem Begleitinstrument, wie es Sappho und Alkaios auf einem Vasenbild halten, bezeichnen wir jede Art dieser individuellen Dichtung als Lyrik.

Die Darstellung der beiden Gestalten auf der Vase zeigt, daß sich auch in der bildenden Kunst des 6. Jahrhunderts eine entsprechende Entwicklung vollzog. Aus der orientalisierenden Vasenmalerei mit ihren Pflanzenmustern und Tierfriesen entstand der schwarzfigurige Stil – schwarze, silhouettenhafte Figuren mit Innenzeichnung auf rotem Tongrund – mit einer Fülle lebendiger Gruppen und Personen aus Sage und Gegenwart. Manche Vasen sind mit dem Namen des Töpfers und Malers signiert, womit der Künstler erstmals als Persönlichkeit hervortritt.

Die prunkvolle ›Françoisvase‹ des Klitias und Ergotimos von Athen hat sechs Bildfriese, in der Mitte den Zug der Götter zur Hochzeit der Thetis, der Mutter des Achill. Auf einer Amphora des Exekias sitzen Achill und Aias beim Brettspiel. Auf einer Schale desselben Meisters sieht man die Meerfahrt des Dionysos, dessen Schiff von Trauben und Delphinen eingefaßt ist.

In der Skulptur trat an die Stelle der frühen geometrischen Statuetten die Großplastik in Marmor oder Bronzeguß. Das Vorbild ägyptischer Statuen ist bei den Jünglingsfiguren, den sogenannten Kuroi, die in Heiligtümern als Votivgaben und auf Gräbern aufgestellt waren, klar zu erkennen. Ebenso deutlich zeigt sich jedoch, wie sich die griechische Plastik von ihrem starren Vorbild löste. Die Haltung wird freier und bewegter, der nackte Körper stärker modelliert. Man nennt diesen Stil archaisch, altertümlich, was aber nur im Hinblick auf die spätere, klassische Kunst richtig ist. Archaisch ist die noch relativ starke Gebundenheit und Formenstrenge, die unmittelbare, ungebrochene Glaubenskraft, die aus diesen Werken spricht. Darin ist das Archaische dem Klassischen überlegen. Machtvolle Wesen sind daher auch die archaischen Löwen im Apollonheiligtum von Delos, die Tiere und Dämonen der Akropolisgiebel peisistratischer Zeit in Athen.

Die spätarchaische Kunst und Kultur zeigt zugleich jedoch auch eine zunehmende Verfeinerung, Reife und Überreife. Dazu gehört die zierliche Lockenfrisur der Kuroi, der scheinbar lächelnde Gesichtsausdruck, die lässige Eleganz der jungen Reiter. Solche Züge finden sich noch stärker bei den Mädchengestalten von der Akropolis, den Koren. Sie tragen feine jonische Gewänder, modisch gefaltet und ziseliert, in graziöser, fast koketter Haltung, wie sie offenbar dem Schönheitssinn der aristokratischen Zeit entsprach. Hier war ein Äußerstes an raffinierter gesellschaftlicher Kultur erreicht.

Die Koren wurden im sogenannten Perserschutt gefunden, das heißt in den Trümmern, womit die Oberfläche der Akropolis nach der Verwüstung durch die Perser im Jahre 480 planiert wurde. Die archaischen Statuen hat man nach dem Abzug der Perser nicht wiederaufgestellt, ihre Zeit war vorbei. Die kriegerischen Ereignisse, die damals über Griechenland hereinbrachen, haben wir im nächsten Abschnitt zu verfolgen.

V. Die Zeit der Perserkriege

Das Perserreich war um die Mitte des 6. Jahrhunderts v. Chr. von Kyros gegründet worden. Dieser bedeutende Herrscher aus dem Geschlecht der Achaimeniden von Persis, dessen Grabmal noch heute in Pasargadai steht, war einer der größten Staatsgründer der Geschichte. Kyros unterwarf nacheinander die Meder im Iran, die Lyder in Kleinasien und die Babylonier in Mesopotamien. Sein Sohn Kambyses eroberte dazu Ägypten bis zum Nilkatarakt bei Assuan. Dareios dehnte das Perserreich nach Osten bis Indien aus und griff im Westen erstmals nach Europa über, indem er durch einen Feldzug an die Donau auch Thrakien unterwarf. Er gliederte das Reich in Verwaltungsgebiete unter Statthaltern, den Satrapen, die dem ›König der Könige‹, wie sich Dareios nannte, persönlich verantwortlich waren. Die Hauptstadt war Susa nördlich des Persischen Golfs, von wo die ›Königsstraße‹ nach Westen bis Sardes in Kleinasien führte. Die Palastgarde des Dareios ist auf farbigen Wandreliefs aus Susa dargestellt, heute im Louvre in Paris. Die vielen Völker des Reiches waren zwar tributpflichtig, konnten aber ihre eigenen Sitten weithin bewahren, da die persischen Könige auf Grund der religiösen Lehre des Zarathustra ein hohes Maß von Toleranz zeigten. Auch die Juden wurden schon von Kyros aus ihrer ›Babylonischen Gefangenschaft‹ entlassen. Die indogermanischen Perser waren die Erben der altorientalischen Hochkultur geworden.

Für dieses universale Reich von der Donaumündung bis zur Indusmündung waren die Griechen nur ein Randvolk. Als Kyros den letzten Lyderkönig Kroisos 546 bei Sardes besiegt hatte, kamen auch die Ostgriechen an der Küste Kleinasiens unter persische Herrschaft. Im Jonischen Aufstand, der im Jahre 500 v. Chr. ausbrach, suchten sie sich zu befreien, wurden aber nach anfänglichen Erfolgen geschlagen. Die Einnahme und Zerstörung Milets durch die Perser 494 bedeutete das Ende der Erhebung, zugleich aber den Beginn persischer Angriffskriege gegen das griechische Mutterland, nachdem Athen und Eretria die Aufständischen unterstützt hatten. Es ist verständlich, daß Dareios infolge dieser Ereignisse die Unterwerfung ganz Griechenlands in Aussicht nahm, um die Westgrenze seines Reiches zu sichern. Wie langwierig und schicksalsvoll diese Kämpfe würden, war von keiner Seite vorauszusehen.

Zur Vorbereitung entsandte Dareios den Feldherrn Mardonios 492 in die nördliche Ägäis. Es gelang ihm, die Satrapie Thrakien zu festigen und Makedonien zur Anerkennung der persischen Oberhoheit zu zwingen. Die Flotte des Mardonios erlitt zwar am Vorgebirge Athos durch Sturm starke Verluste, doch war der Zweck des Unternehmens erreicht. Jetzt forderte Dareios durch Abgesandte die förmliche Unterwerfung von allen griechischen Staaten. Meist wurde sie zugestanden, von Athen und Sparta jedoch verweigert. Dareios befahl einen zweiten Feldzug.

Der neue persische Angriff unter Datis und Artaphernes 490 richtete sich zuerst gegen Eretria, das zerstört wurde. Darauf fuhren die Perser zur Ostküste Attikas, wo sie in der Bucht von Marathon landeten. Diesen Ausgangspunkt zum Vormarsch auf Athen hatte ihnen Hippias empfohlen, der vertriebene athenische Tyrann, der zu den Persern geflohen war. Er befand sich jetzt in ihrem Gefolge und erhoffte seine Wiedereinsetzung in Athen unter persischer Hoheit. Die Athener waren sich dieser doppelten Gefahr der Fremdherrschaft und der Wiederkehr der Tyrannis bewußt.

Doch nun bewährten sich die Reformen des Kleisthenes. Aus den zehn attischen Landesphylen, die er eingerichtet hatte, wurde ein Volksheer von 10 000 Hopliten aufgestellt, Schwerbewaffneten mit Helm und Panzer, Lanze und Rundschild, unter dem Befehl von zehn Strategen. Auf den kühnen Rat des Strategen Miltiades wartete man nicht den Angriff der Perser auf Athen ab, sondern zog dem Feind entgegen. Die Schlacht in der Küstenebene von Marathon, wo sich heute noch der Grabhügel der Gefallenen erhebt, endete mit dem Rückzug der Perser auf ihre Schiffe. Ein Mitkämpfer, der ›Marathonläufer‹, meldete den Sieg in Athen und brach dann zusammen.

Die Perser, die darauf um das Kap Sunion zur Bucht von Phaleron fuhren, konnten keine zweite Landung mehr wagen, da das athenische Heer inzwischen zum Schutze der Stadt zurückgekehrt war. Die persische Flotte gab ihr Vorhaben auf und fuhr nach Osten zurück. Für den gefallenen athenischen Heerführer Kallimachos, den Polemarchen, wurde auf der Akropolis eine Säule mit der Statue der Athena aufgestellt. Miltiades weihte seinen Helm mit Namensinschrift nach Olympia, wo er bei den Ausgrabungen gefunden wurde.

Der Sieg bei Marathon hatte mehr psychologische als militärische Bedeutung. Zum ersten Male war es gelungen, die als unüberwindlich geltenden Perser zu schlagen. Doch nicht die kampfgewohnten Spartaner, sondern die Athener hatten diesen Erfolg errungen, was in der griechischen Welt größtes Aufsehen erregte. Das politische Selbstbewußtsein Athens, sein Aufstieg zur zweiten Macht neben Sparta, nahm hier seinen Anfang. Daß der Perserkönig den Fehlschlag seines Unternehmens gegen Athen nicht hinnehmen würde, war jedoch klar. Nach dem Tode des Dareios nahm sein Sohn und Nachfolger Xerxes den Plan wieder auf, Hellas zur Satrapie zu machen. Die Kunde von neuen, gewaltigen Rüstungen der Perser kam nach Griechenland. In Athen wurde Themistokles maßgebend, ein Staatsmann von hervorragendem Weitblick. Er erkannte, daß der drohenden persischen Übermacht nur mit einer starken Flotte zu begegnen sei. So setzte er es durch, daß aus dem Ertrag der Silberbergwerke von Laureion eine Flotte von 200 Trieren, Kriegsschiffen mit drei Ruderreihen, gebaut wurde. Damit war die Seemacht Athens begründet. Den Ruderdienst versahen die besitzlosen Theten, die dadurch zunehmenden politischen Einfluß im Sinne der Demokratie erhielten. Mehrere Adelsvertreter wurden durch Ostrakismos verbannt.

Es kam das entscheidende Jahr 480. Xerxes hatte die Dardanellen überbrückt, am Athos einen Durchfahrtskanal gebaut, in Thrakien und Makedonien Proviantlager angelegt und Karthago im Westen vertraglich verpflichtet, die Griechen auf Sizilien zu gleicher Zeit anzugreifen. Die persische Streitmacht, schätzungsweise 150 000 Mann und 1000 Schiffe, setzte sich von Sardes aus in Bewegung. Xerxes selbst führte den Oberbefehl. In Griechenland war die Lage gedrückt und uneinheitlich. Die mittel- und nordgriechischen Staaten, die dem Feind am nächsten waren, erklärten meist ihre Unterwerfung. Auch das Orakel in Delphi prophezeite Unglück und verhielt sich zurückhaltend. Dagegen schlossen Athen, Sparta, Korinth und eine Reihe anderer Staaten ein Kampfbündnis, eine Symmachie, um in jedem Falle Widerstand zu leisten.

Eine erste Abwehrstellung im Norden, in der Talschlucht Tempe, mußte von den Verbündeten kampflos aufgegeben werden, da sie unhaltbar war. Die Perser besetzten Thessalien und rückten weiter vor. Am Küstenpaß der Thermopylen in Mittelgriechenland und beim Kap Artemision an der Nordküste Euboias wurde von den Griechen eine zweite Stellung bezogen, die besser gesichert schien. Vorausschauend ließ jedoch Themistokles in Athen einen Beschluß fassen, daß die Stadt notfalls evakuiert werden müsse.

Der Wortlaut dieses Beschlusses wurde neuerdings auf einer Inschrift wiedergefunden. Sie stellt ein historisches Dokument ersten Ranges dar und bringt die ernste, entschlossene Stimmung dieser kritischen Situation deutlich zum Ausdruck. Es heißt darin: ›Beschluß des Rates und Volkes von Athen auf Antrag des Themistokles. Die Stadt wird dem Schutz der Athena anvertraut. Die Frauen, Kinder und Greise werden nach Troizen und Salamis gebracht. Die Priesterinnen müssen auf der Akropolis bleiben. Alle waffenfähigen Männer gehen an Bord der 200 Schiffe, um für die Freiheit zu kämpfen. Die Strategen bestimmen ab morgen die Befehlshaber der Schiffe und weisen die Mannschaften ein. Den Göttern wird ein Opfer dargebracht, um sie gnädig zu stimmen. 100 Schiffe fahren nach Artemision und erwarten dort den Feind. Die übrigen Schiffe bleiben bei Salamis, um das Land zu schützen‹.

Die Kämpfe an den vorgesehenen Stellungen verliefen für die Griechen nicht günstig. Ihre Flotte wurde bei Artemision zum Rückzug gezwungen. Der Thermopylenpaß, an dem das Landheer unter dem Befehl des Spartanerkönigs Leonidas stand, wurde von den Persern umgangen. Da ließ Leonidas den Hauptteil des Heeres abziehen, um die Stellung mit nur 300 Spartanern und freiwilligen Thespiern noch so lange zu halten, bis auch die Flotte durch den euböischen Sund entkommen war. Dies gelang, aber Leonidas und die Seinen fielen bis zum letzten Mann. Sie wurden von den Persern durch Pfeile erlegt, die man in Massen hier gefunden hat. Den Paßhügel, auf dem sich die Thermopylenkämpfer opferten, bezeichnete ein späterer Grieche, Apollonios von Tyana, bedeutungsvoll als den höchsten Berg Griechenlands. Der Name des Leonidas wurde zum Symbol.

Ohne weiteren Widerstand konnten die Perser jetzt Attika besetzen. Athen und die Akropolis wurden zerstört. Dieses Ziel seines Feldzugs hatte Xerxes erreicht. Die griechischen Heerführer, die auf der Insel Salamis über die neue Lage berieten, waren sich nicht einig. Als sie beschlossen, die Griechen müßten sich weiter zurückziehen und am Isthmos von Korinth eine Verteidigungsstellung beziehen, drohte Themistokles als Vertreter Athens, in diesem Falle würden die Athener ihre evakuierte Bevölkerung, die dann dem Feind preisgegeben wäre, auf die Schiffe nehmen und mit ihrem Flottenkontingent nach Unteritalien auswandern, womit der Kampf für die übrigen Griechen aussichtslos werde. Er verlangte, die Entscheidung zur See bei Salamis herbeizuführen.

So geschah es. Die große persische Flotte, die in das enge Küstengewässer eingefahren war, vermochte sich hier nicht zu entfalten und wurde in der Seeschlacht bei Salamis mit starken Verlusten geschlagen. Nur ein Teil der Flotte entkam über die Ägäis. Xerxes trat mit dem Heer zu Lande den Rückzug an. Die Unterwerfung Griechenlands war gescheitert.

Um dieselbe Zeit, als bei den Thermopylen und bei Salamis gekämpft wurde, im August und September 480, griffen die Karthager auf Sizilien an. Sie landeten bei dem phönikischen Stützpunkt Panormos, dem heutigen Palermo, und rückten nach Osten bis zur griechischen Stadt Himera vor. Dort traten ihnen die sizilischen Griechen unter Führung des Gelon von Syrakus entgegen und schlugen sie ebenfalls entscheidend. Damit war auch der karthagische Angriff auf das Westgriechentum mißlungen. Die Abwehrkämpfe gegen die Perser gingen erst im folgenden Jahre zu Ende. Xerxes hatte einen Teil seines Heeres unter Mardonios in Thessalien gelassen. Dieses Perserheer besetzte 479 nochmals Athen, das wiederum geräumt werden mußte. Als jedoch die Spartaner unter ihrem König Pausanias heranrückten, zogen sich die Perser nach Plataiai in Boiotien zurück und wurden dort völlig geschlagen. Die letzten persischen Verbände verließen Griechenland und gelangten über den Bosporos nach Asien. Kurz darauf wurde am Vorgebirge Mykale in Kleinasien auch noch eine Anzahl der bei Salamis entkommenen persischen Schiffe vernichtet, wobei die Joner während des Kampfes von der Seite der Perser zu den Griechen übertraten.

Durch die Siege der Griechen bei Plataiai und Mykale 479 wurde nicht nur der persische Angriff auf Griechenland endgültig abgewehrt, sondern zugleich die Befreiung der kleinasiatischen Griechen Joniens von der persischen Herrschaft eingeleitet. Die erste, die defensive Phase der Perserkriege war abgeschlossen. Die Offensive der Griechen stand bevor. In Delphi wurde aus der Perserbeute ein goldener Dreifußkessel mit einer schlangenförmigen Säule geweiht, auf der die Namen der verbündeten griechischen Staaten eingetragen waren. Diese delphische Schlangensäule aus Erz ließ später der römische Kaiser Konstantin nach Konstantinopel bringen, wo sie heute noch steht.

Wenn wir die Ereignisse von Marathon bis Plataiai zusammenfassend beurteilen, so müssen wir ihnen eine außerordentliche geschichtliche Bedeutung zuerkennen. Die Abwehrsiege der Griechen haben verhindert, daß Griechenland eine persische Satrapie wurde. Die politische Unabhängigkeit des Griechentums war damit gesichert. Neben den Orient trat der Okzident als neuer weltgeschichtlicher Faktor. Durch die Perserkriege wurde die westliche, europäische Geschichte in ihrer Eigenständigkeit begründet. Nur dadurch wurden auch die kulturellen Leistungen der Griechen, ihre Kunst und Kultur, ihr Dichten und Denken, zum unzerstörbaren Fundament Europas. Gewiß sind in späterer Zeit bis in unser Jahrhundert größere Kriege geführt und schwerere Opfer gebracht worden. Die Taten von Marathon, den Thermopylen und Salamis wurden vielmals erreicht und auch übertroffen. Dennoch bleiben diese Namen klassisch, beispielhaft in der Geschichte, solange es Ziele gibt, für die gekämpft und gelitten wird.

Der Geschichtsschreiber der Perserkriege war Herodot. Mehr noch, er ist der Begründer der Geschichtsschreibung überhaupt, der ›Vater der Geschichte‹, wie ihn Cicero nannte. Herodot stammte aus Halikarnaß in Kleinasien, aus dem persisch-griechischen Grenzgebiet. Er bereiste wie sein Vorläufer Hekataios von Milet die Länder des Ostens und trug später, in der Zeit des Perikles, sein Geschichtswerk in Athen vor. Er nannte dieses Werk Historien, ›Erkundungen‹, und schuf damit den Begriff der historischen Wissenschaft. Es war derselbe Entdeckergeist wie bei den ersten jonischen Naturforschern und Philosophen.

Herodot beschreibt die Länder und Völker, die Geschichten und Gebräuche der Lyder und Perser, Ägypter und Babylonier, alles Große und Wunderbare, was er sah und hörte. Kein anderer Historiker kommt ihm gleich in der bunten Fülle seines Stoffs, in der Spannung und Meisterschaft seiner Erzählerkunst. Den Perserkrieg, sein Hauptthema, sieht Herodot unter dem Aspekt der Auseinandersetzung von Asien und Europa. Als erster hat er gelehrt, in Kontinenten zu denken.

Doch verfolgen wir weiter den Gang der Ereignisse! Die Schlachten des Xerxeskrieges waren geschlagen, aber es wurde kein Friede geschlossen. Der Perserkönig gab den Plan eines neuen Feldzugs nicht auf, mußte ihn jedoch verschieben, da im Innern seines Reiches, in Babylonien und Baktrien, Aufstände ausbrachen. Die Ostgriechen an den Küsten Kleinasiens erklärten sich für unabhängig und baten Sparta, ihren Schutz gegen Persien für die Zukunft zu übernehmen. Die Spartaner sagten ab, da sie keine Flottenmacht besaßen, wie sie dafür notwendig war. Sie empfahlen den kleinasiatischen Griechen, ins griechische Mutterland umzusiedeln. Die Ostgriechen lehnten diese Lösung – die ihren Nachkommen erst in unserer Zeit nach dem Ersten Weltkrieg aufgezwungen wurde – als unzumutbar ab und wandten sich mit ihrer Bitte um Hilfe an Athen.

Die Athener, im Besitz ihrer großen Flotte und im Bewußtsein ihrer Siege bei Marathon und Salamis, nahmen diesen Auftrag an. Sie wurden dadurch zur Schutzmacht der Ostgriechen gegen Persien. Im Jahre 477 wurde zu diesem Zweck der sogenannte Attische Seebund gegründet, ein Staatenbund, in dem sich mehr als 200 Stadtstaaten der ägäischen Inseln und Küsten zusammenschlossen. Es war die größte politische Organisation der Griechen im 5. Jahrhundert.

Der Mittelpunkt des Bundes war die Insel Delos mit ihrem altberühmten jonischen Apollonheiligtum. Dort tagte der Bundesrat und lag die Bundeskasse. Athen hatte wie jedes andere Mitglied nur eine Stimme im Rat, doch besaß es die Hegemonie, das heißt die Führung bei gemeinsamen militärischen Unternehmungen und damit auch den entscheidenden politischen Einfluß. Die Bundesgenossen stellten Schiffe oder leisteten Geldbeiträge, jährlich insgesamt 460 Talente, eine enorme Summe, durch die Athen finanziell zur stärksten Macht Griechenlands wurde. Die Zahlungen, deren Höhe etwa den früheren persischen Tributsätzen gleichkam, wurden durch den Athener Aristeides den ›Gerechten‹, wie man ihn nannte, entsprechend der Leistungsfähigkeit der einzelnen Staaten festgesetzt. In langen inschriftlichen Listen, die zum Teil erhalten sind, wurde darüber sorgfältig Buch geführt und öffentlich abgerechnet.

Die Weiterführung des Krieges gegen Persien mit der Seebundsflotte übernahm Kimon, der Sohn des Marathonsiegers Miltiades. Er vertrieb die Perser aus ihren letzten Stützpunkten auf europäischem Boden und schlug sie einige Jahre später an der Südküste Kleinasiens bei der Mündung des Eurymedon. Aus den Beutemitteln dieses Sieges ließ Kimon in Athen die große Stützmauer an der Südseite der Akropolis erbauen, die hier bis heute das Bild beherrscht.

Kimons Erfolge und die weitere Ausdehnung des Seebundes, dem sich nach der Schlacht am Eurymedon auch zahlreiche nichtgriechische Städte in Kleinasien anschlossen, bedeuteten für Athen einen immer größeren Machtzuwachs. Der attische Dichter Aischylos, der erste Klassiker der griechischen Tragödie, brachte dies in seinem Drama ›Die Perser‹, aufgeführt 472, zum Ausdruck. Das Stück, das von Salamis handelt, ist das älteste historische Drama der Weltliteratur, das uns erhalten ist.

Aber noch wirkte Themistokles neben Aristeides und Kimon in Athen. Durch seine Voraussicht war der Sieg bei Salamis errungen worden und auch jetzt erkannte er klarer als andere, daß die politische Konstellation sich veränderte. Als er nach dem Abzug des Xerxes darauf drang, daß die Stadtmauer Athens rasch – unter Verwendung alter Bauglieder und Denkmäler – erneuert und der Hafen Piräus ausgebaut wurde, suchten die Spartaner dagegen Einwendungen zu erheben. Auch den Aufschwung des Seebunds und die Vormachtstellung Athens in der Ägäis betrachteten sie mit Mißtrauen und zunehmender Eifersucht. Themistokles erkannte, daß in Zukunft nicht mehr Persien, sondern Sparta der Hauptgegner Athens sein würde. Er sah, daß das Kampfbündnis, das Athen und Sparta gegen Persien geschlossen hatten, nach der Beseitigung der Persergefahr seine

Aktualität verloren hatte. Die Folge der großen Perserschlachten war nicht die politische Einigung aller Griechen gewesen – was den Verzicht auf die Souveränität der Polis bedeutet hätte –, sondern das Aufkommen eines neuen innergriechischen Gegensatzes zweier rivalisierender Mächte. Neben die alte Führungsmacht Sparta war die junge Großmacht Athen getreten. Ein griechischer Dualismus war entstanden, der mehr und mehr die Gesamtlage bestimmte.

Es gelang Themistokles nicht, eine entsprechende Neuorientierung der athenischen Politik durchzusetzen, also die Offensive gegen Persien zu beenden und Athen auf einen möglichen Konflikt mit Sparta vorzubereiten. Maßgebend blieb Kimon mit seinen sichtbaren Erfolgen gegen Persien und seiner betont freundlichen Haltung gegenüber Sparta. Themistokles verfiel 470 dem Scherbengericht und mußte auf Betreiben der Spartaner Griechenland verlassen. Er wandte sich an den Perserkönig Artaxerxes, der ihn – den Sieger von Salamis – großmütig aufnahm und zum persischen Lehensträger in Kleinasien machte. Man hat es Undank genannt, daß die Athener ihren bedeutendsten Staatsmann vertrieben haben. Als ob Dankbarkeit bei politischen Entscheidungen jemals eine Rolle gespielt hätte! Wie so oft in der Geschichte geschah es vielmehr auch hier, daß ein Mann, der warnend in die Zukunft wies, unverstanden blieb und als Störungsfaktor beseitigt wurde.

Doch die Veränderung der Lage zeigte sich bald. Da die Gefahr eines persischen Angriffs nicht mehr akut war, stellten einzelne Mitgliedsstaaten des Seebunds ihre Beitragszahlungen ein und erklärten den Austritt, so Naxos und Thasos. Um eine Krise des Seebundes zu verhindern, mußte sich Athen entschließen, die abgefallenen Bundesgenossen durch Kimon gewaltsam wieder zum Anschluß zu bringen. Auch im Kampf gegen Persien kam es zu einem unerwarteten Rückschlag. Ein Teil der Bundesflotte, der nach Ägypten entsandt worden war, um im Nildelta einen Aufstand der Ägypter gegen Persien zu unterstützen, wurde dort von den Persern vernichtet. Ein erneuter persischer Vorstoß in die Ägäis war zu befürchten, so daß man die Bundeskasse 454 aus Delos nach Athen verlegte.

Dazu wurde das Verhältnis zwischen Athen und Sparta immer gespannter. Als Sparta durch eine Erhebung seiner messenischen Untertanen, der Heloten, in Bedrängnis kam und der spartanerfreundliche Kimon mit einem athenischen Heer zu Hilfe eilte, wurde er von Sparta wieder zurückgeschickt. Dieser Affront hatte zur Folge, daß der aristokratisch gesonnene Kimon seinen Einfluß in Athen weitgehend verlor und daß auch der Rat vom Areiopag, auf den er sich stützte, durch die demokratische Bewegung des Ephialtes und Perikles in seinen Rechten stark beschränkt wurde. Außerdem kündigte Athen den Spartanern das Kampfbündnis, das einst zur Abwehr des Xerxes geschlossen worden war. Der Dualismus der beiden griechischen Mächte drohte zur offenen Feindschaft zu werden. In Boiotien, wo sowohl Sparta wie Athen die Vorherrschaft erstrebten, kam es schon zu den ersten Kämpfen bei Tanagra und Oinophyta. Athen stand vor einem Zweifrontenkrieg, gegen Persien und gegen Sparta, wenn es nicht klar über seinen außenpolitischen Kurs entschied.

Die Entscheidung fiel nach dem Tode Kimons, dessen Flotte an der Küste Cyperns nochmals einen Sieg über die Perser erfocht. Darauf schloß Athen im Jahre 449 Frieden mit Persien. Es wurde vereinbart, daß die Ostgriechen in Kleinasien weiterhin zum Perserreich gehören sollten, daß aber der Perserkönig auf die Ausübung seiner Hoheitsrechte über sie verzichten werde. Das Seegebiet wurde nach den Interessen der Vertragspartner abgegrenzt. Die Perser sicherten zu, nicht mehr in die Ägäis einzudringen; Athen versprach, seine Flotte von Cypern und Ägypten fernzuhalten.

Mit diesem Kompromißfrieden endeten die Perserkriege. Athen hatte durch seinen Unterhändler Kallias, nach dem der Vertrag auch Kalliasfriede genannt wird, zwar nicht alles, aber doch vieles erreicht: die Sicherung Griechenlands vor weiteren persischen Angriffen, die Autonomie der Ostgriechen, die Anerkennung des Seebundes.

Der Staatsmann Athens, der diesen Friedensschluß vorbereitete und seine Annahme durchsetzte, weil er ihn im Hinblick auf Sparta für notwendig hielt, war Perikles. Er schloß damit eine Epoche der griechischen Geschichte ab und trat zugleich als Repräsentant eines neuen Zeitalters hervor.

54

VI. Die attische Demokratie

Die Perserkriege waren durch den Friedensschluß zwischen Athen und Persien im Jahre 449 v. Chr. beendet worden. Drei Jahre später schloß Athen auch mit Sparta einen Verständigungsvertrag, in dem die beiden Mächte vereinbarten, ihre Konflikte friedlich beizulegen. Damit begann in Griechenland eine Friedensperiode, die zwar nur 15 Jahre dauerte, aber von größter politischer Bedeutung war. Wir nennen sie das Perikleische Zeitalter. Perikles, der die Friedensverträge mit Persien und Sparta herbeigeführt hatte, wurde der leitende Staatsmann Athens in dieser Zeit. Mit seinem Namen verbinden wir die Vollendung der attischen Demokratie und den Höhepunkt der klassischen Kultur, die beiden Schöpfungen, durch die das Griechentum am meisten auf die Nachwelt gewirkt hat.

Die Demokratie, der wir uns zuerst zuwenden wollen, wurde so bedeutungsvoll, daß heute, im 20. Jahrhundert, die Staaten aller Kontinente sich als demokratisch bezeichnen. Demokratie ist geradezu die Formel für das Staatsideal der Gegenwart. Diese Tatsache allein genügt, daß man sich immer wieder mit der klassischen Demokratie Athens beschäftigen muß, um ihre geschichtliche Eigenart und ihr Verhältnis zur modernen Demokratie zu verstehen.

Die Entwicklung der Demokratie begann mit Solons Bauernbefreiung, der Abschaffung der Leibeigenschaft. Der nächste Schritt war die Verfassungsreform des Kleisthenes, durch die das Volk, der Demos, politisch gegliedert wurde und sein repräsentatives Organ erhielt, den Rat der 500. Darauf folgte die Heranziehung der Besitzlosen, der Theten, durch die Flottenpolitik des Themistokles. Sie dienten als Ruderer und konnten damit auch politische Rechte fordern. Schließlich bewirkte Ephialtes die Entmachtung des Rates vom Areiopag, des letzten Bollwerks der Aristokraten. Dadurch gelang es Perikles, der nach der Ermordung des Ephialtes die demokratische Bewegung weiterführte, das Gleichheitsprinzip für alle Staatsbürger und das Mehrheitsprinzip für alle politischen Entscheidungen vollends durchzusetzen.

Diese beiden Grundsätze, daß alle Staatsbürger gleichberechtigt sein sollen und daß alle Entscheidungen auf Mehrheitsbeschluß beruhen sollen, kennzeichnen sowohl die antike wie die moderne Demokratie. Sie wurden durch die großen Staatsrechtslehrer des 17. und 18. Jahrhunderts, John Locke, Montesquieu, Rousseau und andere, unmittelbar aus der Antike in die Neuzeit übernommen. So kam es, daß die moderne Staatsidee ihren Ursprung im antiken Athen hat, in keiner anderen Staatsform der Vergangenheit, nicht in Sparta und nicht in Rom, nicht im Kaisertum des Mittelalters und nicht im Fürstentum des Absolutismus, sondern in der attischen Demokratie.

Die Grundsätze der Gleichheit und der Mehrheit richteten sich gegen die Aristokratie und gegen die Tyrannis, also gegen Gruppenherrschaft und Alleinherrschaft. Die Aristokratie war nach demokratischer Auffassung nichts anderes als die Herrschaft einer bevorrechteten Minderheit, einer Oligarchie, wörtlich ›Regierung von Wenigen‹. Demgegenüber verlangte das Mehrheitsprinzip, daß nicht eine Minderheit, sondern eben die Mehrheit regieren solle. Die Tyrannis erschien erst recht als undemokratisch, weil nach dem Gleichheitsprinzip nicht ein Einzelner über seine Mitbürger herrschen durfte, sondern die Gesamtheit der Staatsbürger sich selbst regieren mußte. Durch den Sieg der Demokratie in Athen, der Herrschaft des Volkes, erhielten die Begriffe Oligarchie und Tyrannis für immer eine negative, verwerfliche Bedeutung.

Das Volk im Sinne der attischen Demokratie umfaßte freilich nicht die gesamte Bevölkerung des Landes Attika. Die große Zahl der Sklaven und Freigelassenen sowie die ansässigen Fremden, die Metoiken, besaßen keine staatsbürgerlichen Rechte. Auch die athenischen Frauen hatten kein Wahlrecht. Durch das Bürgerrechtsgesetz des Perikles vom Jahre 450 wurden die Demoslisten überprüft und der Kreis der Berechtigten festgelegt. Man hat etwa mit folgenden Zahlen in perikleischer Zeit zu rechnen: 30 000 vollberechtigte Politen, das heißt erwachsene männliche Staatsbürger, 120 000 Familienangehörige, 50 000 Metoiken und Freigelassene, 100 000 Sklaven. Bei einer Gesamtbevölkerung Attikas von rund 300 000 Menschen waren also nur 10% im Besitz der bürgerlichen Rechte.

Im Vergleich zur modernen Demokratie ist dies sehr wenig. Für uns Heutige ist es selbstverständlich, daß die ganze Bevölkerung eines Landes gleichberechtigt sein muß und daß niemand wegen seiner Abstammung, seinem Glauben, seiner politischen Überzeugung oder aus anderen Gründen benachteiligt oder von den Grundrechten ausgeschlossen werden darf. Diese Anschauung hat sich jedoch erst in neuerer Zeit, vor allem seit der Französischen Revolution, allgemein durchgesetzt. Noch im 20. Jahrhundert gab und gibt es dabei beschämende Rückfälle.

56

Es wäre also unbillig und anachronistisch, zu erwarten, daß schon die antiken Athener allgemein die Abschaffung der Sklaverei oder die Gleichberechtigung der Frau hätten durchführen sollen. Die Sklavenbefreiung und die Frauenemanzipation brauchten wie alle sozialen Errungenschaften der Menschheit viele Jahrhunderte zu ihrer Verwirklichung, bis in die Gegenwart. Es waren zunächst nur Ideen und Utopien, die aber gerade im demokratischen Athen erstmals diskutiert wurden.

Um die attische Demokratie in dieser Hinsicht richtig zu würdigen, muß man sie mit den anderen griechischen Staaten ihrer Zeit vergleichen. Dort waren die politischen Rechte meist auf die reiche Oberschicht beschränkt, auf nur 1000 Personen oder weniger. Auch manche großen Stadtstaaten, die oligarchisch regiert wurden, wie Massalia, hatten nur einige Hundert politisch vollberechtigte Bürger. Als es in Athen den Oligarchen in den Jahren 411 und 404 gelang, die demokratische Verfassung vorübergehend außer Kraft zu setzen und für kurze Zeit eine oligarchische Regierung zu bilden, wurde die Zahl der Wahlberechtigten sogleich von rund 30 000 auf 5000 bzw. 3000 herabgesetzt. Dieses exklusive Prinzip, daß nur die Vermögenden das volle Bürgerrecht haben sollten, wurde von der Demokratie durchbrochen. Ihre Bedeutung liegt nicht so sehr in der prozentualen Vergrößerung der Vollbürgerzahl als in der grundsätzlichen Überwindung der Besitzschranke.

Der Inhalt des demokratischen Bürgerrechts entsprach weithin unseren heutigen Grundrechten. Zur persönlichen Freiheit gehörte der Rechtsschutz gegen Injurien und Körperverletzung, die Freizügigkeit in der Wahl des Wohnorts – sie ging so weit, daß auch die Justiz keine Haftstrafen, Gefängnis oder Zuchthaus, verhängte –, ferner die Vereins- und Versammlungsfreiheit, der Schutz der Ehe, der Familie und des Eigentums, schließlich die geistige Freiheit, also Glaubensfreiheit und das Recht der freien Meinungsäußerung. Durch diese Garantie der Freiheitsrechte ist die attische Demokratie das geschichtliche Vorbild für alle Deklarationen der Menschenrechte in neuerer Zeit geworden, von der englischen Bill of Rights bis zu den Vereinten Nationen.

Die sozialen Grundrechte, die heute immer stärker ausgebildet werden, also das Recht auf Arbeit, auf Unterstützung, Altersversorgung und ähnliches, waren ebenfalls bekannt, wenigstens in Ansätzen. Von der Bautätigkeit des Perikles auf der Akropolis wird glaubhaft berichtet, daß sie unter anderem den Zweck hatte, den Athenern Arbeit und Lohn zu verschaffen. Kriegerwitwen, Invaliden und bedürftige Waisen erhielten eine Rente. Für die Ausübung öffentlicher Funktionen, so für die Geschworenenrichter, die Abgeordneten des Rates, die Besucher der Volksversammlung, führte Perikles sogenannte Diäten ein, Tagegelder in Höhe des Verdienstausfalls. Noch weiter gehende Versuche und Vorschläge späterer Politiker, eine allgemeine Staatsbürgerrente im Sinne eines Versorgungsstaats oder Wohlfahrtsstaats einzuführen, scheiterten aus Mangel an Geldmitteln.

Einen Rechtsanspruch auf Bildung und Ausbildung gab es noch nicht, also auch kein öffentliches Schulwesen. Der Unterricht war Privatsache. Wer es sich leisten konnte, nahm einen Paidagogos, ›Knabenführer‹, oder bezahlte einen Grammatikos, ›Schreiblehrer‹, um seine Kinder im Gymnasion, auf dem ›Übungsplatz‹, während der Scholé, der ›Freizeit‹, unterrichten zu lassen. Alle diese Begriffe zeigen jedoch, daß sich unser Schul- und Erziehungswesen hieraus entwickelt hat.

Der wichtigste Teil der Grundrechte waren für den demokratischen Staatsbürger Athens die politischen Rechte, das aktive und passive Wahlrecht, die Teilnahme an den politischen Organen, im weitesten Sinne die Mitwirkung bei der Behandlung öffentlicher Angelegenheiten in der Politik. Nach der Definition des Aristoteles ist der Staatsbürger derjenige, ›der an Gerichtsbarkeit und Regierungsgewalt Anteil hat‹.

Diese Auffassung erscheint uns eigenartig, weil in der heutigen Demokratie die Rechtspflege und die Regierung nicht mehr Sache der Staatsbürger insgesamt sind, sondern der Berufsrichter und Berufspolitiker. Wir haben eine indirekte, mittelbare, repräsentative Demokratie, in der die Staatsgewalt zwar vom Volke ausgeht, wie die Verfassung sagt, praktisch aber in den Händen der Regierung und der Volksvertreter, der Repräsentanten des Volkes, liegt, die vom Volk über die Parteien jeweils für mehrere Jahre gewählt sind. Demgegenüber war in der antiken Demokratie die direkte, unmittelbare Beteiligung des Staatsbürgers weit stärker entwickelt, sowohl in den maßgebenden Regierungsorganen wie in der Verwaltung.

Die drei obersten Organe waren die Volksversammlung, die Ekklesia, der Rat, die Bulé, und das Volksgericht, die Heliaia.

Die Ekklesia tagte auf der Pnyx, einem halbkreisförmigen Versammlungsplatz im Südwesten der Stadt, wo auch die Rednerbühne mit Stufen erhalten ist, von der die großen Staatsmänner Athens zum Volke gesprochen haben. Die Volksversammlung trat unter der Leitung des Ratsvorsitzenden meist viermal monatlich zusammen, hatte eine feste Tagesordnung und war voll beschlußfähig, wenn mindestens 6000 Bürger anwesend waren. Die Personalien wurden am Eingang kontrolliert, da

Metoiken, Freigelassene und Sklaven keinen Zutritt hatten. Zuständig war die Volksversammlung für alle Entscheidungen der Innen- und Außenpolitik. Hier wurden Gesetze verabschiedet, Beamte gewählt, Auslandsverträge abgeschlossen und zahlreiche andere Beschlüsse gefaßt. Bei der Abstimmung entschied die einfache Mehrheit.

Jeder Staatsbürger war in der Volksversammlung rede- und antragsberechtigt. Häufig sprachen jedoch die bekannten Redner und Staatsmänner wie Perikles oder später Demosthenes. Man nannte sie Demagogen, ›Volksführer‹, ein Wort, das besonders von den Gegnern der Demokratie bis in die neuere Zeit abwertend im Sinne von Volksverführern gebraucht wird, nicht ganz zu Unrecht, da es auch Redner gab, die dem Volk schöne Versprechungen machten und es nachher ins Unglück führten. Gegen solche Politiker haben auch die modernen Verfassungen noch kein zuverlässiges Mittel gefunden.

Das Führungsproblem besteht in der Demokratie ja darin, daß das souveräne Volk zwar hervorragende Männer braucht, die für das Volk handeln, daß dabei aber jede Art von autoritärer Regierung verhindert werden muß, die das Volk entmündigt. Der athenische Geschichtsschreiber Thukydides sagt dazu, Athen habe in der Zeit des Perikles verfassungsmäßig eine Demokratie gehabt, tatsächlich aber eine Regierung des besten Mannes. Damit soll gesagt sein, daß Perikles der ideale demokratische Staatsmann war, der seine eigene Politik durchführte und dabei doch das Entscheidungsrecht des Volkes respektierte.

Der Rat, das zweite politische Organ, war im Unterschied zur Volksversammlung keine unmittelbar demokratische Institution, an der jeder Staatsbürger teilnehmen konnte, sondern eine Abgeordnetenkammer von 500 Mitgliedern. Dabei waren die zehn attischen Landesbezirke oder Phylen durch je 50 gewählte Repräsentanten vertreten, die monatlich wechselnd den geschäftsführenden Ausschuß bildeten, die Prytanie. Ihr Vorsitzender, der Epistates, der höchste Repräsentant und gleichsam Präsident des Staates, wechselte täglich, um jeden Mißbrauch der obersten Amtsgewalt auszuschließen.

Die Ratsgebäude waren die wichtigsten Staatsbauten Athens, das politische Zentrum der Stadt. Sie lagen an der Westseite der Agora, des Hauptplatzes, der durch großzügige amerikanische Ausgrabungen freigelegt wurde. Im Buleuterion, dem eigentlichen Ratshaus, mit Sitzreihen im Halbkreis, tagte die Vollversammlung des Rates. Die Tholos, ein Rundbau, war das Amtsgebäude der Prytanen. Davor lag das Metroon, das Archiv, in dem die Staatsurkunden verwahrt wurden. Der Hephaistostempel im Hintergrund, das sogenannte Theseion, steht noch heute fast unversehrt.

Der Rat hatte die Aufgabe, die Volksbeschlüsse vorzuberaten und mitzubestimmen. Jeder Gesetzesvorschlag oder sonstige Antrag, der in der Volksversammlung eingebracht wurde und dort zur Abstimmung kommen sollte, mußte vorher vom Rat begutachtet und bearbeitet werden. Daher beginnen alle Beschlüsse der Athener mit der Formel: ›Beschluß des Rates und des Volkes‹. Jede Entscheidung mußte publiziert und damit öffentlich zugänglich gemacht werden. Kein Staatswesen der Geschichte hat den Grundsatz der Öffentlichkeit so konsequent durchgeführt wie die attische Demokratie.

Das Zusammenwirken des Rates und der Volksversammlung in der Gesetzgebung und Politik stellte eine zweckmäßige Verbindung von mittelbarer und unmittelbarer Demokratie dar, wie sie in modernen Staaten kaum zu verwirklichen ist. Der Vergleich zeigt, daß sich das heutige Verfahren der Gesetzgebung sowohl hinsichtlich der Initiative wie der Beschlußfassung wesentlich verschoben hat, nämlich zugunsten der mittelbaren Organe der Regierung, der Ministerialbeamten und des Parlaments, während das Volk selbst, die Gesamtheit der Staatsbürger, in der Regel dabei nicht mehr mitwirkt. Diese Verlagerung der Kompetenzen wurde durch die Größe der Staaten und Bevölkerungszahlen in der Gegenwart praktisch notwendig. Für einen antiken Athener wäre die moderne Demokratie, die mit ihren Ministern und dem Ministerpräsidenten oder Kanzler sogar eine eigene Regierungsmannschaft besitzt, vermutlich eine Art Obrigkeitsstaat.

In der Nähe der Ratsgebäude an der Agora befand sich auch die Heliaia, das Geschworenengericht, das dritte maßgebliche Organ des athenischen Staates. Dieser Gerichtshof war nicht nur für Zivilprozesse und Strafverfahren zuständig, sondern war zugleich Rechnungshof und Verfassungsgericht. Er nahm die Rechenschaftsberichte der Beamten entgegen und hatte darüber zu wachen, daß die politischen Entscheidungen den Grundrechten und Gesetzen entsprachen. Die Heliaia war damit das oberste Kontrollorgan der Demokratie. Jährlich waren hier 6000 ehrenamtliche Geschworenenrichter tätig, 20% der Bürgerschaft. Welch hohe Bedeutung dieser Funktion beigemessen wurde, ist daran zu erkennen, daß in den Gräbern vieler Athener keine andere Grabbeigabe gefunden wurde als die Richtermarke, die in der Heliaia als Ausweis diente.

Die Organe der Volksversammlung, des Rates und des Gerichts umfaßten somit in getrennter Funktion zwei wesentliche Bereiche der Staatsgewalt, die Gesetzgebung und die Rechtsprechung. Der dritte Bereich, die vollziehende Gewalt oder Verwaltung, war Sache der Beamten. Das heute allgemein anerkannte Prinzip der Gewaltentrennung oder Gewaltenteilung, das von Montesquieu im Anschluß an Aristoteles begründet wurde, hat hier seinen Ursprung. Nur dann kann von einem demokratischen Rechtsstaat gesprochen werden, wenn diese drei Funktionen, die Gesetzgebung, die Rechtsprechung und die Verwaltung, grundsätzlich voneinander getrennt und auf verschiedene Träger verteilt sind, also nicht in der Hand eines Machthabers oder einer Machtgruppe vereinigt sind.

Die athenischen Beamten hatten im Unterschied zum besoldeten Berufsbeamtentum unserer Zeit, das aus dem Verwaltungsdienst des fürstlichen Absolutismus hervorgegangen ist, mehr den Charakter von zeitweiligen Funktionären. Sie wurden auf Grund einer Eignungsprüfung, der Dokimasie, vom Volk auf ein Jahr gewählt oder zwischen gleichwertigen Bewerbern ausgelost, leisteten ihren Dienst meist ehrenamtlich und waren nach Ablauf der Amtszeit dem Volksgericht Rechenschaft schuldig. Die Führung mehrerer Ämter zu gleicher Zeit und die Wiederwahl waren unzulässig. Viele Befugnisse wurden nicht durch einen einzelnen Beamten, sondern durch ein Kollegium ausgeübt oder noch an besondere Weisungen der legislativen Organe gebunden. Alle diese Einschränkungen hatten den Zweck, den freiheitswidrigen Mißbrauch der Amtsgewalt zu verhindern. Die demokratischen Grundrechte sollten nicht nur gegen ihre natürlichen Feinde, tyrannische Alleinherrscher und oligarchische Machtgruppen, sondern auch gegen die legale Staatsgewalt selbst geschützt werden.

Am schärfsten äußerte sich dieser Argwohn gegen die Militärgewalt. Der militärische Führungsstab, das Kollegium der zehn gewählten Strategen, war einer monatlichen Kontrolle auf Verfassungsmäßigkeit seines Handelns unterworfen. Die Gefahr einer Verselbständigung der Militärgewalt im Staate, der Militarismus, wurde dadurch wirksam verhindert. Doch war bei den Strategen als einzigem Amt die jährliche Wiederwahl derselben Person erlaubt, um die Weiterführung des Oberbefehls im Kriege durch bewährte Männer sicherzustellen. Perikles war 15 Jahre lang Stratege. Sein Idealporträt zeigt ihn daher mit dem Helm.

Die Zuständigkeitsbereiche der Beamten waren spezialisiert und gegeneinander abgegrenzt. Die sogenannten neun Archonten, deren Titel aus älterer Zeit stammten, waren der eponyme Archon, nach dem das Amtsjahr benannt wurde, der Basileus, der Polemarch und die sechs Thesmotheten. Sie hatten die Aufgaben der Repräsentation und Tradition, besonders auf kultischem und rechtlichem Gebiet. Die Apodekten, Tamien, Poleten, Logisten waren Finanzbeamte, Kassenverwalter, Vollstrecker, Rechnungsprüfer. Für den Markt und Verkehr waren die Agoranomen, Metronomen, Astynomen zuständig, für das Bauwesen die Architekten, für Festspiele und Theater die Athlotheten, Choregen usw. Mit allen diesen Institutionen der Verfassung und Funktionen der Verwaltung ist das Wesen der attischen Demokratie jedoch noch nicht deutlich genug bezeichnet. Wir müssen dazu noch die Frage nach ihrer sozialen und wirtschaftlichen Struktur stellen. Schon die Tatsache, daß die Beamten unbesoldet waren, während heute die Personalkosten einen nicht geringen Teil des Staatshaushalts ausmachen, läßt hier auf wesentliche Unterschiede zwischen den antiken und modernen Verhältnissen schließen.

Sie zeigten sich im Finanzwesen vor allem darin, daß die athenischen Staatsbürger grundsätzlich steuerfrei waren. Sie zahlten weder Lohn- und Einkommensseuer noch Gewerbe- und Umsatzsteuer. Direkte Steuern galten als gleichbedeutend mit Tributen, wie sie nur die Tyrannen und der Perserkönig von ihren Untertanen erhoben. Außer Zöllen und anderen indirekten Abgaben sowie den Beiträgen der Bundesgenossen hatte der Staat keine größeren regelmäßigen Einnahmen. Schon deshalb mußten die Personalausgaben für die Verwaltung niedrig gehalten werden. Sie waren höher als in anderen griechischen Staaten, lassen sich aber mit den heutigen Aufwendungen nicht vergleichen.

Zur Finanzierung kostspieliger öffentlicher Vorhaben wurden die Vermögen der wohlhabenden Bürger herangezogen, der großen Grundbesitzer und Unternehmer, der Inhaber von Manufakturbetrieben, Reedereien und Bergwerken. Sie hatten im Bedarfsfall, etwa bei erhöhten Rüstungsausgaben im Kriege, durch Volksbeschluß eine Vermögensumlage, Eisphorá genannt, zu leisten. Noch häufiger aber wurde für reiche Bürger eine persönliche Vermögensauflage, eine Leiturgie, angeordnet, zum Beispiel die Kostenübernahme von Festspielen oder Schiffsbauten. Dieses System der Vermögensabschöpfung war praktisch eine Sonderbesteuerung der Besitzenden. Es beruhte auf der Anschauung der Demokratie, daß die Grundpflichten – das Gegenstück zu den Grundrechten – für die Besitzlosen, die Kleinbürger und den Mittelstand nur darin bestünden, die Verfassung zu erhalten, am politischen Leben teilzunehmen und Wehrdienst zu leisten, daß aber die Besitzenden außerdem verpflichtet seien, mit ihrem Vermögen ›Leistungen für das Volk‹ – was Leiturgie wörtlich bedeutet – zu erbringen. Sie erhielten dafür Ehrenbe-

62

schlüsse, Kränze und andere Würdigungen. Auch die Übernahme eines repräsentativen Amtes wie des Archontats, das dem Gewählten erhebliche Kosten verursachte, galt als solche Leistung und konnte daher nicht abgelehnt werden.

Das Volk, der Demos, nach dem die Demokratie benannt wurde, war tatsächlich das niedere Volk, die Masse der Besitzlosen. Demos bedeutet nicht nur allgemein ›Gesamtvolk‹, sondern meint speziell das ›Volk‹ in diesem Sinne. ›Was ist Demokratie?‹, heißt es in einem Gespräch des Sokrates, das sein Schüler Xenophon überliefert hat. ›Demokratie ist, wenn der Demos herrscht. Und was ist der Demos? Der Demos, das sind die unbemittelten Bürger, die Armen‹. Von keiner modernen Demokratie läßt sich sagen, daß sie in so starkem Maße eine Herrschaft der Besitzlosen sei, wie es die attische Demokratie in Wirklichkeit war.

Der Demos konnte bei den Abstimmungen der Volksversammlung seine Mehrheit unbeschränkt zur Geltung bringen, da es keine Parteien gab, die verschiedene Interessen oder Programme vertreten hätten. Politische Parteibildungen, sogenannte Hetairien, wurden als staatsgefährliche oligarchische Gruppen angesehen und waren es wohl auch. Die Wirtschaftspolitik, die der Demos in seinem Interesse trieb, war in erster Linie eine Konsumentenpolitik. Der erste Punkt der Tagesordnung in der Volksversammlung, noch vor den Verteidigungsfragen, hieß stets: ›Über das Getreide‹ oder ›Über den Lebensunterhalt des Volkes‹. Dazu gehörten Handelsverträge, Einfuhrprämien, Ausfuhrverbote für lebenswichtige Waren, Preisüberwachung, Vorratshaltung, Gesetze gegen Monopolbildung und Kartellabsprachen und vieles andere. Es waren dirigistische Maßnahmen für die private Wirtschaft. Der Staat selbst war nicht unternehmerisch tätig.

Es ist verständlich, daß die vermögenden Bürger und die Unternehmer, die durch solche Vorschriften gebunden waren und durch die Leiturgien so erhebliche finanzielle Opfer für den Demos zu bringen hatten, der Demokratie zum Teil kritisch oder ablehnend gegenüberstanden. Sie hatten darin recht, daß die Produktivkräfte auf die Dauer erlahmen mußten, wenn das Volk nur an sich selber dachte.

Dennoch bleibt es eine historische Tatsache, daß die attische Demokratie in ihrer besten Zeit erstaunliche Erfolge hatte. Sie wurde zum Parádeigma, wie Perikles sagte, zum Vorbild für die anderen. Politisch stieg Athen mit seinem Seereich zur Großmacht im Mittelmeer auf, neben Persien im Osten und Karthago im Westen. Wirtschaftlich wurde es zum Mittelpunkt der griechischen Welt, mit Handelsverkehr vom Schwarzen

Meer bis Italien und Nordafrika. Kulturell erreichte es den Höhepunkt der Klassik, durch Werke und Bauten von unvergänglicher Bedeutung. Die Leistung und Größe Athens beruhte auf seiner Demokratie.

VII. Die Kultur der klassischen Zeit

Die klassische Kultur des Griechentums im 5. und 4. Jahrhundert v. Chr. entstand in der Zeit der Perserkriege, erreichte ihren Höhepunkt im Perikleischen Zeitalter Athens und dauerte bis auf Alexander den Großen. Man kann dabei eine Zeit der Frühklassik um 480–450, der Hochklassik um 450–400 und der Spätklassik um 400–330 unterscheiden. Diese Begriffe sind der Kunstgeschichte entnommen, sie bezeichnen aber ebenso treffend die anderen Gebiete der Kultur. Die bildende Kunst bringt den Stil und Gehalt einer Zeit besonders deutlich zum Ausdruck, doch auch in der Literatur und allgemein im geistigen und gesellschaftlichen Leben können wir von einer griechischen Klassik sprechen.

Was ist Klassik? Diese Frage läßt sich nicht in Kürze beantworten. Schon die Griechen des 3. Jahrhunderts sahen die Künstler und Schriftsteller der vorhergehenden Zeit als vorbildlich an. Man begann, ihre Werke zu sammeln, zu kopieren oder in klassizistischer Manier nachzubilden. Daß die Klassiker nachgeahmt werden sollen, werden wir nicht mehr für richtig halten, aber daß sie in bestimmter Hinsicht Gültiges oder sogar Vollendetes geschaffen haben, gehört noch immer zum Begriff des Klassischen. Vergleicht man den archaischen Kuros des 6. Jahrhunderts in seiner steifen, gebundenen Haltung mit einer klassischen Statue, so erscheint diese frei, gelöst, in lebendiger Stellung. Beim Vergleich mit einer nachklassischen Skulptur und ihrer gesteigerten, heftigen Bewegung wirkt das klassische Werk jedoch ruhig, ausgeglichen, harmonisch. Das Klassische hält eine bestimmte Mitte, ein Maß zwischen den Extremen.

Der Gesichtsausdruck archaischer Köpfe ist noch unpersönlich, ist modisch oder maskenhaft. In nachklassischer Zeit ist er höchst individuell, leidenschaftlich, realistisch. Die Klassik vermeidet wiederum beides: sie ist verhalten und doch ausdrucksvoll, weder starr noch verzerrt. Sie hat etwas Erhabenes und dabei doch Menschliches. Ob sie idealisiert oder porträtiert, können wir nicht entscheiden. Ob es Götter sind oder Menschen, die hier dargestellt werden, scheint keinen Unterschied zu machen. Hat das klassische Griechentum die Götter vermenschlicht oder den Menschen vergöttert? Wie hat diese Kultur das Dasein gedeutet?

Das erste monumentale Werk der Frühklassik sind die Giebelfiguren des Aphaiatempels von Aigina, die sogenannten Aigineten, die durch Ludwig I. von Bayern in die Münchner Glyptothek gekommen sind, wo sie neuerdings restauriert wurden. Es sind kämpfende und fallende Krieger im Geist der Marathonzeit, aber mythisch verfremdet, nackt, als Kämpfer vor Troja. Inmitten der plastischen Körper steht die Göttin Athena, die über Sieg und Tod entscheidet.

Noch großartiger sind die Skulpturen des Zeustempels in Olympia, die um 460 geschaffen wurden. Der Westgiebel enthielt wieder eine bewegte mythische Kampfszene, die Lapithen und Kentauren, deren fragmentarische Gruppen starke und einprägsame Details zeigen. Die überragende Gestalt des jugendlichen Apollon in der Mitte verkörpert wohl am reinsten die frühklassische Kunst, den ›Strengen Stil‹, wie man dafür auch sagt. Der Gott scheint unnahbar und ist doch gegenwärtig. Das Thema des Ostgiebels, voll beherrschter Ruhe und Spannung, ist die Vorbereitung zur Wettfahrt des Pelops und Oinomaos, die auf die Gründung der Olympischen Spiele hinweist. Die Mittelfigur ist hier Zeus, überlebensgroß. Auf den Metopen, den Reliefplatten über dem Innenhaus des Tempels, sind die Taten des Herakles dargestellt. Auf der ›Atlasmetope‹ trägt er den Himmel, unterstützt von Athena, während ihm Atlas die Äpfel des Hesperiden bringt.

Wie in Aigina und Olympia, so sind auch an anderen Orten bedeutende Werke und Künstlerschulen in dieser Zeit anzunehmen. In Delphi ist die Bronzefigur eines Wagenlenkers erhalten, von einem Viergespann, das Polyzalos von Gela weihte, der Bruder Hierons, des Herrschers von Syrakus. Der Blick des Wagenlenkers ist klar und lebensvoll, frei und mühelos die Hand, die die Zügel hält. Weit mächtiger erscheint die Bronzegestalt, die bei Artemision im Meer gefunden wurde, wohl ein Gott, vielleicht ein Poseidon, der den Dreizack schleudert, doch wie ein Athlet, ein Speerwerfer, voll verhaltener Kraft in der Aktion, vollendeter Harmonie in der Bewegung.

Das Göttliche und Menschliche, das Mythische und Agonale ist bei diesen Werken nicht zu trennen. Die Reliefs des sogenannten Ludovisischen Throns, wohl in Unteritalien entstanden, zeigen eine Flötenspielerin, eine Opfernde und dazu in andeutendem Bezug die Geburt der Aphrodite. Athena mit dem Stab, oft als trauernd oder ›sinnend‹ aufgefaßt, überwacht vielmehr die Regeln der Kampfbahn, wo sich die jungen Männer Athens im Ringen, Laufen, Ballspiel üben.

In reicher Fülle veranschaulichen die Vasenmaler das Leben und Den-

ken der frühklassischen Zeit. An die Stelle des archaischen schwarzfigu-
rigen Stils trat durch Umkehrung der Technik der rotfigurige Stil, der bei
den hellen Figuren auf dunklem Firnisgrund noch feinere Innenzeichnung ermöglichte, im Faltenwurf der Gewänder, in der Muskulatur. Wir
sehen Gestalten von Göttern und Heroen, Kriegern, Athleten und Frau-
en. Dramatisch bewegte Szenen, der Kampf, der bacchantische Zug, wech-
seln mit Bildern beherrschter Ruhe, beim Spiel der Lyra, beim Abschied-
nehmen. Wie die Athener beim Gastmahl, so lagert auch Dionysos, der
Gott, mit dem Kantharosbecher auf der Kline. In seinem Gefolge sind
die Mainaden, leidenschaftlich und doch streng stilisiert, mit Thyrsos-
stab und Panther.
Die rotfigurige Vasenmalerei erreichte schon bis zur Mitte des 5. Jahrhunderts ihren Höhepunkt. Die hervorragendsten Meister, Euphronios,
Brygos, Duris und andere, arbeiteten meist in Athen. Darin zeigt sich zum
ersten Mal die führende Rolle Athens in der klassischen Kultur. Die hoch-
wertigen attischen Vasen wurden in viele Länder exportiert. Weitaus die
meisten und schönsten ihrer Art, die heute in den Museen stehen, fand
man in Italien, besonders in den Gräbern der Etrusker. Dagegen ist von
der griechischen Wandmalerei dieser Zeit nichts erhalten. Der Meister
der Wandfresken und Tafelbilder war Polygnot von Thasos, der ebenfalls
in Athen wirkte und dort seine Gemälde von Troja und Marathon in der
›Bunten Halle‹ schuf, wie man sie darnach nannte, der Stoa Poikile an
der Agorá.
Mit der bildenden Kunst berührt sich die Dichtung in Form und Gehalt.
Die große Zeit der homerischen Epik und auch der monodischen Lyrik,
des ›Einzelgesangs‹ von Alkaios und Sappho, war vergangen. Dafür fand
die chorische Lyrik, die von einem Chor vorgetragen wurde, in frühklassischer Zeit ihre bedeutendsten Dichter, Simonides, Bakchylides und
vor allem Pindaros von Theben. Ihre Chorlieder in strengen Rhythmen
und Strophen wurden wie die Hymnen bei Götterfesten gesungen, die
Dithyramben für Dionysos, die Paiane für Apollon, oder als Festlieder für
olympische und andere agonale Siege, als Epinikien. So besang Pindar
vor allem Hieron von Syrakus, wenn er in Olympia oder Delphi einen
Wagensieg errang. Der pindarische Stil ist schwer, prunkvoll, gedanken-
reich, voller Mythen und Sentenzen. Pindar preist die Schönheit, die Freude, den Ruhm, weil die Unsterblichen, wie er sagt, den Menschen zu einem
Glück zweimal ein Leid zuteilen.
Auch das Drama erwuchs aus dem Chorlied: beim Dionysosfest in Athen
wurden die Dithyramben vom Chor und Chorführer im Wechsel vorge-

tragen, wodurch eine Art Kultspiel entstand, eine ›Handlung‹, was Drama wörtlich bedeutet. Diese Neuerung führte Thespis ein, der damit zum Begründer der dramatischen Schauspielkunst wurde. Aischylos fügte einen zweiten Spieler hinzu, so daß ein Dialog möglich war und der Chor mehr zurücktreten konnte. Die Stücke waren heiter oder ernst, Komödien oder Tragödien, benannt nach dem komos und tragos, dem Umzug und den Satyrn im Dionysoskult. Daher trugen auch die Schauspieler komische oder tragische Masken.

Aischylos, der erste Klassiker der Tragödie, stammte aus Eleusis bei Athen, der Stätte des alten Mysterienkults der Demeter. Wie Pindar war Aischylos überzeugt von der Macht der Gottheit und der Gefährdung des Menschen im Dasein. Schuld und Schicksal werden dadurch zum Thema der Tragödie. Das Leben erhält eine tragische Deutung. In seinem Perserdrama zeigt Aischylos, daß Xerxes das Unglück, das er erlitt, durch seine Hybris, seine frevelhafte Überheblichkeit, verschuldete. Die letzte, großartige Trilogie des Aischylos, die ›Orestie‹, handelt von Agamemnon, Klytaimnestra, Orest, die Schuld auf Schuld häufen müssen, bis göttliche Gnade und menschliches Recht dem Unheil ein Ende setzen. Das erlösende Urteil spricht ein athenisches Gericht unter dem Vorsitz der Athena. Mit dieser aktuellen Version des mythischen Stoffes weist der Dichter bedeutungsvoll auf den attischen Rechtsstaat hin. Die Orestie wurde 458 in Athen aufgeführt. Es begann die Zeit der perikleischen Demokratie, die Kultur der griechischen Hochklassik. Ihr Wahrzeichen, der Parthenon, das berühmteste Bauwerk des Altertums, wurde in den Jahren 447–438 errichtet.

Es entsprach der Politik des Perikles, die von den Persern zerstörte Akropolis so wiederherzustellen, daß allen Griechen die Macht und Geltung Athens eindrucksvoll vor Augen stehen sollte. Dieser propagandistische Zweck wurde durch die neuen Akropolisbauten erreicht. Die perikleische Kulturpolitik machte Athen zur hohen Schule und zum bildenden Faktor, wie Thukydides sagt, für ganz Griechenland. Noch größer war ihre Bedeutung für die Nachwelt, die in den Bauten der Akropolis den Geist des Griechentums selbst verkörpert sah, im Parthenon, in den Propyläen, im Erechtheion, im Niketempel.

Der Parthenon, das Heiligtum der Parthénos, der ›Jungfrau‹ Athena, ist nach seinem Grundriß ein typischer griechischer Tempel mit Säulenumgang und sogenannter Cella, dem inneren, langgestreckten Tempelhaus Dazu kamen weitere Säulenreihen an den Schmalseiten der Cella, eine dreischiffige Gliederung des Hauptraums mit der Kultstatue und die

Absonderung des hinteren Raums, der als Schatzhaus diente. Das Baumaterial, weißer Marmor, heute goldbraun oxydiert, kam vom Pentelikongebirge nördlich von Athen. Der Stil der kannelierten Säulen ist dorisch, mit Wulstkapitell, Deckplatte, ohne Sockel. Die Statue der gewappneten Athena von Pheidias, nur durch spätere Nachbildungen bekannt, war zwölf Meter hoch, aus Gold und Elfenbein.

Die architektonischen Feinheiten des Tempels zeigen sich in der Verschiedenheit der Säulenabstände, der Schwellung oder Entasis der Säulen, der leichten Krümmung oder Kurvatur der horizontalen Flächen, der fast unmerklichen Neigung der vertikalen Linien nach innen. Sie geben dem Bau die einmalige Harmonie und das Leben, das die starren klassizistischen Nachahmungen griechischer Architektur niemals erreichen.

Die Säulentrommeln und Quadern wurden ohne Mörtel oder andere Bindemittel versetzt. Ihre Fugen sind so sorgfältig gearbeitet, daß an den Stellen, wo sie unversehrt erhalten sind, nach mehr als 2000 Jahren noch kein Fingernagel darin Raum hat.

Seine Erhaltung verdankt der Parthenon der Umwandlung in eine christliche Kirche der Heiligen Jungfrau in byzantinischer Zeit. Im 17. Jahrhundert wurde bei den Kämpfen der Türken und Venezianer jedoch der mittlere Teil zerstört. Eine Zeichnung aus dieser Zeit zeigt die Giebelfiguren und Metopen noch an ihrer ursprünglichen Stelle. Sie kamen später durch Lord Elgin ins Britische Museum nach London.

Der ganze Skulpturenschmuck des Parthenon wurde von Pheidias, dem größten Bildhauer des Altertums, und seinem Werkstattkreis geschaffen. Mit Recht gelten die Parthenonskulpturen als das Hauptwerk der griechischen Kunst. Sie haben ein einheitliches Thema: Athen, seine Göttin, seine Geschichte, sein Volk, sein Beitrag zur menschlichen Kultur. Im Ostgiebel, über dem Eingang, war die übernatürliche Geburt der Athena aus dem Haupte des Zeus dargestellt. Die anwesenden Götter erscheinen wie in gesteigerter Menschlichkeit, der athletische Dionysos, lässig ruhend, die Gruppe der Aphrodite und Dione, ein unnachahmliches Ineinanderspielen von Körper und Gewand, jeder weitere Torso bis zum Pferdekopf in der Ecke des Giebels ein Meisterwerk.

Der Westgiebel zeigt den Mythos vom Wettstreit der Athena und des Poseidon um den Besitz Athens. Beide Gottheiten taten ein Wunder. Athena ließ im kahlen Gestein der Burg einen Ölbaum wachsen, Poseidon eine Quelle entspringen. Athena, die Siegerin im Agon, wurde die Herrin der Burg und gab daher der Stadt Athen ihren Namen. Den Baum hat man wieder gepflanzt und auch die sagenhafte Quelle wurde neuerdings wieder entdeckt, in einer Höhle tief im Innern des Berges, mit einer Treppe aus mykenischer Zeit, die drei Jahrtausende verschüttet war.

Auf den Metopen an den Außenseiten des Parthenon kämpfen Götter und Menschen, die Träger der Kultur, gegen Giganten und Kentauren, die Mächte der rohen Gewalt. Noch bedeutungsvoller ist der berühmte Figurenfries, der oben um die äußere Cellawand ging. Er gibt den Festzug der Athener wieder, der an den Panathenäen, dem Geburtsfest der Athena, über die Agora zur Akropolis zog, wo der Göttin ein Kultgewand und andere Gaben dargebracht wurden. Man sieht junge athenische Reiter in kunstvoller Gangart, Wagen und Opfertiere, Gabenträger, Festordner, Männer und Frauen, Perikles selbst, die Übergabe des Gewands und zuletzt, als Zuschauer dabeisitzend, im Gespräch, die Götter: Zeus und Hera, Hermes, Dionysos, Demeter, Ares, Athena und Hephaistos, Poseidon, Apollon, Artemis, Aphrodite und Eros. Der Parthenonfries ist das Idealbild des perikleischen Athen. In dieser hohen Kunst stellt sich nichts anderes dar als das Volk von Athen. Diese Kunst gehörte dem Volke.

Die Propyläen, das monumentale Eingangstor zur Akropolis, sogleich nach dem Parthenon in gleicher Technik erbaut – das griechische Wort téchne bedeutet gleichermaßen Kunst und Technik –, bestehen aus einem dreiteiligen Mittelbau mit Freitreppe und Seitenflügeln. Der dorische Stil der Außenfronten ist im Innern durch schlanke jonische Säulen mit Volutenkapitell abgewandelt. Der Nordflügel, die Pinakothek, enthielt eine Gemäldesammlung. Der freie Blick, den man heute von den Propyläen auf den Parthenon hat, war im Altertum durch zahlreiche Weihdenkmäler und kleinere Kultbezirke verdeckt.

Das Erechtheion, ein komplexer Kultbau für den mythischen König Erechtheus, für Poseidon und Athena, wohl an der Stelle des Königspalastes mykenischer Zeit, wurde erst nach Perikles' Tode erbaut. Ein balkonartiger Vorbau, die Korenhalle, vielleicht für Beschauer der Prozession, hat Mädchengestalten, Koren oder Karyatiden, die das Gebälk tragen. Die Ornamente und jonischen Säulen des Erechtheion erreichen ihre Vollendung in der offenen Nordhalle, die von unvergleichlicher Schönheit ist. Sie schützt das Kultmal des Poseidon, das ins Berginnere führt.

Das zierliche Tempelchen der Athena Nike, der Siegesgöttin, in der Bauweise dem Erechtheion verwandt, steht auf einem hohen Unterbau seitlich vor den Propyläen. Es war umgeben von einer Balustrade mit Reliefs der geflügelten, vom Himmel herabschwebenden Nike. Wie sie die Sandale löst, sich bückend, in durchscheinendem Gewand, stellt an Verfeinerung und Bereicherung – sogenannter Reicher Stil – schon die Endphase der Hochklassik dar.

Doch die klassische Kunst beschränkt sich nicht auf die Akropolisbauten und ihre Skulpturen. Von Pheidias selbst besitzen wir in den Kopien der Athena Lemnia noch ein wundervolles Werk. Vor allem schuf er im Tempel von Olympia das Kultbild des thronenden Zeus, das im Altertum als berühmtestes Kunstwerk Griechenlands galt. Es ist nicht erhalten, hat aber die Vorstellung des höchsten Gottes für immer geprägt.

Von den Werken der großen Erzgießer der Zeit zeigt der Diskuswerfer oder Diskobol des Myron von Athen eindrucksvoll den Moment der Bewegung, der Speerträger oder Doryphoros des Polyklet von Argos die klassische Proportion des Körpers. In der Reliefkunst steht dem Parthenonstil nahe das Orpheusrelief: Orpheus, der die Eurydike aus der Unterwelt holt, wendet sich um, da ergreift Hermes, der Begleiter, leise die Hand der Eurydike und nimmt sie wieder zurück, und ähnlich das Eleusisrelief: Demeter und Kore, die Göttinnen von Eleusis, senden Triptolemos aus, um den Menschen Ackerbau und Kultur zu bringen.

Von den erhaltenen Tempeln besitzt jeder seine Eigenart, in den Maßen, in der Lage, in der Wirkung: das Theseion in Athen, der Poseidontempel am Kap Sunion, der Apollontempel von Bassai in Arkadien, vor allem die griechischen Tempel Unteritaliens und Siziliens, die von der archaischen in die klassische Zeit reichen, in Paestum, in Selinunt, in Agrigent, in Segesta, im ganzen Umkreis des Griechentums.

Dennoch war Athen der Mittelpunkt der klassischen Kultur, auch im geistigen Leben der Zeit. Um Perikles sammelte sich ein Kreis hervorragender Männer. Zu ihnen gehörten außer Pheidias vor allem der Historiker Herodot, der Tragiker Sophokles, der Physiker Anaxagoras, der Sophist Protagoras. Pheidias und Sophokles waren Athener, die andern meist aus Jonien gekommen. Konservative Gesinnung und aufklärerischer Geist waren dabei vertreten.

Herodot kam nach weiten Reisen im Orient nach Athen und trug dort sein Geschichtswerk vor. Er betonte darin die großen Leistungen der Athener in den Perserkriegen und ließ zugleich deutlich werden, wie das Walten der Gottheit alle Ereignisse der Geschichte bestimme. Auch Sophokles, der in seinen Tragödien die dramatische Kunst des Aischylos weiterführte, hielt an dem Glauben fest, daß über allem Tun und Leiden des Menschen der göttliche Wille stehe. Ihm hat sich der Mensch zu unterwerfen, auch wenn es zum tragischen Untergang führt, wie bei Oidipus

71

und Antigone. Damit vertritt Sophokles als klassischer Repräsentant der perikleischen Zeit die Überzeugung des Volkes.

Es gehört jedoch ebenso zum Bild der Zeit, daß die volkstümlichen Anschauungen von einzelnen Forschern und Aufklärern kritisch betrachtet wurden. Der jonische Physiker und Philosoph Anaxagoras lehrte, daß die Sonne keine Gottheit, sondern eine glühende Gesteinsmasse sei. Empedokles von Agrigent erklärte die Welt aus vier Elementen oder Grundstoffen, Feuer, Wasser, Luft und Erde. Demokrit von Abdera behauptete, daß die Materie aus kleinsten Teilen bestehe, die er Atome nannte. Der Arzt Hippokrates von Kos erkannte, daß alle Krankheiten natürliche Ursachen hätten, und wurde dadurch zum Begründer der wissenschaftlichen Medizin.

Dieses rationale Denken und Forschen wurde von den sogenannten Sophisten, das heißt ›Lehrern des Wissens, Weisheitslehrern‹, nicht mehr auf die Natur, sondern ausschließlich auf den Menschen angewendet, ein geistesgeschichtlicher Vorgang von großer Bedeutung. ›Der Mensch ist das Maß aller Dinge‹, lautete der programmatische Satz des Protagoras von Abdera, des ersten Vertreters der Sophistik. Ihm folgten Gorgias von Leontinoi, Prodikos von Keos, Hippias von Elis und andere.

So entstand die Frage nach dem Zusammenleben der Menschen, die Gesellschaftslehre, nach dem Verhalten des Menschen, die Sittenlehre, nach der Bildung des Menschen, die Erziehungslehre, weiter die Sprach- und Redelehre, die Rhetorik, die Kultur- und Staatslehre, Geschichtsphilosophie und politische Theorie, die Religionswissenschaft. Alle diese Gebiete des menschlichen Lebens und Denkens wurden von den Sophisten erstmals wissenschaftlich untersucht.

Sie lehrten, daß die menschlichen Einrichtungen und Ansichten meist nicht von der Natur, der Physis, bestimmt seien, sondern auf dem Nomos beruhen, auf Sitte, Gewohnheit, Brauchtum, Gesetzen und Konventionen. Daraus folgt, daß sie veränderlich sind und verbessert werden können. Die Sophisten glaubten daher an den Fortschritt in der Geschichte. Prometheus war ihre mythische Symbolfigur. Sie sprachen von der Ausbreitung der Kultur, der Fortentwicklung der sittlichen Normen und religiösen Vorstellungen, der Reform der gesellschaftlichen Verhältnisse durch Aufhebung der Unfreiheit und Ungleichheit, der Errichtung eines bestmöglichen Staates und eines dauerhaften Friedens. Durch Schriften und Lehrvorträge suchten die Sophisten solche Gedanken zu propagieren.

Die Reaktion darauf war verschieden. Dem Volk klangen diese Lehren

72

zu neuartig und verdächtig. Es schien, als wollten die Sophisten den Götterglauben in Frage stellen, die Moral umstürzen, die Staatsordnung beseitigen. Jedenfalls konnten ihre Theorien und Diskussionen dazu führen. Protagoras und andere wurden in Athen wegen Asebie, Religionsfrevel, unter Anklage gestellt.

In den Komödien des Aristophanes, die über die populären Ansichten der Athener am besten Aufschluß geben, werden die Sophisten bekämpft und verspottet, ihre spitzfindigen Gedankengänge und Beweisführungen – was wir noch heute sophistisch nennen –, ihre utopischen Forderungen wie die Frauenemanzipation, die nur dazu führen würde, daß die Männer überhaupt nichts mehr zu sagen hätten. Die Komik einer solchen Situation hat Aristophanes in seiner ›Lysistrate‹ mit unübertrefflichem Witz dem Publikum vorgeführt.

Dennoch drang die neue Bildung in immer weitere Kreise. Der kritische Geist, der einmal geweckt war, konnte weder durch Strafprozesse noch durch Komödienspott beseitigt werden. Euripides, der dritte große Tragiker Athens nach Aischylos und Sophokles, brachte in seinen Stücken die Probleme, um die es ging, mit eindringlichem Ernst auf die Bühne. ›Wenn Götter Böses tun, dann sind es keine Götter‹, läßt er sagen und bahnt damit einen neuen, sittlichen Gottesbegriff an, dem die alten Mythen nicht mehr entsprachen. ›Der Sklave, wenn er edel denkt, ist auch nicht schlechter als die Freien‹, verkündet er und wendet sich damit gegen ein herkömmliches gesellschaftliches Vorurteil. Die Frauengestalten des Euripides, Medea, Elektra, Iphigenie, sind nicht mehr mythisch, sondern menschlich gedacht und erhielten dadurch ihre lebendige Wirkung für immer.

Ganz ähnlich konnte schließlich der Athener Thukydides von sich sagen, daß sein Werk ein ›Besitztum für immer‹ sei. Dieser größte griechische Geschichtsschreiber sah in der Geschichte nicht mehr, wie sein Vorgänger Herodot, nur das Wirken höherer Mächte, sondern das Resultat menschlichen Strebens, im Guten wie im Bösen. Mit klassischer Objektivität, in knappem, prägnantem Stil zeigt Thukydides, wie vor allem der Trieb nach Herrschaft, Macht und Besitz das Handeln in der Geschichte bestimmt. Geschichte ist für ihn daher in erster Linie politische Geschichte. Weil man in der Politik mit einem solchen Verhalten des Menschen rechnen muß, deshalb kann uns die Geschichte belehren, wenn wir auf sie hören wollen. Das Thema, an dem Thukydides diese Wahrheit demonstriert, der Peloponnesische Krieg, soll uns im nächsten Abschnitt beschäftigen.

VIII. Der Kampf um Hegemonie und Autonomie

Wir haben in den letzten Abschnitten die attische Demokratie und die klassische Kultur betrachtet, wie sie sich nach den Perserkriegen entwickelten. Es waren gleichsam Ruhepunkte der Betrachtung. Die politische Geschichte der Griechen, der wir uns jetzt wieder zuwenden, war jedoch voller Bewegung und Unruhe. Ihr Grundzug war der Kampf um die Hegemonie, die Rivalität der großen griechischen Staaten um die Vormachtstellung, zugleich aber auch um die Autonomie, das Streben der kleineren Staaten nach Wahrung ihrer Selbständigkeit. Der ständige Konflikt zwischen Hegemonie und Autonomie, Herrschaft oder Freiheit, bestimmte die griechische Geschichte.

Der Bund, den die Griechen zur Abwehr der Perser geschlossen hatten, verlor seine Bedeutung, als der Gegner besiegt war. Wie so oft in der Geschichte, wurde der Gedanke der Einheit aufgegeben, sobald die gemeinsame Gefahr beseitigt war. Eine Rückkehr zu den früheren Verhältnissen, zur anerkannten Führungsstellung Spartas, war aber nicht mehr möglich. Athen hatte durch seine Siege gegen die Perser und durch seinen Seebund eine solche Stärke erlangt, daß es Sparta ebenbürtig war. Das ägäische Seereich der Athener und der peloponnesische Bund der Spartaner waren zwei Machtblöcke, die sich mißtrauisch gegenüberstanden.

Niemand wollte, daß dieser griechische Dualismus, der Gegensatz der beiden Mächte, zum Kriege führe. Perikles, der leitende Staatsmann Athens, lud bald nach dem Friedensschluß mit Persien alle griechischen Staaten zu einem Kongreß nach Athen ein, um die offenen Fragen friedlich zu regeln. Da aber Sparta aus Prestigegründen die Teilnahme verweigerte, scheiterte dieser Plan. Im Jahre 446 kam jedoch ein bilateraler Vertrag zwischen Athen und Sparta zustande, in dem sich die beiden Mächte zur Koexistenz bekannten. Das perikleische Athen konnte dadurch seine demokratischen Institutionen vollenden und die Akropolisbauten errichten.

Die Entwicklung der athenischen Macht kam aber dadurch nicht zum Stillstand. Der Seebund wurde weiter ausgebaut und straffer organisiert.

Als Chalkis und Samos sich dagegen wehrten, wurden sie von Perikles niedergeworfen. Die Autonomie der Bundesgenossen wurde mehr und mehr eingeschränkt. Ihre Verfassung hatten sie nach dem Muster der athenischen Demokratie einzurichten und nötigenfalls auch attische Siedler, sogenannte Kleruchen, aufzunehmen. Für die Eintreibung der Bundessteuern wurden fünf Verwaltungsbezirke eingerichtet, Jonien, Hellespont, Thrakien, Karien und der Inselbezirk. Das Währungssystem, Maß und Gewicht waren einheitlich attisch. Der Gerichtsstand für alle Bundesgenossen war Athen. Aus dem föderalistischen Bund wurde ein zentralistisches Herrschaftsgebiet.

Dazu kam ein weiteres Ausgreifen Athens. In Unteritalien gründete Perikles die Kolonie Thurioi. Dorthin zogen Männer mit bekannten Namen, der Geschichtsschreiber Herodot, der Sophist Protagoras, der die Verfassung der neuen Stadt entwarf, der Städtebauer Hippodamos von Milet, der schon die Hafenstadt Piräus mit einem geradlinigen, schachbrettartigen Straßennetz angelegt hatte und dieses System, die hippodamische Bauweise, jetzt auch auf Thurioi anwandte, von wo es später die Römer übernahmen.

Im Norden der Ägäis wurde Amphipolis gegründet. Am Schwarzen Meer, an den Küsten des Pontos, konnte Perikles auf einem Flottenzug zahlreiche Griechenstädte bis zur Krim dem athenischen Machtbereich anschließen. Athen war zur stärksten Hegemoniemacht der griechischen Welt und damit zur dritten Mittelmeergroßmacht neben Persien im Osten und Karthago im Westen geworden.

Diese expansive Außenpolitik Athens berührte Sparta zwar nicht unmittelbar, doch wurde sie um so riskanter, je mehr sich dadurch der ideologische Gegensatz zwischen der athenischen Demokratie und dem aristokratischen Sparta verschärfte und je mehr Athen auch in einen wirtschaftlichen Gegensatz zu den benachbarten Handelsstaaten Korinth und Megara geriet, die mit Sparta verbündet waren. Dieser doppelte Gegensatz, die unterschiedliche gesellschaftliche Struktur und die zunehmende wirtschaftliche Konkurrenz, führte schließlich zum Konflikt und zum Krieg.

Wenn Sparta die weitere Ausbreitung demokratischer Ideen hinnahm, so gefährdete es seine Rolle als Schutzmacht der Aristokraten. Die Emigranten aus dem attischen Seebund, die durch die Demokratisierung vertrieben worden waren, erhofften ihre Rückkehr durch spartanische Hilfe. Korinth litt schon lange darunter, daß sein Handel mit Italien und Sizilien zurückging, weil die Athener durch ihren Export von Wein, Öl, Vasen und anderen Erzeugnissen diese Absatzmärkte für sich gewannen. Am Golf von Korinth besaßen die Athener sogar eine Sperrfestung in Naupaktos.

In den Jahren 435–432 häuften sich die Krisen. Bei einem Seegefecht zwischen den Korinthern und den Korkyraiern bei Korkyra-Korfu griffen die Athener zugunsten der Korkyraier ein und beraubten die Korinther dadurch auch militärisch im Westen ihrer Bewegungsfreiheit. Im Norden, auf der Halbinsel Chalkidike, wurde die korinthische Kolonie Poteidaia von den Athenern bedroht, so daß den Korinthern kein anderer Ausweg blieb, als Sparta um Hilfe zu bitten. Auch Megara schloß sich diesem Ersuchen an, da die Athener ihr ganzes Bundesgebiet für die Wareneinfuhr aus Megara gesperrt hatten. Sparta, von allen Seiten gedrängt, gab seine Zurückhaltung auf und erklärte Athen den Krieg.

Dieser Peloponnesische Krieg, wie er genannt wird, ein fast dreißigjähriger Krieg von 431–404, riß das gesamte Griechentum mit hinein, wie Thukydides sagt, der ihn beschrieben hat. Es war in Wirklichkeit ein griechischer Weltkrieg, mit allen Leiden und Folgen einer solchen Katastrophe. Thukydides nennt die Ursache und die Anlässe, die dazu führten – den latenten Gegensatz der großen Mächte und den Ausbruch lokaler Konflikte –, aber er spricht nicht von Schuld. Der Kampf um die Macht, um Hegemonie und Autonomie, um Einheit durch Vorherrschaft oder Freiheit durch Selbstbestimmung, bestimmt nach Thukydides unaufhörlich den Gang der Geschichte.

Perikles hatte mit Krieg gerechnet. Er ließ daher im Tempelschatz auf der Akropolis 18 Millionen Silberdrachmen als Reserve deponieren. Die überlegene athenische Flotte beherrschte die See und sicherte die Zufuhr. Gegen Angriffe der Spartaner zu Land konnte die attische Bevölkerung in der Doppelfestung Athen-Piräus, hinter den Langen Mauern, Schutz finden. Durch entschlossene Abwehr würde Sparta schließlich doch zur Anerkennung des athenischen Besitzstands gezwungen werden. So kalkulierte Perikles und behielt recht damit. Die weitere Zukunft blieb freilich unberechenbar.

Die erste Phase des Kampfes, die zehn Jahre dauerte, war der Archidamische Krieg, so genannt nach den Feldzügen des Spartanerkönigs Archidamos nach Attika. Sie brachten keine Entscheidung, da die Athener, gedeckt durch ihre Festungslinien, jeder Feldschlacht auswichen. Zahlreiche Opfer forderte in Athen jedoch eine pestartige Epidemie, der auch Perikles erlag.

Auf den anderen Kriegsschauplätzen gab es Erfolge und Mißerfolge für

76

beide Seiten. Die Athener eroberten Poteidaia, gewannen die Thraker und Makedonen zu Verbündeten, setzten sich im Westen auf Korkyra, in Aitolien und Akarnanien durch und kontrollierten mit ihrer Flotte die Küsten des Peloponnes. Hier gelang es ihnen unter Kleon, dem Nachfolger des Perikles, auf der Insel Sphakteria bei Pylos ein spartanisches Heer einzuschließen und zur Übergabe zu zwingen. Die Spartaner ihrerseits besetzten Plataiai, brachten Lesbos zum Aufstand gegen Athen und eroberten unter Führung des Brasidas im Norden Amphipolis und andere Städte des Seebundes, während die Boioter, ihre Verbündeten, die Athener bei Delion schlugen.

Als die Gesamtlage 421 immer noch unentschieden war, wurde auf Vorschlag des Atheners Nikias ein Verständigungsfriede geschlossen, durch den der Vorkriegsstand wiederhergestellt werden sollte. Damit hatte Athen das Ziel des Perikles erreicht, die Anerkennung des athenischen Seereiches durch Sparta. Doch der Nikiasfriede war nur von kurzer Dauer. Er befriedigte weder Korinth und andere Bundesgenossen Spartas noch die Athener selbst, die nach ihrem Erfolge glaubten, bei Wiederaufnahme des Krieges noch mehr erreichen zu können.

Der Wortführer dieser neuen Kriegspolitik Athens war Alkibiades, verwandt mit Perikles, glänzend begabt, aber maßlos in seinen Zielen. Durch immer größere Aktionen suchte er Sparta zu schwächen. Auf dem Peloponnes begründete er eine antispartanische Koalition. Die dorische Insel Melos, die zu Sparta hielt, brachte er gewaltsam zum Anschluß an Athen, wozu Thukydides in seinem Geschichtswerk den berühmten ›Melierdialog‹ schrieb, die klassische Grundsatzdiskussion des Problems Macht und Recht.

Schließlich bewog Alkibiades 415 die Athener zu ihrem großen Flottenzug nach Sizilien, um durch Unterwerfung von Syrakus den ganzen griechischen Westen von Athen abhängig zu machen und damit die Vormachtstellung Athens zu vollenden. Das Unternehmen, das größte Opfer an Menschen und Material kostete, scheiterte infolge der schwachen Führung des Nikias und der wirksamen Unterstützung von Syrakus durch die Spartaner unter Gylippos. Alkibiades, der das kühne Projekt vielleicht zum Erfolg geführt hätte, war von den Athenern im entscheidenden Moment wegen eines Kultvergehens seiner Stellung als Stratege enthoben worden. Er rächte sich durch Übertritt nach Sparta. In Athen war die Reaktion auf die sizilianische Katastrophe so stark, daß 411 für kurze Zeit die Oligarchen die Macht ergreifen konnten.

Inzwischen hatten die Spartaner den Krieg wiederaufgenommen. Auf den

Rat des Alkibiades besetzten sie die Sperrfestung Dekeleia in Attika, wonach die letzte Phase des Peloponnesischen Krieges auch Dekeleischer Krieg genannt wird. Mehrmals siegten die Athener zur See im Nordosten, bei Kyzikos, wo Alkibiades nach erneutem Frontwechsel nochmals die athenische Flotte führte, dann bei der Inselgruppe der Arginusen. Wiederholte Friedensvorschläge Spartas wurden von den radikalen athenischen Demokraten unter Kleophon abgelehnt.

Da griff Persien ein. Ein Sieg Athens lag nicht im Interesse des Perserkönigs, im Gegenteil, nur durch Niederwerfung Athens konnte er die volle Herrschaft über die Ostgriechen wiedergewinnen. Deshalb erhielt jetzt Sparta nach Abschluß eines spartanisch-persischen Beistandspakts entscheidende finanzielle und militärische Hilfe von Persien. Athen verlor die meisten seiner Bundesgenossen. Die letzte Seeschlacht des Krieges, bei Aigospotamoi am Hellespont, konnten die Spartaner unter ihrem fähigen Flottenführer Lysander für sich entscheiden. Die Reserven Athens waren erschöpft. Ein letzter Bundesvertrag zwischen Athen und Samos, der inschriftlich erhalten ist und in Reliefdarstellung die Freundschaft der Athena und der Hera von Samos zeigt, verlieh allen Samiern das athenische Bürgerrecht. Doch solche Maßnahmen kamen zu spät. Im Jahre 404 kapitulierte Athen bedingungslos. Der attische Seebund wurde durch Lysander aufgelöst, Athen erhielt eine spartanische Besatzung und eine oligarchische Regierung.

Der schwerste Krieg der griechischen Geschichte war zu Ende. Sein Ausgang beseitigte die größte Machtbildung der griechischen Welt, die Hegemonie Athens. Der Gedanke der Autonomie, das Selbstbestimmungsrecht, das Sparta proklamiert hatte, schien sich durchgesetzt zu haben.

Doch es schien nur so. Die Kleinstaaten, die von der Vorherrschaft Athens befreit waren, mußten bald erkennen, daß sie keineswegs unabhängig geworden waren. Sie standen nun unter persischer oder spartanischer Herrschaft, mußten ihre Verfassungen im oligarchischen Sinne ändern, fremde Besatzungen aufnehmen und wieder Tribute zahlen. Sparta errichtete nach dem Sieg über Athen seine eigene Hegemonie.

Gerade dadurch geriet Sparta jedoch in Konflikt sowohl mit Persien wie mit den griechischen Staaten. Im Osten sahen sich die Spartaner gezwungen, an Stelle von Athen den Schutz der Griechen in Kleinasien gegen Persien zu übernehmen. In Griechenland selbst fand die spartanische Machtpolitik zunehmenden Widerstand. Schon wenige Jahre nach 404 war daher die Lage völlig verändert. Sparta stand im Zweifrontenkrieg gegen Persien und gegen eine griechische Koalition, die sich in Korinth gebildet hatte.

Auch Athen gehörte dazu. Es hatte sich von seiner Niederlage rasch erholt. Das oligarchische Regime des Kritias und seiner Anhänger, der sogenannten Dreißig Tyrannen, die von den Spartanern in Athen eingesetzt worden waren, ging im Terror und Bürgerkrieg unter. Thrasybul und andere Emigranten stellten die Demokratie wieder her. Durch eine ›Amnestie‹ unter dem Archon Eukleides wurden die politischen Verfolgungen beendet. Ein später Racheakt der Demokraten war jedoch der Prozeß und die Hinrichtung des Sokrates, der als Lehrer des Kritias und als Mitschuldiger galt. Welche Bedeutung Sokrates als Philosoph besaß, davon ahnten seine Richter nichts.

Im Kampf gegen Persien hatte Sparta einige Anfangserfolge. Es unterstützte die Erhebung des persischen Prinzen Kyros gegen seinen Bruder, den König Artaxerxes II. Zwar fiel Kyros bei Kunaxa in Mesopotamien, doch zeigte der Rückmarsch seiner griechischen Söldner durch Armenien ans Schwarze Meer, der sogenannte ›Rückzug der Zehntausend‹, den der Athener Xenophon als Teilnehmer in seiner ›Anabasis‹ beschrieb, daß das Perserreich im Innern wenig widerstandsfähig war. So konnte der Spartanerkönig Agesilaos bei seinem persischen Feldzug leicht bis Sardes vordringen.

Doch nun wurde die antispartanische Koalition in Griechenland, im Korinthischen Krieg, wirksam. Lysander wurde bei Haliartos in Boiotien geschlagen und fiel. Agesilaos mußte daher seinen persischen Feldzug abbrechen und aus Kleinasien zurückkehren. Durch einen Sieg bei Koroneia, ebenfalls in Boiotien, stellte er die Lage zu Lande wieder her. Zur See unterlagen die Spartaner jedoch bei Knidos im Südosten der Ägäis einer persisch-griechischen Flotte, die von dem Perser Pharnabazos und dem Athener Konon gemeinsam befehligt wurde. Mit persischem Gelde konnte Konon die Mauern Athens und die athenische Flotte wiederherstellen. Immer stärker machte sich der Einfluß Persiens in Griechenland bemerkbar. In einem unentschiedenen Stellungskrieg bei Korinth erschöpften sich die Gegner.

Da erkannten die Spartaner, daß sie militärisch nicht mehr siegen konnten. An die Stelle der Waffen trat die Diplomatie. Durch ein Abkommen mit dem Perserkönig, das der Spartaner Antialkidas zustande brachte, wurde vereinbart, daß die kleinasiatischen Griechen vorbehaltlos zu Persien gehören sollten und daß in Griechenland alle Bündnisse außer dem spartanischen Bund aus Gründen der Autonomie aufzulösen seien. Der

König erklärte sich zum Vertragsgaranten und zwang durch Androhung von Sanktionen alle griechischen Staaten zum Beitritt.

Dieser Königsfriede, wie er genannt wird, der im Jahre 386 den spartanisch-persischen und den Korinthischen Krieg beendete, sicherte also aufs neue die Hegemonie Spartas und ermöglichte es zugleich Persien, jederzeit in Griechenland zu intervenieren. Die Autonomie der griechischen Staaten bedeutete faktisch die Unterordnung unter Sparta. Man sprach von Freiheit und meinte Herrschaft.

Obwohl dies für die Zukunft nichts Gutes verhieß, enthielt der Königsfriede doch ein konstruktives Element des Friedens. Es war das Prinzip der koiné eiréne, des allgemeinen Friedens. Zum ersten Mal in der Geschichte wurde hier der Gedanke einer universalen Friedensordnung ausgesprochen, einer umfassenden Friedensorganisation für alle Staaten einschließlich der Neutralen. Diese Idee, auch wenn sie nicht zu realisieren war, hat doch weitergewirkt und ist im Bewußtsein der Völker bis zur Gegenwart immer stärker geworden.

Sparta freilich, dessen Politik von dem unbeugsamen, starrsinnigen Agesilaos geleitet wurde, nutzte den Königsfrieden für seine eigenen Zwecke. Gewaltsam wurde gegen Widerstrebende vorgegangen. Mantinela in Arkadien wurde zerstört, Theben durch Überfall besetzt, Olynth auf der Chalkidike unterworfen. Im Osten wurde die spartanische Machtpolitik durch Persien gedeckt, im Westen durch den Tyrannen Dionysios I. von Syrakus, der im Kampf gegen die Karthager und die Italiker selber ein Großreich in Sizilien und Unteritalien errichtet hatte.

Doch die Thebaner vertrieben ihre spartanische Besatzung. Athen erneuerte seinen Seebund auf föderativer Grundlage und mit Wahrung der Autonomie. Diesen Zweiten Seebund mußte Sparta anerkennen. Theben dagegen sollte bestraft werden. Auf einem Kongreß in Sparta, wohin alle Unterzeichner des Königsfriedens einberufen wurden, verlangte Agesilaos von den Thebanern ultimativ die Auflösung des Boiotischen Bundes. Die Forderung wurde verweigert, das spartanische Heer gegen Theben in Marsch gesetzt. Bei Leuktra in Boiotien, im Jahre 371, erlitten die Spartaner die schwerste Niederlage ihrer Geschichte. Daran erinnert das Siegesmal der Thebaner, das auf dem Schlachtfeld aus den gefundenen Resten neuerdings wiederhergestellt wurde. Es sind erbeutete spartanische Rundschilde, die in Stein nachgebildet und zu einem Kranz angeordnet sind.

Die Schlacht bei Leuktra hatte epochale Bedeutung. Die spartanische Militärmacht und damit die Hegemonie Spartas in Griechenland war für immer vernichtet. Sechzig Jahre lang, seit 431, hatte Sparta gekämpft, hatte Athen niedergerungen, hatte durch den Königsfrieden nochmals seine Stellung verstärkt, dann aber seine Macht überspannt, die Gegner unterschätzt. Epameinondas, der geniale Heerführer der Thebaner, siegte bei Leuktra mit einer neuen Taktik, der ›Schiefen Schlachtordnung‹, bei der ein verstärkter Angriffsflügel die Entscheidung herbeiführte. Viele Spätere, von Alexander bis Schlieffen, übernahmen diesen Gedanken. Durch mehrere Feldzüge in den Peloponnes beseitigte Epameinondas auch die politischen Machtgrundlagen der spartanischen Hegemonie. In Arkadien wurde ein Bundesstaat gegründet, dessen neue Hauptstadt Megalopolis als Sperrfestung gegen Sparta diente. Noch bedeutsamer war die Befreiung Messeniens durch Epameinondas. Die Bewohner dieses fruchtbaren Landes waren seit Jahrhunderten als Heloten den Spartanern untertan gewesen, worauf die wirtschaftliche Stärke Spartas beruhte. Jetzt war Theben die Schutzmacht für alle Peloponnesier, die von Sparta unabhängig geworden waren.

Auch die mittelgriechischen Staaten schlossen Bündnisse mit Theben. Pelopidas, der Mitkämpfer des Epameinondas, dehnte den Einfluß Thebens auf Thessalien aus. Es gelang ihm sogar, den Perserkönig, der bisher stets Sparta unterstützt hatte, auf die Seite Thebens zu ziehen. Das Binnenland Boiotien wurde durch Anlage von Häfen und den Bau einer Flotte unter Mitwirkung karthagischer Fachleute zu einer Seemacht, die mit Athen rivalisierte. Auf einem Flottenzug in die Ägäis brachte Epameinondas Byzantion, Chios und Rhodos zum Anschluß.

Die Hegemonie Thebens war die letzte große Machtbildung innerhalb der griechischen Staatenwelt. Sie hatte sich im Kampf gegen Sparta entwickelt, beruhte auf dem kräftigen boiotischen Volkstum und seinem Städtebund, war aber doch vor allem das persönliche Werk des Epameinondas. Das Ziel dieses einzigartigen Staatsmanns, der Energie und Erfolg mit einer pythagoreisch-philosophischen Haltung verband, war die Verbindung von Hegemonie und Autonomie. Sein Tod in der Schlacht bei Mantineia 362 hatte zur Folge, daß diese Aufgabe ungelöst blieb.

Eine Zeit des Gleichgewichts der Kräfte bahnte sich an. Wieder wurde ein allgemeiner Friede auf Grund des Besitzstands geschlossen. Theben wahrte seine Stellung, verzichtete aber auf weiteren Machtgewinn. Athen behielt seinen Seebund, konnte aber den Austritt größerer Mitgliedsstaaten nicht verhindern. Im Peloponnes blieb Messenien selbständig, womit sich Sparta abfinden mußte. Auch auf Sizilien fanden die Griechenstädte Frieden und Ausgleich, nachdem der Korinther Timoleon die Herrschaft Dionysios' II. in Syrakus gestürzt und die Karthager besiegt hatte. Der Perserkönig, der in seinem Reich mit Aufständen zu kämpfen hatte, besonders in Ägypten und Kleinasien, konnte sich in Griechenland kaum mehr einmischen.

Während dieser Zeit weitgehender Autonomie und nur schwacher Hegemonie war im Norden eine neue Großmacht im Entstehen, Makedonien. Das Volk der Makedonen im Tal des Axios-Vardar und seinen Randgebirgen, zwischen den Illyriern im Westen und den Thrakern im Osten, war den Griechen nach Herkunft und Sprache nahe verwandt. Es hatte aber die städtische und kulturelle Entwicklung der Griechen nicht mitgemacht, sondern war mit seiner bäuerlichen Wirtschaft, Adelsgesellschaft und seinem Königtum gleichsam auf einer älteren Stufe zurückgeblieben. Die Oberschicht hatte zum Teil griechische Kultur angenommen, Dichter und Künstler wie der Tragiker Euripides und der Maler Zeuxis waren zeitweilig am Königshof in Pella. Auch durch politische Verträge traten die Könige der Makedonen mit Athen, Sparta und Theben in Verbindung.

Im Jahre 359 kam Philipp II. von Makedonien zur Regierung, den der griechische Historiker Theopomp den bedeutendsten Mann nannte, den Europa bis dahin hervorbrachte. Philipp hatte in seiner Jugend im Hause des Epameinondas in Theben gelebt, wo er seine angeborenen Fähigkeiten ausbildete. Als Heerführer und Staatsmann, Organisator und Diplomat hatte er zu seiner Zeit keinen ebenbürtigen Gegner.

In wenigen Jahren unterwarf Philipp die griechischen Küstenstädte am Nordrand der Ägäis, Amphipolis, Pydna, Poteidaia, Methone, womit Makedonien den Zugang zur See erreichte, aber auch schon athenische Interessen berührte. Durch die Besetzung der thrakischen Goldbergwerke im Pangaiongebirge und die Prägung von Goldmünzen gewann Philipp die Mittel zu weiteren Rüstungen. Thessalien machte er durch geschicktes Ausspielen lokaler Gegner von sich abhängig. In Epirus wurde er maßgebend, indem er die Fürstentochter Olympias von dort zur Gemahlin nahm. Ganz Nordgriechenland stand damit unter makedonischem Einfluß.

In Mittelgriechenland fand Philipp Gelegenheit zur Einmischung, als zwischen Phokis und der delphischen Amphiktyonie ein Konflikt wegen Delphi, ein sogenannter Heiliger Krieg, ausgebrochen war. Die Phoker hatten sich der Tempelschätze von Delphi bemächtigt und hatten damit ein starkes Söldnerheer aufgestellt, die letzte große griechische Militärmacht, die es gab. Unter ihrem Strategen Onomarchos rückten sie mehrmals nach Thessalien vor. Dort schlug sie Philipp, der damit den Ansatz einer phokischen Hegemonie zunichte machte. Er benützte seinen Erfolg, um nach den Thermopylen vorzustoßen und fast ganz Euboia auf seine Seite zu bringen, das zum athenischen Seebund gehörte.

In Athen hatte der Redner Demosthenes schon seit langem vor der Gefährlichkeit der makedonischen Expansion gewarnt und Abwehrmaßnahmen gefordert. Außer einer Verstärkung der Flotte hatte er jedoch nichts erreicht. Der Finanzpolitiker Eubulos und der Redner Aischines traten für eine Verständigung mit Philipp ein, der Publizist und Redelehrer Isokrates sah in Philipp sogar den künftigen Vorkämpfer des Griechentums gegen Persien.

Als Philipp vollends die letzte freie Griechenstadt im Norden, Olynth, eroberte und zerstörte, beeilten sich die Athener auf Vorschlag des Philokrates, ein Abkommen mit Philipp zu schließen, worauf dieser gerne einging. Im Frieden des Philokrates 346 garantierten sich Philipp und die Athener gegenseitig ihren Besitzstand. Von den Phokern, Thebanern und andern Griechen war dabei nicht die Rede. Athen hatte nur für sich selbst gesorgt.

Dieser diplomatische Erfolg gab Philipp freie Hand zu weiteren Aktionen großen Stils. Er warf die Phoker nieder und verschaffte sich dadurch die Schlüsselstellung im Amphiktyonenrat, womit er Mittelgriechenland beherrschte. Nun wandte er sich gegen die Thraker und die Illyrier, die er zu Gebietsabtretungen zwang. Endlich schloß er einen Nichtangriffspakt mit Persien, bereitete aber zugleich schon eine Offensive nach Kleinasien vor. In der Wahl seiner Mittel war Philipp ebenso geschmeidig wie skrupellos. Nur auf die Erreichung seiner Ziele kam es ihm an.

Jetzt bedrohte er die Meerengen, die Dardanellen und den Bosporos mit den Städten Perinth und Byzantion, kaperte eine athenische Getreideflotte und blockierte damit die lebenswichtigen Zufuhren Athens aus dem Schwarzmeergebiet. Demosthenes hatte recht behalten. Athen blieb keine andere Wahl, als Philipp den Krieg zu erklären. In letzter Stunde wurde noch ein Bündnis mit Theben geschlossen. Auch andere griechische Staaten, die Demosthenes für Athen gewonnen hatte, versprachen Hilfe. Überraschend schnell zog Philipp heran. In der Ebene von Chaironeia in Boiotien fiel die Entscheidung, 338 v. Chr. Die Athener, Thebaner und ihre Verbündeten traten der makedonischen Phalanx entgegen, aber der junge Alexander, Philipps Sohn, der die Reiterei auf dem linken Angriffsflügel der Makedonen führte, durchbrach unwiderstehlich die Linien der Gegner. Damit hatten die Makedonen die Schlacht für sich entschieden. Den Griechen blieb nur der Rückzug. Die Schlacht bei Chaironela vollendete die Unterwerfung Griechenlands unter die Makedonen. Das Löwendenkmal, das die Thebaner für ihre Gefallenen später auf dem Schlachtfeld errichteten, erinnert noch heute an das Ereignis.

Es gab nun keinen Zweifel mehr, daß die makedonische Großmacht, die Philipp geschaffen hatte, den Griechen militärisch und politisch weit überlegen war. Demosthenes hatte für eine verlorene Sache gekämpft. Das Zeitalter der griechischen Polisstaaten war beendet.

Aber Philipp dachte nicht an eine Demütigung der Besiegten. Seine Pläne gingen darüber hinaus, in eine ganz andere Richtung. Er berief einen allgemeinen Friedenskongreß nach Korinth und schloß mit den Griechen einen Bundesvertrag, den Korinthischen Bund, dessen Hegemon oder Bundesfeldherr er selber wurde. Darauf verkündete er sein Programm: griechische Autonomie unter makedonischer Hegemonie, gemeinsames Vorgehen der Griechen und Makedonen gegen Persien.

Der Feldzug nach Persien wurde vorbereitet. Die ersten Vorausabteilungen überschritten im Frühjahr 336 die Dardanellen nach Kleinasien. Da wurde Philipp ermordet. Der Gang der Geschichte stand still.

IX. Das Leben der spätklassischen Zeit

Wir haben die politische Geschichte der Griechen bis in die Zeit Philipps von Makedonien verfolgt, der die griechischen Staaten nacheinander unterwarf und dadurch das Zeitalter der souveränen Polis, der Unabhängigkeit der griechischen Stadtstaaten, der Kämpfe um Hegemonie und Autonomie beendete. Dies wäre ihm nicht möglich gewesen, wenn sich nicht das Leben der Griechen selbst im 4. Jahrhundert, in der spätklassischen Zeit, gewandelt hätte und die Voraussetzungen für diese politische Entwicklung geboten hätte. Die Griechen der Zeit von Chaironeia waren nicht mehr die Griechen der Schlacht von Marathon. Die Athener des Demosthenes waren nicht mehr die Athener des Perikles. Wir wollen die Verhältnisse und die Mentalität der nachperikleischen Zeit zu charakterisieren versuchen.

Für das politische Denken war immer noch die Polis maßgebend, der kleine, enge Stadtstaat mit seinen Bundesgenossen, während in Makedonien schon ein großflächiger, zentralistischer Territorialstaat entstand, der militärisch und finanziell den Stadtstaaten weit überlegen war. Eifersüchtig hielten die Polisgriechen an ihrer exklusiven Bürgerrechtspolitik fest, setzten ihre Grenzstreitigkeiten fort, kamen in der Frage der Hegemonie und Autonomie zu keiner dauerhaften Lösung. Das politische Denken der Griechen wurde rückständig.

Es gab jedoch zur Überwindung dieser Verhältnisse gewisse Ansätze, die in eine neue Richtung wiesen. Es kam vor, daß mehrere Städte sich zu einer staatsrechtlichen Einheit vereinigten, so die drei Städte der Insel Rhodos, Lindos, Kameiros, Ialysos, zur neuen Hauptstadt Rhodos, oder daß ganze Landschaften ein Bundesbürgerrecht schufen, das über dem Stadtbürgerrecht stand, so die Bundesstaaten Arkadien und Aitolien. In die Zukunft wies ferner der Gedanke eines allgemeinen Friedens für alle Staaten, wie er seit dem Abschluß des Königsfriedens immer wieder auf Kongressen und in Staatsverträgen ausgesprochen wurde. Darin kam das Verlangen nach einer stabilen Friedensordnung zum Ausdruck, der Wunsch, den unaufhörlichen Kriegen der Polisstaaten ein Ende zu machen. Nur fehlte zur Verwirklichung eine überlegene Garantiemacht, wozu weder Persien noch Sparta fähig waren.

Bemerkenswert ist auch, daß die Auseinandersetzungen zwischen Demokraten und Aristokraten in spätklassischer Zeit ihre Heftigkeit verloren. Ein gewisser Ausgleich bahnte sich dabei an. Dazu kam das Aufkommen einer monarchischen Strömung. Manche Schriftsteller wie Xenophon und Isokrates entwarfen Idealbilder früherer Herrscher wie des persischen Reichsgründers Kyros, also eines Nichtgriechen. So verlor auch der Gegensatz zwischen Griechen und sogenannten Barbaren an Schärfe. Durch die engeren Beziehungen zwischen Griechen und Persern im 4. Jahrhundert lernten sich die Völker besser kennen, wodurch alte Vorurteile abgebaut wurden. Die Herrscher in den Randgebieten des Griechentums wie Philipp von Makedonien und Mausolos von Karien nahmen griechische Kultur an und leiteten damit die Hellenisierung dieser Gebiete ein. Alle diese Tendenzen bewirkten, daß die alten Anschauungen und Begriffe von Demokratie und Aristokratie, bürgerlicher Freiheit und Alleinherrschaft, Griechen und Barbaren, obwohl man äußerlich daran festhielt, ihre innere Überzeugungskraft und ihren Wahrheitsgehalt weithin verloren.

Die gesellschaftlichen Verhältnisse zeigen, daß die Zahl der vollberechtigten Staatsbürger eher abnahm als zunahm. Sparta konnte seine ständigen Kriegsverluste nicht ersetzen. Es wurde nicht nur durch Epameinondas besiegt, sondern verlor seine führende Stellung auch durch seinen ›Menschenmangel‹, wie Xenophon es nennt. Athen war bei Chaironela gegen Philipp nicht mehr imstande, 10 000 Hopliten aufzubieten, was seine Heeresstärke 150 Jahre früher bei Marathon gegen die Perser gewesen war. Die Bürgerzahlen waren rückläufig. Athen hatte um 430 rund 40 000 Bürger, um 390: 30 000, 310: 21 000, Sparta 480: rund 8000, 418: 2500, 394: 2000, 371: 1500, 330: 1000. Stagnierende oder rückläufige Bevölkerungszahlen bedeuten immer einen Schaden für die Zukunft.

Im gleichen Maße, wie die Zahl der politisch berechtigten Staatsbürger abnahm, nahm der relative Anteil der nichtbürgerlichen Stände zu, der Sklaven, Freigelassenen, Fremden. Eine großzügige Verleihung des Bürgerrechts und damit der politischen Mitbestimmung wurde ihnen verweigert Sie wuchsen daher nicht in die Gesellschaft der Politen hinein und zeigten auch kein Interesse für die Verteidigung der Polis.

Noch folgenreicher war es, daß die unpolitische Denkweise dieser Schichten, die nur ihren privaten und geschäftlichen Zielen lebten, im 4. Jahrhundert auch das Bürgertum ergriff, gleichsam infizierte. Die Politen

86

wurden unpolitisch, ein paradoxer Zustand in der Polis. Daher hatte Demosthenes so große Mühe, seine Mitbürger zu finanziellen oder gar militärischen Leistungen und Opfern zu bewegen, deren Sinn weithin schon unverständlich geworden war. Die Bürgerheere wurden größtenteils durch Söldnertruppen ersetzt. Formelhaft könnte man sagen, daß der homo politicus, der politische Mensch des 5. Jahrhunderts, sich im 4. Jahrhundert zum homo oeconomicus und homo privatus, zum ökonomischen und privaten Menschen entwickelte. Wichtiger als der Besuch der Volksversammlungen und die Teilnahme an den demokratischen Institutionen wurde jetzt für den Einzelnen das private, familiäre, kommerzielle Leben.

Es ist für diese Entpolitisierung, Ökonomisierung und Privatisierung des Lebens bezeichnend, daß im gesellschaftlichen Verkehr der Unterschied zwischen Bürgern und Nichtbürgern seine frühere Bedeutung verlor. Wohlhabende Bürger und Metoiken verkehrten miteinander auf gleicher gesellschaftlicher Stufe, besitzlose Bürger und niedere Sklaven glichen sich äußerlich und innerlich aneinander an. ›Es ist besser, als gutgestellter Sklave einem reichen Herrn zu dienen‹, hieß es in einem Bühnenstück dieser Zeit, ›als ein freier Mensch zu sein, der täglich nach Lohnarbeit suchen muß‹. Die ganze Standesordnung der klassischen Zeit wird in einem solchen Satz in Frage gestellt, freilich nur innerlich, moralisch, ideell, nicht rechtlich und formell.

Die Stellung der Frau veränderte sich im Sinne einer stärkeren Emanzipation, besonders in vermögensrechtlicher und erbrechtlicher Hinsicht. Den Hauptzweck der Ehe aber sah man wie in älterer Zeit darin, legitime Kinder zu haben, was bei der spärlichen Bürgerrechtsverleihung an Fremde wichtig war. Diese gewissermaßen beschränkte Bedeutung und Auffassung der Ehe hatte zur Folge, daß der Verkehr mit den sogenannten Hetären, den Prostituierten, gesellschaftlich nicht als anstößig galt.

Das wirtschaftliche Leben der Zeit hängt mit allen diesen Wandlungen eng zusammen. Die Wirtschaft gewann zunehmende Bedeutung im Vergleich zu früher; sie erscheint auch fortgeschrittener. Die Landwirtschaft, die prozentual gegenüber dem Handel und Gewerbe weiter zurückging, stellte sich großenteils auf Veredelung und Gartenbau um, auf Wein, Oliven, Gemüse, Obst, da Getreide billiger importiert wurde, besonders aus den Schwarzmeerländern, Ägypten, Nordafrika, Sizilien. Auch Agrargebiete wie der Peloponnes mußten schon Getreide einführen, erst recht die größeren Städte und Gewerbezentren wie Athen. Die Offenhaltung der Dardanellen und des Bosporos war daher eine Hauptsorge der athenischen Politik; auch zum entscheidenden Zusammenstoß mit Philipp von Makedonien kam es durch diese Frage. Einfuhrwaren kamen in großer Menge nach Athen, so Papyrus aus Ägypten, Purpur aus Phönikien, Fische vom Pontos, Sklaven aus Thrakien und Kleinasien, Metallwaren aus Etrurien. Höchstes Ansehen genoß der Importeur und Reeder, der Emporos, von dem die Lebensmittelversorgung der Bürgerschaft abhing. Besondere Schutzgesetze und Förderungsmaßnahmen kamen dem Außenhandel und Großhandel zugute, während der Kleinhändler, der Kapelos, ebenso wie der Handwerker, der Banausos, selbst wenn er freier Bürger war, recht wenig geachtet wurde.

Wie die Geschäftsviertel in den Städten aussahen, haben die Ausgrabungen in Athen um den Hephaistostempel gezeigt. Es gab eine Schustergasse, Schmiedegasse, Töpfergasse, nach Branchen geordnet, wie noch heute im Süden. Laden und Werkstatt lagen beisammen. Auch diese kleinen Geschäfte arbeiteten für den Markt, nicht nur auf Bestellung. Es waren durchweg handwerkliche Betriebe.

Größere Werkstätten, Ergasterien, hatten 30–50 Arbeitskräfte, Sklaven oder freie Lohnarbeiter. Es waren Manufakturbetriebe, keine Fabriken oder Industriebetriebe, da noch vorwiegend manuell, nicht maschinell gearbeitet wurde. Auf dem Arbeitsmarkt bildete das Angebot an Sklaven eine erhebliche Konkurrenz für die freien Arbeiter. Sklaven konnten auch in verantwortlichen Stellungen als Geschäftsführer für ihre Herren tätig sein, so der thrakische Sklave Sosias, der die Bergbaubetriebe des Nikias leitete, oder der Sklave Pasion, der im Bankgeschäft seines Herrn arbeitete, nach seiner Freilassung das Geschäft selbst übernahm, das athenische Bürgerrecht erhielt und in die ersten Kreise aufstieg. Ein solcher gesellschaftlicher Aufstieg aus der Sklaverei war gewiß nicht alltäglich, aber doch möglich, im Unterschied etwa zur mittelalterlichen Gesellschaftsordnung, bei der die erblichen Stände weit stärker voneinander geschieden waren.

Im ganzen zeigt die wirtschaftliche Entwicklung des 4. Jahrhunderts jedoch eine abfallende Tendenz. Die Preise stiegen rascher als die Löhne, wie schon in der Konjunktur der perikleischen Zeit. Die vielen Kriege und Rüstungsausgaben für den Flottenbau und die Söldnerheere machten sich auch wirtschaftlich bemerkbar. Es fehlte mehr und mehr an Produktionskapital, Kaufkraft, neuen Märkten. Die großen Vermögen wurden seltener oder wurden getarnt, um nicht zu Sondersteuern herangezogen zu werden; der Mittelstand schmolz zusammen, die breite Masse der Verbraucher lebte sehr bedürfnislos. Ein Monatseinkommen von

10–20 Drachmen mußte genügen. Eine gewisse wirtschaftliche Stagnation kennzeichnet das Ende des Poliszeitalters. Athen mußte aus finanziellen Gründen auf eine aktive Außenpolitik verzichten, die Spartaner zogen sich nach dem Verlust Messeniens völlig aus dem politischen Geschehen zurück. Agesilaos, der letzte große Spartanerkönig, begab sich am Ende seines Lebens als Söldnerführer nach Ägypten, wo er 230 Talente für Spartas Staatskasse verdiente.

Im geistigen Leben erscheint das Bild der Zeit heller, reicher, erfreulicher als im politischen und wirtschaftlichen Bereich und doch paßt es dazu. Die ›Bildung‹, früher ein Kennzeichen der Aristokratie, drang seit dem Auftreten der Sophisten in weitere Kreise. Es gab Büchermärkte mit Papyrusrollen. Privatschulen und Unterrichtskurse wurden eingerichtet. Das Analphabetentum nahm ab. Bildung und Erziehung, Paideia, Pädagogik, gewannen immer mehr Bedeutung.

Den größten Erfolg hatte die Rednerschule des Isokrates in Athen. Der Sophist Gorgias, der Lehrer des Isokrates, hatte die Lehre von der Redekunst, die Rhetorik, begründet. Die Gerichtsrede, die politische Rede, die Festrede erforderten jeweils eine besondere Technik im Tonfall, Rhythmus und Satzbau. Mit den großen attischen Rednern des 4. Jahrhunderts, Lysias, Isaios, Demosthenes, Aischines, Hypereides und anderen erreichte die griechische Rhetorik erst ihren Höhepunkt. Besonders Demosthenes, der wie Cicero als Politiker ohne Erfolg blieb, wurde als Redner das anerkannte Vorbild für die Nachwelt.

Diese südländische Redekunst hatte zugleich einen schauspielerischen Zug. Sie mußte nicht nur überzeugen, sondern auch gefallen. Nicht zufällig gehörte daher auch das Theater wesentlich zur Bildung und Kultur dieser Zeit. In Athen wurde das Dionysostheater ausgebaut. In Epidauros, wo sich im Heiligtum des Krankengottes Asklepios viele Pilger, Patienten und Kurgäste aufhielten, wurde das noch heute fast vollständig erhaltene Theater gebaut, das 15 000 Zuschauer faßte. Zu jeder griechischen Stadt gehörte ein Theater.

Der einheitliche Grundriß dieser Theaterbauten zeigt stets ein Halbrund mit Sitzreihen, das eigentliche théatron, das heißt ›Zuschauerraum‹, durch Treppen und Umgänge gegliedert in Sektoren und Ränge, mit Marmorsesseln für die Ehrengäste. In der kreisförmigen Orchestra, eigentlich ›Tanzplatz‹, trat der Chor auf, der zu jedem Schauspiel gehörte, als Tanzchor und Sprechchor, erst in späterer Zeit mit Musikern und ›Orchester‹. Auf der Bühne oder Skene, der ›Szene‹, agierten die Schauspieler, hinter denen eine Kulissenwand oder ein festes Bühnengebäude errich-

89

tet war. Es waren Freilichttheater, in den Berghang eingebaut und der Landschaft angepaßt.

Obwohl das Theaterwesen in spätklassischer Zeit eine solche Ausbreitung, Beliebtheit und Bedeutung im gesellschaftlichen Leben gewann, gab es doch keinen einzigen großen Dramatiker wie Aischylos, Sophokles, Euripides mehr. Man spielte dafür die Dramen dieser Dichter als Repertoirestücke, in Wiederaufführungen. Erst dadurch wurden die Dichter des 5. Jahrhunderts wie Sophokles, dem man jetzt eine Ehrenstatue errichtete, später zu Klassikern. Was es an neuen Stücken gab, waren epigonenhafte Bearbeitungen.

Die Ursache dafür war wohl nicht ein Nachlassen der geistigen Schöpferkraft, sondern die Wandlung in den Anschauungen der Zeit. Die klassische Tragödie mit ihren mythologischen Stoffen hatte zur Voraussetzung ein ungebrochenes Verhältnis zur Welt der Götter und des Glaubens, die Überzeugung, daß die großen Gestalten des Mythos, Zeus und Herakles, Athena und Iphigenie, Realität besaßen. Dieser Glaube an die Ernsthaftigkeit des Mythos schwand in den gebildeten Kreisen dahin. Die große Zeit der Tragödie war vorbei. Das Kultdrama wurde zum Theaterstück.

Ebenso veränderte die Komödie ihren Charakter. Die derben, oft obszönen Späße des Aristophanes fanden beim feineren Geschmack des Publikums keinen Anklang mehr. Auch die politische Satire der alten Komödie war überholt, da die Leidenschaft der Parteikämpfe abgeklungen war. Die Privatisierung und Verbürgerlichung des Lebens verlangte dafür gesittete Unterhaltungsstücke, Verwechslungskomödien, Rührstücke, Liebesgeschichten. Diese neue Gattung des bürgerlichen Lustspiels erreicht jedoch erst gegen Ende des 4. Jahrhunderts in den Stücken des Menander ihren Höhepunkt.

Auch die übrige Literatur der Zeit trägt solche Züge. Der meistgelesene Geschichtsschreiber war Ephoros, ein Schüler des Redelehrers Isokrates. Er schrieb eine Weltgeschichte in rhetorischem Stil, wobei es weniger auf geschichtliche Wahrheit und Genauigkeit ankam als darauf, den Stoff unterhaltsam darzustellen, mit Ausschmückung rührender oder schrecklicher Begebenheiten. Xenophon schrieb den ersten historischen Roman, seine Kyrupädie, die Erziehung und Lebensgeschichte des Perserkönigs Kyros. In seinem Geschichtswerk Hellenika, einer griechischen Geschichte vom Peloponnesischen Krieg bis zum Tode des Epameinondas, setzte Xenophon das Werk des Thukydides fort, erreichte jedoch nicht entfernt dessen hohen Rang und Objektivität.

Nur auf einem Gebiete des geistigen Lebens gab es überragende Werke und Leistungen, in der Philosophie. Platon und Aristoteles sind die großen griechischen Denker der Spätklassik, die in ihrem System gleichsam zusammenfassend und abschließend den Geist des klassischen Griechentums dargestellt haben. Sokrates und sein Schüler Platon, Platon und sein Schüler Aristoteles, eine solche Reihe und direkte Abfolge größter Denker hat es in der Geistesgeschichte der Menschheit weder früher noch später jemals gegeben.

Sokrates hatte ebenso wie die Sophisten den Menschen zum Objekt des Nachdenkens gemacht, nicht mehr die Natur wie die vorsokratischen Philosophen. Noch eindringlicher als die Sophisten versuchte er, feste Begriffe und Maßstäbe für das richtige Handeln des Menschen zu gewinnen. Er war davon überzeugt, daß das Gute und das Vernünftige dasselbe sei, daß man dies nur wirklich begreifen müsse, um es auch zu tun, und daß man diese Einsicht lehren und lernen könne. Er meinte dies nicht oberflächlich oder rationalistisch, sondern existentiell und radikal. Er machte auch vor Gericht, als man ihm destruktive Motive unterschob, keine Zugeständnisse, sondern starb für seine Überzeugung. Platon in seiner ›Apologie des Sokrates‹ hat es für die Nachwelt unvergeßlich dargestellt.

Platon übertraf die anderen Sokratesschüler wie Xenophon, Antisthenes, Aristipp an Selbständigkeit und Weite des Denkens. In seinen Schriften, kunstvoll aufgebauten Dialogen, begründete und erweiterte er die sokratische Ethik vor allem nach der sozialphilosophischen Seite. Platon, dessen Hauptwerk den Titel Politeia trägt, ›Der Staat‹, schuf damit die klassische griechische Staats- und Gesellschaftslehre. Aus der Kritik der bestehenden Herrschaftsformen und Verfassungstypen, besonders der Tyrannis, der Oligarchie und der Demokratie, entwickelte er seine Lehre vom wahren Staat, von der gerechten Gesellschaftsordnung. Es sollte eine griechische Polis sein, aber die Grundsätze, die Platon dafür aufstellte – Verbindung von Macht und Geist, Gemeinschaft statt Unterdrückung, Mäßigung im politischen und privaten Bereich –, diese Forderungen galten auch für die Zukunft. Es waren Leitbilder, Ideale, Ideen, wie Platon es nannte, von größerer Wahrheit als die unvollkommene, scheinbare Wirklichkeit, die uns umgibt. Der platonische Begriff der Idee ist aus der Geschichte des Menschen nicht mehr wegzudenken.

Platon gründete beim Kultbezirk des Heros Akademos am Stadtrand von Athen seine Schule, die ›Akademie‹, in der er bis zu seinem Tode 347 lehrte. Mehrmals reiste er nach Sizilien, um Dionysios I. von Syrakus für politische Reformen zu gewinnen. Noch sein großes Alterswerk, die ›Gesetze‹, gelten der Verwirklichung des idealen Staates. Gerade damit steht Platon in seiner Zeit, daß er den Niedergang der Polis erkannte, untersuchte und daraus die nötigen Folgerungen zog. Erst am Ende des Poliszeitalters, in der spätklassischen Zeit, kam die Staatstheorie zur Vollendung.

Aristoteles von Stageira, wohl der universalste Denker des Altertums, lebte 20 Jahre lang als Schüler Platons an der Akademie in Athen. Er setzte Platons Lehren fort, gab eine Darstellung aller bestehenden Staatsverfassungen, wovon uns die Verfassungsgeschichte Athens durch einen Papyrusfund erhalten ist, und schuf in seiner ›Politik‹ das grundlegende Werk für die gesamte neuere Staatsphilosophie und politische Wissenschaft bis zur Gegenwart. Ebenso groß war seine Nachwirkung auf anderen Gebieten, durch seine Poetik und Rhetorik, Logik und Metaphysik, die zu festen Begriffen der Geistesgeschichte und Philosophie geworden sind.

Doch fassen wir noch einen letzten Aspekt des 4. Jahrhunderts ins Auge, seine Kunst und Religion! Der größte Künstler dieser Zeit, der auch besonders charakteristisch für sie ist, war Praxiteles von Athen, der bedeutendste griechische Bildhauer nach Pheidias. Sein Hermes mit dem Dionysosknaben, in Olympia gefunden, erscheint im Vergleich zur Parthenonkunst noch weiter verfeinert, sowohl an technischer Raffinesse wie an lebendigem Ausdruck. Die fast durchscheinend glatte Marmorhaut, der schwimmende Blick, die weichen, fließenden Konturen und Kurven, all das kommt zwar von der Hochklassik her, geht aber darüber hinaus. Die klassische Haltung ist noch gewahrt, aber schon ist die Grenze zum allzu Ausdrucksvollen erreicht. Der Hermes hat nicht mehr die Männlichkeit des Doryphoros, er ist dafür beseelt, verinnerlicht. Er hat auch nicht mehr die hohe Göttlichkeit früherer Götterbilder, sondern ist ganz und gar vermenschlicht. Es fällt schwer, an diesen Gott zu glauben. Er ist ein Werk der Kunst, doch schwerlich mehr der Religion. Ähnlich mag man über die berühmte knidische Aphrodite des Praxiteles denken, die wir aus späteren Nachbildungen kennen.

Die Beseelung, Verinnerlichung, Vermenschlichung kennzeichnet auch die attischen Grabreliefs des 4. Jahrhunderts. Ihre Menschlichkeit ist ihr schönster Zug. Die Beziehung zwischen den Gestalten ist nur angedeutet. Oft erkennen wir nicht einmal, wer der Verstorbene in der Gruppe der Dargestellten ist, der Vater, der Sohn, der Mann, die Frau. Sie nehmen Abschied voneinander, geben einander die Hand, blicken sich an oder schauen in die Ferne. Man spürt die Trauer, aber keinen Tod, kein Jenseits, keine Gottheit. Es fehlt der Schrecken und die Hoffnung einer anderen Welt. Diese Menschen lebten ganz im Diesseits.

Manche Göttergestalten des spätklassischen Bürgertums waren nichts anderes als Allegorien oder personifizierte Begriffe, so Eirene die Friedensgöttin, Plutos der Gott des Reichtums, Eros der Liebesgott. Es war ein verblaßter, abgeschwächter Glaube oder schon Unglaube in den Formen der alten Religion. Nur der Volksglaube auf dem Land, in zahlreichen Lokalkulten mit Opferfesten, Votivgaben und Überlieferungen, blieb lebendig. Eine religiöse Kluft, die es früher nicht gegeben hatte, trennte jetzt die Gebildeten vom Volk. Schon der Prozeß des Sokrates offenbarte diesen Zwiespalt. Der Philosoph, dem man vorwarf, er führe neue Götter ein, wurde von den Volksrichtern verurteilt.

In der Tat bahnte sich hier, in der Philosophie, eine neue Entwicklung der griechischen Religion und damit auch die Überwindung dieses Gegensatzes an. Sokrates sprach davon, daß er eine göttliche Stimme in sich habe, ein Daimonion, wie er es nannte, das sich immer dann vernehmen lasse, wenn er im Begriffe sei, etwas Unrechtes zu tun. Wir nennen es das Gewissen. Das Göttliche war für Sokrates also etwas Sittliches, oder, wie Platon lehrte, die Idee des Guten, die Ursache alles Guten, nach Aristoteles der Grund des ganzen Daseins, das ›erste Bewegende‹.

Diese philosophische Theologie unterschied sich vom alten Götterglauben des Volkes ebenso wie von dem zeitgemäßen Unglauben der Gebildeten. Sie führte über die Göttergestalten hinaus und machte doch mit dem Glauben, ohne den es keine Religion gibt, wieder Ernst. Eine neue Geschichtsepoche war geistig vorbereitet. Ihr Beginn stand unmittelbar bevor.

X. Alexander der Große

Als die Griechen bei Chaironeia dem Angriff Alexanders unterlagen, da ahnte noch niemand, daß dieser junge makedonische Königssohn in wenigen Jahren die Welt verändern würde. Alexander, die faszinierendste Gestalt der antiken Geschichte, wurde von den Zeitgenossen in seiner Bedeutung nicht erkannt. Erst die Römer haben ihn ›den Großen‹ genannt. Seine weltgeschichtliche Wirkung konnte erst aus der Distanz deutlich und sichtbar werden.

Alexander war aber nicht der strahlende Held, zu dem ihn die Volksbücher aller Zeiten gemacht haben, sondern einer der großen, furchtbaren Vollstrecker der Geschichte, die mehr zerstört als aufgebaut haben, doch gerade dadurch den Beginn einer neuen Weltepoche ermöglichten und herbeiführten. Die ganze spätere griechische und die römische Geschichte, die ungeheure Ausweitung des Geschichtsraums, die universale Zusammenfassung des Westens und des Ostens, Europas und des Orients, beruhten auf dem Werk Alexanders. Dazu bedurfte es freilich ganz außerordentlicher Qualitäten, für die unsere gewöhnlichen Maßstäbe versagen.

Philipp von Makedonien, der Vater Alexanders, hatte die Griechen im Korinthischen Bund unter seiner Hegemonie geeinigt und den gemeinsamen Feldzug gegen Persien vorbereitet. Um die widerstrebenden Griechen dafür zu gewinnen, erklärte es Philipp als Zweck des Feldzugs, für den Xerxeskrieg Rache zu nehmen und die Ostgriechen in Kleinasien von der Perserherrschaft zu befreien. In erster Linie war der geplante Angriff gegen Persien jedoch ein weiterer, entscheidender Schritt zur Ausdehnung und Festigung des makedonischen Machtbereichs.

Die Ermordung Philipps im Jahre 336 machte den Plan zunächst zunichte. Ein Streit im Königshaus war dem Attentat vorausgegangen. Philipp hatte sich von seiner Gemahlin Olympias, der Mutter Alexanders, getrennt und war eine neue Ehe eingegangen, womit auch die Thronfolge Alexanders in Frage gestellt war. Ob Olympias den Mord angestiftet hat, wie man vermutete, wurde nie geklärt. Man traute es ihr zu. Alle Rivalen Alexanders ließ sie nach der Tat sofort beseitigen. Als Alexander III. wurde ihr Sohn der König der Makedonen.

Die makedonische Großmacht schien sich in diesen Wirren aufzulösen. Die Thraker und Illyrier erhoben sich, in Griechenland wurde die Freiheit ausgerufen. Aber Alexander beherrschte rasch die kritische Situation. Er warf die Thraker nieder, zog über den Balkan und erreichte die Donau, wo er im Norden zum ersten Mal an einer Grenze der Oikumene stand, der Kulturwelt seiner Zeit. Von Thrakien eilte er nach Illyrien, schlug die Aufständischen bei Pelion und erschien mit seinem Heer kurz darauf in Griechenland. Als Theben die Unterwerfung verweigerte, wurde es von Alexander gestürmt, zerstört und als Polis aufgehoben. Dieses Ende der berühmten Stadt sollte allen Griechen zur Warnung dienen. Es hat den Zweck auch erreicht, Athen unterwarf sich sogleich. Die Katastrophe Thebens verbreitete Schrecken über Griechenland.

Es wird berichtet, Alexander habe das Haus Pindars, des großen thebanischen Dichters, verschonen lassen. Er respektierte die griechische Kultur. So sehr Alexander als Makedone die Griechen politisch in Abhängigkeit hielt, so sehr wollte er selbst nach Bildung und Kultur ein Grieche sein und war es auch. Sein Lehrer und Erzieher war kein Geringerer als Aristoteles gewesen, den Philipp dazu berufen hatte. Im Unterschied zu vielen anderen Machthabern und Eroberern der Geschichte, den meisten vielleicht, war Alexander in hohem Maße intellektuell, für Geist und Kultur aufgeschlossen. Er vereinigte in sich die zielbewußte Vitalität seines Vaters Philipp, die irrationale Dämonie seiner Mutter Olympias und die geistige Klarheit seines Lehrers Aristoteles. Alexander war Barbar und Grieche zugleich.

Als im Frühjahr 334 die Lage stabilisiert und das Heer gerüstet war, zog Alexander, 21 Jahre alt, mit nur 35 000 Makedonen und einem kleinen griechischen Kontingent aus, um den schon von Philipp geplanten Perserfeldzug durchzuführen. Makedonien, das er verließ, hat er nie wiedergesehen. Er überschritt ungehindert die Dardanellen und suchte zuerst die Stätte des alten Troja auf, wo er am Grabe des Achilleus ein symbolisches Opfer darbrachte, politisch für die Griechen wohlberechnet, da er wie ein neuer Achill gegen Asien kämpfte. Am Fluß Granikos wurde das Aufgebot der persischen Satrapen geschlagen, womit der weitere Vormarsch gesichert war. Erst jetzt reagierte der Perserkönig Dareios III., indem er im Osten ein starkes Heer sammelte. Er hatte die Invasion zuerst nur als einen Grenzüberfall betrachtet, wie er in den Randgebieten des Perserreiches auch sonst vorkam.

Alexander aber rückte weiter vor, besetzte Sardes und die jonischen Küstenstädte und verkündete überall die Befreiung von Persien und die

Einführung der Autonomie. In Priene ließ er den Tempelbau der Athena vollenden, in Didyma bei Milet den großen Orakeltempel des Apollon, in Halikarnaß das Grabmal des karischen Fürsten Mausolos, das Mausoleum. Alexander gab jedoch zu verstehen, daß er über alle Gebiete einschließlich der befreiten Griechenstädte selbst das Hoheitsrecht beanspruche. Auch zur See gab es keinen Gegner mehr, als die persische Flotte nach dem Tod ihres befähigten Strategen, des Griechen Memnon von Rhodos, ihre Vorstöße in die Ägäis einstellte.

Alexander überwinterte in Gordion, der alten Hauptstadt der Phryger, wo er den sogenannten gordischen Knoten am phrygischen Königswagen mit dem Schwert durchhieb, im Glauben an das Orakel, daß dem, der den Knoten löse, die Herrschaft über Asien zufalle. Beim Weitermarsch durch Kappadokien und Kilikien wurde die anatolische Salzsteppe umgangen, das Taurosgebirge überquert und in der schmalen Küstenebene bei Issos an der Grenze Syriens in Erwartung der Perser Stellung bezogen, Herbst 333.

Dareios erreichte durch einen geschickten Aufmarsch, daß die Makedonen mit verkehrter Front, nach Norden gerichtet, kämpfen mußten, so daß ihnen der Rückzug abgeschnitten war. Alexander stellte die griechischen Bundestruppen unter Parmenion, dem bewährten Heerführer Philipps, auf den linken Flügel, die makedonische Phalanx mit ihren langen, pikenartigen Sarissen in die Mitte und übernahm selbst den rechten Angriffsflügel mit der Reiterei. Der starke Seitenstoß, den er hier führte, entschied wie bei Leuktra und Chaironeia die Schlacht. Das Perserheer löste sich auf. Nur die griechischen Söldner, die auf persischer Seite mitgekämpft hatten, konnten sich geschlossen zurückziehen. Dareios selbst entkam. Das berühmte Alexandermosaik aus Pompeji im Museum Neapel zeigt wohl den entscheidenden Augenblick der Schlacht, als Alexander an der Spitze seiner Reiter heransprengt, während Dareios auf dem Streitwagen angstvoll die Hand nach dem gefallenen Anführer der Leibgarde ausstreckt und der Wagenlenker die Pferde zur Flucht wendet.

Ein Friedensangebot des Dareios nach der Schlacht lehnte Alexander ab. Er wandte sich nach Süden, wo sich ihm die phönikischen Küstenstädte kampflos ergaben, außer Tyros, das erst nach halbjähriger Belagerung fiel. Nun erneuerte Dareios sein Angebot: Abtretung aller Länder westlich des Euphrat und Abschluß eines Freundschaftsvertrags. Alexander fragte Parmenion, ob er das Angebot annehmen solle. Parmenion erwiderte, wenn er Alexander wäre, würde er es annehmen. Darauf Alexander: auch er würde, wenn er Parmenion wäre, es annehmen, da er aber Alexander sei, lehne er es ab.

Es war eine Entscheidung von größter Tragweite. Parmenion vertrat noch die eingeschränkte, aber realistische Konzeption und Zielsetzung Philipps, der an die Eroberung Kleinasiens und der Küstengebiete gedacht hatte, um in der Ägäis und im Ostmittelmeer ein makedonisches, in sich geschlossenes Großreich zu schaffen. Auch Alexander hatte bei Beginn des Feldzugs wohl noch diese Vorstellung. Nach Issos ließ er sich jedoch als ›König von Asien‹ bezeichnen, woraus hervorgeht, daß seine Ziele schon darüber hinausgingen und den weiteren Osten umfaßten.

Er zog von Tyros aber nun nicht sogleich nach Osten, obwohl er dem geschlagenen Dareios dadurch Zeit zu neuen Rüstungen ließ. Über Gaza wandte er sich jetzt zuerst nach Ägypten, um die Beherrschung der Ostmittelmeerküsten abzurunden. Doch dieser strategische Zweck war nicht sein einziges Motiv. Ägypten war für die Griechen ein Wunderland, das auch die Vorstellungswelt Alexanders seit langem bewegte. Er wurde von den Ägyptern als Befreier vom persischen Joch begrüßt, als neuer Pharao, zumal er der ägyptischen Religion seine besondere Achtung bezeigte. Am Westrand des Nildeltas gründete er die neue Hauptstadt Alexandreia, Anfang 331, die sich bald zum größten Handelshafen des Mittelmeeres entwickelte. Für die Verwaltung des Landes wurden ägyptische und griechische Beamte eingesetzt, das Militärkommando erhielten zwei makedonische Strategen.

Bevor Alexander Ägypten verließ, unternahm er mit kleinem Gefolge einen Zug nach der Oase Siwah, wo sich das Orakelheiligtum des Gottes Ammon befand. Das riskante, abenteuerliche Unternehmen, 800 km durch wasserlose Wüste, hatte einen persönlichen, für Alexander bezeichnenden Grund. Er wollte von den Priestern Auskunft darüber haben, ob er der Sohn des Gottes Zeus-Ammon sei, was ihm bestätigt wurde. Die Frage war ernst gemeint. Sie hatte nicht nur den politischen Zweck, daß Alexander als Ammonssohn bei den Völkern des Orients Anerkennung und Gehorsam finden werde, sondern beruhte auf dem Glauben, den auch die Griechen und Alexander selbst besaßen, daß ein Mensch, der außergewöhnliche, übermenschliche Taten vollbringe, etwas Göttliches in sich haben müsse. Viele sahen in Alexander nur den Sohn Philipps, andere aber waren überzeugt, daß er ein Gottessohn sei. Er selbst sprach nicht gerne davon, trug aber den Gedanken daran in sich. Er hat später geäußert, er wolle in der Oase des Ammon begraben sein.

Von Ägypten zog Alexander durch Syrien zum Euphrat und Tigris, wo er bei Gaugamela am 1. Oktober 331 seinen zweiten, endgültigen Sieg über Dareios errang. Das zahlenmäßig überlegene persische Heer war in langen Linien aufgestellt, so daß es auf keinem Flügel angegriffen und umfaßt werden konnte. Alexander ließ daher den Hauptteil seines Heeres defensiv kämpfen, wartete mit seiner Reiterei und herangezogenen Verstärkungen den Zeitpunkt zum Angriff ab und erzwang an einer schwachen Stelle des Gegners den Durchbruch, der zur Entscheidung führte. Dareios entkam wiederum in die Berge.

Ohne Widerstand konnte Alexander jetzt Mesopotamien besetzen und in Babylon einziehen, der Hauptstadt des alten Orients, wo er dem babylonischen Gott Marduk opferte und eine makedonisch-persische Verwaltung einsetzte. Im Jahre 330 war mit dem Einzug Alexanders in den persischen Königsstädten und Residenzen Susa, Persepolis, Pasargadai und Ekbatana ein vorläufiger Abschluß des Feldzuges erreicht. Der Rachekrieg gegen Persien war beendet, die griechischen Bundestruppen wurden in die Heimat entlassen. Von einer Erhebung Spartas, die Antipater, der Statthalter in Makedonien, rasch niedergeworfen hatte, nahm Alexander keine Notiz.

Der Palast der Achaimeniden in Persepolis, das Symbol der persischen Herrschaft, wurde im Siegesrausch durch Brand zerstört. Die Welt des Alten Orients ging damit unter. Die Ruinen von Persepolis, mit ihren Audienzhallen, Treppen, Säulen und Reliefs, vor allem den langen Friesen der Leibgarden, Beamten, Diener und Tributvölker, sind noch heute die bedeutendsten Geschichtsmonumente des Orients. Nichts Ähnliches wurde mehr errichtet, als Persepolis zerstört war.

Auch die Beute war unermeßlich. Allein an gehortetem Gold und Silber wurden 170 000 Talente, 4500 Tonnen, im Königsschatz gefunden. Alexander ließ es mit seinem Bildnis zu Münzgeld prägen, also produktiv machen, womit im Orient eine neue Epoche der wirtschaftlichen Entwicklung begann, eine Konjunktur ohnegleichen. Vielleicht liegt darin eine Rechtfertigung für den Untergang des Perserreiches. Eine neue Welt konnte erst entstehen, wenn das Erbe der alten Welt nutzbar gemacht wurde.

Inzwischen war Dareios durch Bessos ermordet worden, einen Verwandten, der unter dem Namen Artaxerxes die Königswürde annahm und im Osten Persiens auch Anerkennung fand. Damit war auch Alexander gezwungen, förmlich als Nachfolger des Dareios aufzutreten. Er ließ ihn ehrenvoll bestatten, nahm seinen Siegelring und legte persische

98

Königstracht an. Um Persien zu beherrschen, mußte er selbst persischer König werden. Alexander erkannte diese Notwendigkeit, aber seine makedonischen Freunde und Veteranen widersetzten sich, als sie ihn nach persischem Zeremoniell fußfällig verehren sollten und als auch Perser ins Heer eingestellt wurden.

Es kam zu schweren Konflikten. Alexander ließ seinen altgedienten Heerführer Parmenion und dessen Sohn Philotas hinrichten, ebenso später Kallisthenes, den Geschichtsschreiber und Neffen des Aristoteles. Seinen Freund Kleitos, der ihm in der Schlacht am Granikos das Leben gerettet hatte, tötete Alexander im Affekt mit eigener Hand. In diesen schrecklichen Episoden zeigte sich Alexander von seiner barbarischen Seite. Es scheint, daß er eine Verschwörung unter den Makedonen befürchtete. Durch Zugeständnisse gelang es ihm schließlich, das Einvernehmen wiederherzustellen. Er verband seine Stellung als König der Makedonen in Personalunion mit dem Titel des Perserkönigs.

Zur Verwirklichung des Anspruchs auf das ganze Perserreich mußten nun auch noch die östlichen Satrapien unterworfen werden. Damit stand für Alexander in den Jahren 329 und 328 der schwierigste Teil seines Zuges bevor. Das Heer mußte durch Umgruppierung, Bildung selbständiger, beweglicher Einheiten, durch verstärkte Heranziehung einheimischer Verbände auf die Überwindung noch größerer Entfernungen, auf Kämpfe in Gebirgsländern und Steppen vorbereitet werden.

Von Ekbatana, der alten Hauptstadt der Meder, ging der Alexanderzug über Rhagai bei Teheran zum Engpaß des Kaspischen Tors, von hier durch Hyrkanien, Parthien, Areia, Drangiana, Arachosien mit Gründung weiterer Alexanderstädte bis nach Kabura-Kabul und zum Hindukusch, dem Paropamisos, der nach Norden überschritten wurde. Den stärksten Widerstand leisteten die nordöstlichen Satrapien Baktrien und Sogdien, vor allem der Baktrer Spitamenes. Auch Bessos konnte erst hier überwältigt werden. Am Jaxartes, dem Syr-Darja, wurde Alexandreia Eschate, das ›äußerste‹ Alexandreia, gegründet, heute Chodschent-Leninabad am Rand der Kirgisensteppe. In Sogdien vermählte sich Alexander mit Rhoxane, der Tochter eines dortigen Burgherrn. Er liebte sie, doch sollte die Verbindung zugleich seinem politischen Programm dienen, die Völker des Westens und des Ostens, die Makedonen und die Iranier, zusammenzuführen und zu verschmelzen.

Noch ein weiteres Ziel wurde für Alexander jetzt immer wichtiger, die Erreichung der Grenze der Oikumene. Das geographische Weltbild Alexanders, wie es ihn Aristoteles gelehrt hatte, sah die Festlandsmasse der drei Kontinente Europa, Asien und Libyen – das die Römer dann Afrika nannten – vom Weltmeer umgeben, dem Okeanos, dem Ozean. Die Oikumene, das heißt der ›bewohnte‹ Teil der Landmasse, der Siedlungsraum der Kulturvölker, schien an den Rändern überall in Wüste und Steppe überzugehen oder unmittelbar an den Ozean zu grenzen.

Je weiter Alexander nach Osten vordrang, um so stärker wurde in ihm das Verlangen, sein Reich bis an die Grenzen der Oikumene auszudehnen, also ein ökumenisches Reich, ein wahres Weltreich zu schaffen. Die Idee der Weltherrschaft ergriff ihn und führte ihn über die Grenzen des Perserreiches hinaus. Als er ans Kaspische Meer kam, unternahm er eine Expedition, um zu erkunden, ob dieses Meer wirklich eine Bucht des Ozeans sei, wie man glaubte. In Sogdien ging er über den vom persischen Reichsgründer Kyros erreichten Punkt hinaus und ließ jenseits des Jaxartes bei Taschkent einen Grenzaltar in der Steppe errichten, am Rande der Oikumene. Der Nordrand seines Weltreichs war damit abgesteckt. Zahlreiche Geographen, Kartographen, Vermessungstechniker, sogenannte Bematisten, ›Schrittzähler‹, hatte Alexander ständig in seinem Gefolge. Er war nicht nur Eroberer, sondern auch Entdecker.

Die Weltgrenze im Osten zu erreichen, war daher wohl auch das Hauptmotiv für Alexanders Indienzug in den Jahren 324–325. Militärische Notwendigkeiten gab es dafür nicht, nachdem Alexander im ganzen Iran als Herrscher anerkannt war. Es lockten ihn auch die Wunder, die man von dem fremdartigen Land und seinen Bewohnern erzählte, das mythische Vorbild des Gottes Dionysos, der mit seinen Satyrn und Mainaden nach Indien gezogen sein soll. Eine irrationale Sehnsucht, der Pothos – so glaubten die griechischen Geschichtsschreiber –, bestimmte Alexander zu so exzentrischen Unternehmungen.

Über den Hindukusch zurück, das Kabultal abwärts, gelangte er also durch den Khaiber-Paß an den Indus und überschritt ihn nach Osten. Das Fürstentum von Taxila im Pandschab, im ›Fünfstromland‹, erhielt eine indisch-makedonische Verwaltung. Der König Poros, der mit seinen Kriegselefanten am Ufer des Hydaspes Stellung bezogen hatte, wurde in der letzten großen Alexanderschlacht 326 besiegt. Die in der Nähe gegründete Stadt Bukephala erhielt ihren Namen nach Alexanders Leibroß Bukephalos, wohl dem berühmtesten Pferd der Geschichte, das den Feldzug von Makedonien bis hierher mitgemacht hatte.

Am Hyphasis erreichte Alexander den östlichsten Punkt seines Zuges, aber er stand noch nicht am Ozean. Die Soldaten, die 18 000 km zurückgelegt und durch wochenlangen Monsunregen erschöpft waren, suchten

100

ihn zur Umkehr zu bewegen. Oft hatte er unterwegs diejenigen, die ihn darum baten, mit Geschenken in die Heimat entlassen. Jetzt erkannte er, daß er den Weitermarsch nicht mehr erzwingen könne.

Sein Ziel, den östlichen Ozean zu erreichen, wollte er aber nicht aufgeben. Er erfuhr, daß er am besten dahin komme, wenn er den Indus abwärts fahre. So wurde eine Flotte gebaut, mit der das Heer gegen den Widerstand indischer Volksstämme – im Kampf mit den Mallern wurde Alexander schwer verwundet – die Indusmündung erreichte. Die Stadt Pattala-Haiderabad wurde als Handelshafen ausgebaut, die Verwaltung des unterworfenen Indusgebiets geordnet.

Nun fuhr Alexander mit wenigen Schiffen auf die hohe See, um sich, wie er selbst sagte, davon zu überzeugen, ob nicht noch ein weiteres Land aus dem Meere auftauche. Als er erkannte, daß es kein Land mehr gab, also der Ozean im Südosten der Oikumene erreicht sei, brachte er dem Meergott Poseidon ein Opfer und entschloß sich, nach dem Westen zurückzukehren. Es war der Wendepunkt des Alexanderzuges. An der Indusmündung hatte Alexander seine Vorstellung bestätigt gefunden, daß die Oikumene auch im Süden vom Weltmeer umgeben sei. Er schloß daraus, daß es möglich sein müsse, vom Indus auf dem Seeweg in den Persischen Golf zu gelangen, eine geographische Entdeckung von weittragender Bedeutung.

Der Flottenführer Nearch, ein Kreter, erhielt den Auftrag, diese Fahrt durchzuführen, während Alexander selbst mit dem Hauptteil des Heeres den Landweg durch das südliche Persien einschlug. Eine weitere Abteilung unter Krateros zog im Landesinnern durch Arachosien-Afghanistan nach Westen.

Der Rückmarsch Alexanders durch die südpersische Wüste in Gedrosien und Karmanien wurde zur verlustreichsten Etappe des ganzen Feldzugs. Die Verbindung mit der Flotte riß ab, die angelegten Proviantlager waren geplündert, an Durst und Entkräftung starben mehr Soldaten, als in den Schlachten gefallen waren. Kein Perserkönig war jemals durch diese Wüstengebiete gezogen. Aber Alexanders Titanismus, hier im Kampf mit der Natur, überwand die Katastrophe. Bei Hormuz am Persischen Golf konnte das Wiedersehen mit der schon aufgegebenen Flotte Nearchs und mit Krateros gefeiert werden. Alexander schwor bei Ammon – ein aufschlußreiches Selbstzeugnis –, daß er darüber glücklicher sei als über die Eroberung Asiens, über die er nach den Verlusten des Heeres mehr Schmerz als Freude empfinde.

Über Pasargadai, wo das zerstörte Grab des Kyros wiederhergestellt wurde, erfolgte die Rückkehr nach Susa 324. Hier traf Alexander die nötigen Anordnungen für die Regierung und Verwaltung seines Reiches. Satrapen wurden eingesetzt, Usurpatoren verurteilt und auch den Städten in Griechenland Erlasse zugestellt, daß sie ihre inneren Gegensätze beizulegen hätten und Alexander kultisch ehren sollten.

Vor allem führte Alexander seine sogenannte Verschmelzungspolitik in Susa folgerichtig weiter. Er nahm zwei persische Prinzessinnen, darunter eine Tochter des Dareios, in orientalischer Polygamie zur Ehe und bewog seine Gefährten, Heerführer und Soldaten in großer Zahl, sich ebenfalls mit Perserinnen zu vermählen. Makedonen und Perser sollten zu einem Volke werden, um die Zukunft des riesigen Reiches zu sichern. Auch Völker sind ja geschichtlich gewordene Einheiten. Jetzt sollte ein neues Volk entstehen.

Bei der Neugliederung des Heeres in Opis am Tigris verkündete Alexander ›die Einigkeit und Gemeinschaft der Makedonen und Perser‹ als sein Ziel. Die Veteranen, die dagegen opponierten, erhielten die Wahl, nach Makedonien zurückzukehren oder als eigene Verbände im makedonisch-persischen Heer zu verbleiben.

Nochmals zog Alexander nach Ekbatana, wo er den Tod seines engsten Freundes Hephaistion in maßlosem Schmerz betrauerte, dann zurück nach Babylon, das die Hauptstadt des Weltreiches werden sollte. Gesandtschaften aus vielen Ländern trafen ein, aus Italien, Spanien, Karthago, Äthiopien. Das mesopotamische Kanalnetz wurde ausgebaut. Ein Flottenzug nach Arabien wurde vorbereitet. Pläne zur Unterwerfung der Westmittelmeerländer wurden ausgearbeitet.

Da befällt Alexander eine rasch fortschreitende, fiebrige Erkrankung, Malaria oder Lungenentzündung. Sein Zustand – so melden die amtlichen Berichte – verschlimmert sich von Tag zu Tag. Er gibt noch Weisungen, opfert, kann aber nicht mehr sprechen. Die Soldaten verlangen ihn zu sehen, dringen in sein Sterbezimmer ein, ziehen an seinem Lager vorüber. Er richtet sich noch einmal auf, grüßt sie mit seinem Blick und fällt tot zurück.

Alexander, der im Alter von 32 Jahren am 13. Juni 323 in Babylon starb, hat die Phantasie der Völker wie kein anderer Mensch vor ihm erregt. Von Island bis Indonesien wurden seine Taten in vielen Sprachen, Dichtungen und Legenden durch die Jahrhunderte erzählt, ausgeschmückt, bewundert.

Das geschichtliche Werk Alexanders erscheint übermenschlich in seiner Größe, aber menschlich durch sein Ende. Es war auf Vollendung angelegt und ist unvollendet geblieben. Immer vermischen sich Stolz und Trauer, Großartigkeit und Hinfälligkeit in der Geschichte, im Schicksal des Menschen.

XI. Die hellenistische Staatenwelt

Das Universalreich, das Alexander der Große geschaffen hatte und das er bei seinem frühen Tode hinterließ, hätte nur von ihm selbst erhalten werden können. Niemand war da, der Alexander ersetzen konnte. Die Heeresversammlung der Makedonen in Babylon vergab die Königswürde an die beiden Nächstberechtigten, an Philippos Arrhidaios, einen Halbbruder Alexanders, und an das Kind der Rhoxane, Alexanders nachgeborenen Sohn Alexander. Die Freunde und Heerführer Alexanders sollten die Regierung führen und die Vollmachten unter sich teilen. Sie wurden die tatsächlichen Nachfolger Alexanders, seine Diadochen: Perdikkas, Krateros, Antipater, Ptolemaios, Antigonos, Seleukos und andere.

Diese neuen Machthaber, selbstbewußt und ehrgeizig, hatten Alexanders Feldzüge mitgemacht und dabei Bedeutendes geleistet. Sie waren bestrebt, die Einheit des Alexanderreiches zu erhalten, aber keiner gönnte dem andern einen Vorrang. Die Befugnisse und Satrapien wurden so verteilt, daß keiner ein Übergewicht an Einfluß und Machtmitteln besaß.

Zunächst hatten sie einen gemeinsamen Gegner, die Griechen. Auf die Nachricht von Alexanders Tod erhoben sich die Griechen unter Führung Athens gegen die makedonische Vorherrschaft, gründeten anstelle des Korinthischen Bundes einen griechischen Bund und sammelten ein Heer zur Vertreibung der Makedonen. Nochmals trat Demosthenes als Freiheitsredner auf. Jetzt mußte es sich zeigen, ob die Griechen nur durch die Überlegenheit Philipps und Alexanders besiegt worden waren oder ob sie den Makedonen für immer unterlegen waren.

Es gelang dem athenischen Strategen Leosthenes zu Beginn dieses Hellenischen oder Lamischen Krieges, die Makedonen unter Antipater bei Lamia in Mittelgriechenland einzuschließen. Als aber Krateros aus Asien mit Veteranen Alexanders zur Verstärkung heranrückte, wurden die Griechen bei Krannon in Thessalien geschlagen. Auch ihre Flotte unterlag den Makedonen bei der Insel Amorgos, 322. Damit war in kurzer Zeit entschieden, daß die Griechen auch weiterhin der makedonischen Macht unterworfen blieben. Das Ergebnis der Schlacht bei Chaironeia war nicht mehr rückgängig zu machen, das Zeitalter der unabhängigen griechischen Polisstaaten war für immer beendet.

Es war, wie wenn die Diadochen nur darauf gewartet hätten, um nun sogleich den Kampf untereinander um das Erbe Alexanders zu beginnen. Mehr als 30 Jahre lang führten sie ihre Diadochenkriege in allen Teilen des Reiches, in Makedonien, Griechenland, Kleinasien, Syrien, Ägypten, Persien, Indien. Sie hoben Truppen aus, plünderten Tempelschätze, zogen mit ihren Heeren von einem Kriegsschauplatz zum andern. Jedes Jahr wechselte die Lage in dieser chaotischen Zeit.

Mehrere Diadochen versuchten nacheinander, die Vorrangstellung oder Alleinherrschaft zu erreichen und dadurch auch die Einheit des Reiches zu festigen, Perdikkas, Polyperchon, Eumenes, Antigonos. Doch jedes Mal bildete sich eine Koalition der anderen, die diese Versuche zunichte machten. Als Antigonos in der Schlacht bei Ipsos in Kleinasien 301 von seinen Gegnern geschlagen wurde, bestand keine Aussicht mehr, die Reichseinheit zu erhalten. Die zentrifugalen Kräfte gewannen die Oberhand. Jeder Machthaber ging nun darauf aus, einen Teil des Alexanderreiches für sich selbst zu gewinnen und zu beherrschen.

Ptolemaios hatte Ägypten erhalten und blieb bei diesem Besitz. Seleukos gewann Syrien und Mesopotamien, dazu Teile Kleinasiens und die östlichen Satrapien. Demetrios, der Sohn des Antigonos, machte sich zum Herrscher Makedoniens und Griechenlands. Diese Diadochenreiche konsolidierten sich um 270: das Ptolemäerreich in Ägypten, das Seleukidenreich in Vorderasien, das Antigonidenreich in Makedonien und Griechenland. Es waren drei Großmächte als Nachfolgestaaten des Alexanderreiches.

Dazu kam eine Reihe kleinerer Staaten, so in Kleinasien das Reich des Attalos von Pergamon, das aus der Herrschaft des Diadochen Lysimachos in Thrakien hervorging, ferner Bithynien, Pontos und Kappadokien, in Nordwestgriechenland Epirus unter Pyrrhos. Als selbständiger griechischer Stadtstaat konnte sich in dieser Umwelt nur Rhodos behaupten, das Demetrios vergeblich belagert hatte.

Die Gründer der neuen Staaten nahmen den Königstitel an und brachten damit zum Ausdruck, daß sie sich als souveräne Monarchen betrachteten. Diesem Anspruch fielen auch die Angehörigen der Alexanderfamilie zum Opfer. Olympias, Philippos Arrhidaios, Rhoxane und ihr Sohn wurden erbarmungslos beseitigt. Um seine Legitimität zu stärken, ließ Ptolemaios die Leiche Alexanders in seiner Hauptstadt Alexandreia bestatten. Das unterirdische Grab Alexanders, das noch im späten Alter-

105

tum von den römischen Kaisern besichtigt wurde, ist bis heute unentdeckt.

Die Monarchie, die Alleinherrschaft, wurde also zur herrschenden Staatsform der Zeit, im Unterschied zur Polisverfassung des klassischen Griechentums. Es waren Erbmonarchien nach makedonischer und zugleich orientalischer Tradition. Fast drei Jahrhunderte hat die ptolemäische Dynastie in Ägypten regiert, mehr als 200 Jahre herrschten die Seleukiden in Syrien, über 100 Jahre die Antigoniden in Makedonien und die Attaliden in Pergamon. Es waren absolutistische Monarchien, da diese Herrscher wie schon die altorientalischen Könige und auch Alexander an kein Gesetz oder Verfassungsorgan gebunden waren, sondern uneingeschränkt nach eigenem Gutdünken regierten. Durch die Einführung oder Übernahme des Königskultes gaben sie sich eine religiöse Weihe, die ihre Stellung sicher fundierte.

Wie die monarchische Regierungsform dieser Staaten, so bedeutete auch ihre territoriale Größe einen wesentlichen Unterschied gegenüber den griechischen Polisstaaten der vorhergehenden Zeit. Der Stadtstaat wurde durch den Flächenstaat abgelöst. Auch die innere Struktur des Staatswesens wurde dadurch verändert, das Verhältnis zwischen Regierung und Bevölkerung, der Aufbau der Verwaltung und vieles andere. Alexander hatte sein Reich gleichsam in unfertigem Zustand hinterlassen, hatte weithin improvisiert und nur die Grundzüge der künftigen Ordnung festgelegt. Jetzt aber mußten dauerhafte Institutionen und feste Organisationsformen für die neuen Territorialstaaten geschaffen werden. Das Vorbild Alexanders und der Rückgriff auf persische Einrichtungen genügten dafür nicht. Die Griechen mußten herangezogen werden.

Nun zeigte es sich, daß die griechische Geschichte mit dem Ende der griechischen Polis nicht zu Ende gegangen war. Das Griechentum trat im Zeitalter Philipps, Alexanders und der Diadochen vielmehr in eine neue Phase seiner Geschichte ein. Der Hellenismus, die Ausbreitung der griechischen Sprache und Kultur in die neu erschlossenen Räume des Ostens ist das Hauptmerkmal dieser Zeit. Wir nennen daher die Jahrhunderte nach Alexander die hellenistische Zeit. Alexander hat die Grenzen Europas bis Indien ausgedehnt, sagte ein Historiker im Hinblick auf das Phänomen des Hellenismus.

Die Monarchen brauchten griechische Siedler und Söldner, Minister und Beamte, Künstler und Techniker in großer Zahl. Eine Auswanderungswelle der Griechen in den Orient setzte ein, die an Stärke und Bedeutung

106

der griechischen Kolonisation in archaischer Zeit nicht nachsteht. Die Länder, die von den Makedonen durch Krieg erobert worden waren, wurden von den Griechen friedlich durchdrungen. Die Neugründung griechischer Städte und die Hellenisierung älterer Städte, insbesondere in Kleinasien, Syrien und Mesopotamien, wurde von den Regierungen planmäßig gelenkt. Griechisch wurde die Hof- und Verwaltungssprache, die Umgangssprache der Oberschicht, während im Volke die einheimische Sprache und Sitte lebendig blieb.

Das Verhältnis der hellenistischen Staaten untereinander war eine Art von politischem Gleichgewicht. Auf die bewegte Zeit Alexanders und der Diadochen folgte im 3. Jahrhundert eine relativ lange Periode des Friedens und der Stabilität. Die Monarchen anerkannten sich gegenseitig, pflegten einen lebhaften diplomatischen Verkehr und verbanden ihre Dynastien verwandtschaftlich durch Heiratspolitik. Dies hinderte sie jedoch nicht, um strittige Gebiete hartnäckige Grenzkriege zu führen, die aber die Gesamtlage nicht veränderten. So wurde in den Syrischen Kriegen zwischen den Ptolemäern und den Seleukiden um den Besitz Palästinas gekämpft, Koilesyriens, das zeitweilig zum einen oder anderen Reiche gehörte. Starke äußere Gegner hatte die hellenistische Staatenwelt in dieser Zeit nicht zu fürchten.

Im einzelnen sind wir über das Ptolemäerreich am besten unterrichtet, da sich in dem trockenen Sandboden Ägyptens zahllose Verwaltungsurkunden und andere griechische Texte auf Papyrus erhalten haben. Außenpolitisch war dieses Reich durch lange Wüstengrenzen abgesichert und daher nie ernstlich bedroht, so daß auch die inneren Verhältnisse recht stabil blieben. Cypern und die Cyrenaika, längere Zeit auch die Kykladen, die Südküste Kleinasiens und Koilesyrien gehörten als Außenbesitz ebenfalls zum Ptolemäerreich, das zugleich die stärkste Seemacht im Ostmittelmeer war. Die Lage von Alexandreia erwies sich auch dafür als besonders günstig.

Das ptolemäische Staatswesen beruhte auf den Grundlagen, die in der Pharaonenzeit gelegt worden waren. Ägypten war seit ältester Zeit ein zentralistischer Staat mit ausgebildeter Beamtenschaft, Wirtschaftsverwaltung und Arbeitsorganisation der Bevölkerung. Wie die Pharaonen, so betrachteten sich auch die ptolemäischen Könige sozusagen als die Eigentümer des Landes. Daraus folgte, daß sie nicht nur Steuern und Zölle, sondern den gesamten Ertrag des Landes an agrarischen und gewerblichen Produkten für sich oder für den Staat beanspruchten. Mit Hilfe ägyptischer und griechischer Fachleute schufen die Ptolemäer eine staatliche Monopolwirtschaft, durch die sie zur stärksten Wirtschaftsmacht der hellenistischen Welt wurden.

Die Bauern erhielten ihr Saatgetreide zugeteilt, ihre Anbau- und Bewässerungsvorschriften, und hatten einen bestimmten Teil der Ernte in die königlichen Lagerhäuser abzuliefern. Die meisten Gewerbezweige, so die Ölproduktion, die Papyrusherstellung, Textilmanufaktur, das Bankwesen und der Bergbau, waren völlig in staatlicher Hand. Dazu besaß der Staat das Außenhandelsmonopol, wodurch die Ptolemäer die Weltmarktpreise etwa für Papyrus, Getreide, Glaswaren und anderes diktieren oder maßgebend beeinflussen konnten. Der Exporthafen Alexandreia galt als der ›Knotenpunkt der Erde‹, weil er auch als Umschlagplatz für die Handelswaren aus Indien, Arabien und Ostafrika nach dem Westen diente. Der Pharos, der Leuchtturm des Hafens von Alexandreia, war das Wahrzeichen der Stadt.

Das System der ptolemäischen Planwirtschaft erforderte einen komplizierten bürokratischen Apparat an Schreibern und Aufsehern, Kontrollbeamten, Direktoren und Behörden. Der Dioiketes, der oberste Wirtschaftsfunktionär, unter Ptolemaios II. ein Grieche namens Apollonios, war nach dem König der wichtigste Mann im Staat. In der Organisierung dieser Wirtschaftspolitik fand das Griechentum ein neues Betätigungsfeld für seine Fähigkeiten. Wohl kaum gab es in der späteren Geschichte ein so erfolgreiches und durchgebildetes staatswirtschaftliches System wie im ptolemäischen Ägypten, weder in der Zeit des Merkantilismus noch in unserer Zeit.

Die Griechen und die Makedonen bildeten die privilegierte Oberschicht im Lande. Die Ägypter wurden in ihrer Masse als Untertanen behandelt. Von einer Verschmelzungspolitik, wie sie Alexander gegenüber den Persern propagiert hatte, wollten die Ptolemäer nichts wissen. Sie wurden daher von nationalbewußten Ägyptern, besonders von der mächtigen Priesterschaft der alten Hauptstadt Theben, heute Luxor-Karnak in Oberägypten, als Fremdherrscher angesehen, was sie auch waren. Durch betonte Volksfreundlichkeit, Förderung der ägyptischen Religion durch Tempelbauten wie in Edfu und durch andere Maßnahmen suchten die Ptolemäer diesen Gegensatz zu verdecken. Für die militärische Sicherheit waren die makedonischen oder griechischen Strategen zuständig, die das Söldnerheer befehligten und in den Landesbezirken auch Polizeirechte besaßen. Erst Ptolemaios IV. begann damit, Ägypter ins Heer einzustellen, weil er sie im Kampf um Syrien brauchte. Als er mit ihrer Hilfe bei Raphia 217 einen Sieg über den Seleukiden Antiochos III. errang,

108

forderten die Ägypter die Aufhebung der strengen Rassentrennung. Nun wurden Mischehen zugelassen, Ägypter in den höheren Verwaltungsdienst übernommen, doch blieben die Griechen weiterhin führend.

Das Reich der Seleukiden war weit größer als das Ptolemäerreich, aber dafür weniger einheitlich. Es ist den Seleukiden nicht gelungen, ihr ganzes Herrschaftsgebiet aus der Diadochenzeit, das den Hauptteil des früheren Perserreiches umfaßte, auf die Dauer zu erhalten. Die persischen Achaimeniden, die von Susa und Persepolis aus dasselbe Gebiet regiert hatten, waren darin erfolgreicher. Seleukos gründete als neue Hauptstadt Seleukeia am Tigris, doch wurde die Residenz bald noch weiter in den Westen, nach Antiocheia in Syrien verlegt. Hier endete auch die große Karawanenstraße, die von China über Nordindien ans Mittelmeer führte.

Die westlichen Teile des Seleukidenreiches, Mesopotamien, Syrien, Kleinasien, wurden sein Kerngebiet. Hier war auch die Hellenisierung am stärksten, vor allem durch Städtegründungen und Ansiedlung von Veteranen, sogenannten Katoiken. Im Unterschied zu den Ptolemäern setzten die Seleukiden die Verschmelzungspolitik Alexanders in gewissem Maße fort. In der Verwaltung gab es persische Satrapen und Beamte, im Heer waren außer den Makedonen und Griechen alle Völker des Reiches vertreten. Die wirtschaftliche Struktur zeigt ebenfalls verschiedene Elemente, große Domänen und Staatsbetriebe des Königs, daneben aber auch Besitz von Lehensträgern, Tempelgüter und privatwirtschaftliche Konzessionen, besonders bei den Neusiedlern.

Antiochos III., der bedeutendste Herrscher der seleukidischen Dynastie, konnte durch einen Zug nach Indien in den Jahren 212–205 nochmals alle Ostgebiete zur Anerkennung seiner Oberhoheit zwingen. Doch war die Selbständigkeit der östlichen Statthalter und Vasallen, die Bildung unabhängiger Königreiche in den entfernten Gebieten dadurch nicht aufzuhalten. Schon um 250 hatten die Parther unter Arsakes am Kaspischen Meer ein eigenes Herrschaftsgebiet geschaffen, bald darauf die Baktrer unter dem Griechen Diodotos, dann die Armenier unter Artaxias. Das Baktrische Reich dehnte sich später unter Euthydemos und Demetrios nach Indien aus, wo unter Menander, indisch Milinda, ein indogriechisches Königreich gegründet wurde, das bis zum Ganges reichte. Die Münzen und Inschriften dieser Herrscher zeigen, daß auch dies noch hellenistische Staaten waren.

Im Westen konnten die Seleukiden nicht verhindern, daß sich das Judentum in Palästina einen selbständigen Staat schuf. Die persische Herrschaft war von den Juden ertragen worden, da die Perser in religiöser Hinsicht tolerant waren. Als aber Antiochos IV. auch Jerusalem gewaltsam hellenisierte, indem er den jüdischen Jahwekult im Tempel verbot und dafür den seleukidischen Königskult einführte, erhoben sich die Juden unter Judas Makkabaios, 166. Nach wechselvollen Kämpfen erreichten sie die Anerkennung der Autonomie unter ihren Hohepriestern und schließlich die Errichtung eines unabhängigen jüdischen Königtums unter dem Makkabäer oder Hasmonäer Aristobulos.

Auch das Reich der Attaliden von Pergamon in Westkleinasien konnte sich erst im Kampf mit den Seleukiden durchsetzen, die durch dynastische Streitigkeiten immer mehr geschwächt wurden. Die pergamenischen Könige, besonders Attalos I. und Eumenes II., verteidigten den Hellenismus erfolgreich gegen die keltischen Galater, die vom Balkanraum nach Kleinasien eingewandert waren und im Gebiet des Halysbogens eigene Stammesstaaten gegründet hatten. Der berühmte Pergamon-Altar, auf den in anderem Zusammenhang noch einzugehen sein wird, war ein Siegesdenkmal aus den Galaterkriegen.

Das makedonische Reich, das den Pergamenern im Westen benachbart war, hatte unter Antigonos Gonatas die Galater an der Nordgrenze ebenfalls abgewehrt. Die Herrschaft über Griechenland konnten die Makedonen jedoch nur unter ständigen Kämpfen behaupten. Die Festungen Akrokorinth, Chalkis und Demetrias, wo makedonische Besatzungen lagen, galten als die ›Fußfesseln Griechenlands‹. Obwohl die Makedonen längst hellenisiert waren, hielten die Griechen an ihrer eigenen politischen Tradition fest. Die Polisstaaten waren zu bloßen Kommunalgemeinden geworden, doch spielte sich ihr öffentliches Leben noch immer in den Formen der klassischen Zeit ab, mit Volksversammlungen, Jahresbeamten und Ehrenbeschlüssen. Seit der Diadochenzeit wurden daher von verschiedenen hellenistischen Herrschern Freiheitserklärungen für die Griechen abgegeben, von Polyperchon, Antigonos, Ptolemaios, die damit die Griechen auf ihre Seite zu ziehen suchten. Die griechische Freiheit war nur noch ein Propagandamittel im Kampf der Mächte.

Eine größere Bedeutung erlangten jedoch die Städtebünde und Bundesstaaten, die sich in hellenistischer Zeit in Griechenland bildeten oder verstärkten, besonders der Achäische Bund im Peloponnes und der Aitolische Bund in Mittelgriechenland. In der Ägäis trat der Bund der Inselbewohner, der Nesioten, mit dem Mittelpunkt Delos an die Stelle der früheren attischen Seebünde. Delos wurde dadurch zu einem wichtigen Handelsplatz, vor allem für den Transitverkehr von Kleinasien, Syrien und Ägypten nach dem Westen. Auf Kreta gab es einen kretischen Städtebund. Die griechischen Bundesstaaten haben mit ihrem gemeinsamen Bundesbürgerrecht für die Städte und mit ihren repräsentativen Bundesorganen das exklusive Prinzip der Polis überwunden. Sie sind daher neben den herrschenden Monarchien ebenfalls eine charakteristische Erscheinung der hellenistischen Zeit, obwohl ihre machtpolitische Bedeutung sehr beschränkt blieb. Auch der Achäische Bund mit seinen Strategen Aratos und Philopoimen konnte gegen Makedonien nur vorübergehende Erfolge erringen, zumal die Bünde untereinander meist verfeindet waren. Im Vertrag von Aigion 224 brachte der makedonische König Antigonos Doson seine Vorherrschaft in Griechenland allgemein zur Geltung. Auch einen letzten Erhebungsversuch Spartas, wo die Könige Agis und Kleomenes eine verspätete Sozialreform durchgeführt hatten, schlug er in der Schlacht bei Sellasia 222 nieder.

Schließlich wurde auch das Westgriechentum in Sizilien und Unteritalien, das nicht zum Alexanderreich gehört hatte, in den Zusammenhang der hellenistischen Staatenwelt einbezogen. In Syrakus hatten schon im 5. und 4. Jahrhundert, als die Angriffe der Karthager eine starke Abwehr erforderten, die Tyrannen Hieron und Dionysios ihre Alleinherrschaft errichtet und einen Territorialstaat begründet, der zeitweilig das ganze Westgriechentum bis zur Adria umfaßte.

In der Diadochenzeit setzte Agathokles von Syrakus die Reihe dieser Herrscher fort und glich seine Stellung den hellenistischen Monarchen des Ostens an, indem er den Königstitel annahm und sich mit einer Tochter Ptolemaios' I. vermählte. Auch er schuf mit Hilfe eines Söldnerheeres wieder ein ausgedehntes syrakusanisches Reich. Er griff die Karthager in Nordafrika an, vereinigte die unteritalischen Griechenstädte und wehrte die italischen Stämme der Lukaner und Bruttier ab.

Da Agathokles ohne männlichen Erben starb und daher keine Dynastie begründete, löste sich das Reich von Syrakus wieder auf. Erneut wurde Syrakus von den Karthagern und Tarent von den Italikern bedroht. Da entschloß sich der König Pyrrhos von Epirus, der Schwiegersohn des Agathokles, auf ein Hilfsgesuch von Tarent nach Italien zu kommen. Es war dabei seine Absicht, auch auf Sizilien das Erbe des Agathokles anzutreten. Pyrrhos, unternehmend und selbstbewußt wie die Diadochen, an der Spitze eines geschulten Heeres aus der makedonischen Tradition Alexanders, mit indischen Kriegselefanten, traf in Unteritalien auf einen unerwartet starken Gegner, die Römer. Zum ersten Mal stieß die hellenistische Welt mit dem Römertum zusammen. Rom hatte seinen Machtbereich in der Alexanderzeit durch Unterwerfung der Samniten im Apennin über ganz Mittelitalien ausgedehnt. Jetzt erschienen die Römer in Unteritalien, um der Invasion des Pyrrhos entgegenzutreten.

Es gelang Pyrrhos zweimal, bei Herakleia und bei Ausculum, mit seiner Phalanx die römischen Legionen zu schlagen. Aber es waren ›Pyrrhos-Siege‹, mit starken Opfern erkauft. Das dritte Mal, bei Benevent 275, wurde unentschieden gekämpft. Da Pyrrhos infolgedessen auch auf Sizilien, wo er die Karthager zurückdrängte, keine sichere Basis gewann, kehrte er nach Epirus zurück und überließ Tarent dem Zugriff der Römer. Er war der erste hellenistische Monarch, der erfuhr und erkannte, daß im Westen eine neue Großmacht entstanden war, Rom. Es war nur noch eine Frage der Zeit, bis auch die andern hellenistischen Staaten erkennen mußten, daß sich damit die Weltlage völlig verändert hatte.

XII. Die Kultur des Hellenismus

Mit dem Alexanderreich und seinen Nachfolgestaaten begann für die griechische Kultur ein neues Zeitalter. Die enge Polis war überwunden, der ganze Orient stand den Griechen offen. Der Hellenismus, die Ausbreitung des Griechentums und seiner Kultur nach Osten, bedeutete den Beginn einer Weltkultur. Die gemeinsame hellenistische Kultur machte die Länder von der Ägäis bis zum Indus zu einer Einheit, die über die Staatsgrenzen hinwegging und die Völker miteinander verband.

An den Fürstenhöfen und in den Städten wurde Griechisch gesprochen, die griechische Gemeinsprache, wie man sie nannte, die Koine. Sie war aus dem attischen Dialekt hervorgegangen und wurde überall verstanden. Sie war die Kanzleisprache der Monarchen, die Umgangssprache der Gebildeten, die Schriftsprache der Literatur. Aus Textfunden wissen wir, daß in Armenien die Stücke des Euripides bekannt waren, daß am Euphrat die Reden des Demosthenes gelesen wurden, daß in Afghanistan Regierungserlasse auf Griechisch veröffentlicht wurden. Die zahllosen Papyrusfunde aus Ägypten enthalten nicht nur griechische Verwaltungsurkunden und Privatbriefe, sondern auch Textstücke der ganzen griechischen Literatur von Homer bis Aristoteles. Die einheimischen Sprachen des Orients, wie Ägyptisch, Aramäisch, Persisch, wurden durch die griechische Weltsprache verdrängt und blieben nur noch als Volkssprachen lebendig.

Die gesellschaftliche Schichtung der hellenistischen Zeit besaß in den Monarchen und königlichen Hofhaltungen einen neuen Faktor, den es in der klassischen Polis nicht gegeben hatte. Der König, der als Herrscher allein die Regierung führte, wurde mit seiner Hofgesellschaft auch für das kulturelle Leben weithin maßgebend. Die Hauptstädte und Residenzen wie Alexandreia, Pergamon, Antiocheia wurden die Zentren der hellenistischen Kultur. Von den altgriechischen Städten konnten nur Athen und Rhodos ihre Bedeutung im geistigen Leben der Zeit wahren. Die kleinen Fürsten von Bithynien, Pontos, Kommagene und andern Ländern ahmten die Hofhaltung der großen Residenzen nach.

Viele Monarchen umgaben sich mit einem Kreis von Dichtern, Künstlern und Gelehrten. Ptolemaios I. stiftete in Alexandreia einen Kultverein der Musen, das Museion, das die bedeutendste Lehr- und Forschungsstätte der antiken Wissenschaft geworden ist und den Begriff des Museums geprägt hat. Attalos II. von Pergamon ließ als Stifter in Athen an der Agora eine Säulenhalle, eine Stoa, errichten, die von amerikanischen Archäologen neuerdings wiederaufgebaut wurde.

Wenn der Monarch mit seinem Gefolge in der Öffentlichkeit erschien, in der Theaterloge oder bei Kultfesten, so war die höfische Etikette für die gesellschaftlichen Umgangsformen tonangebend. Die Modetracht und der Schmuck der Königinnen, so der Arsinoë und der Berenike von Ägypten, galten als Vorbild des feinen Geschmacks. Die Vermählung des Seleukos mit Stratonike, der Tochter des Demetrios, in Rhossos in Syrien erregte als prunkvolles Ereignis in der ganzen hellenistischen Welt Aufsehen.

Im übrigen betonten die Herrscher durch ihre Beinamen Eumenes ›der Gnädige‹, Soter ›der Retter‹, Euergetes ›der Wohltäter‹ wie durch die Stiftungen ihre Philanthropie, ihre ›Menschenfreundlichkeit‹, gegenüber Bürgern und Untertanen. Sie entsprachen damit dem Bild des gnädigen Fürsten, das die Philosophen und Literaten der Zeit in ihren Schriften entwarfen. Antigonos Gonatas von Makedonien prägte das Wort, die Königswürde sei nichts anderes als ein ehrenvoller Dienst, eine endoxos dulela, wie auch aufgeklärte Monarchen des 18. Jahrhunderts sagten, der König sei der erste Diener seines Volkes.

Das Bürgertum in den Städten war ganz unpolitisch geworden, da es im Unterschied zur klassischen Zeit die Politik nicht mehr selbst zu bestimmen hatte, sondern von der Obrigkeit regiert wurde. Auch die kommunale Selbstverwaltung und bestimmte Steuerprivilegien der Städte wurden durch gnädige Erlasse der Monarchen förmlich verliehen. Die Bürger, zugewanderte Griechen und hellenisierte Einheimische, führten ihr privates Leben, in der Familie, im Geschäft, in den Vereinen, die es in großer Zahl überall gab. Das starke Vereinswesen der hellenistischen Zeit – Berufsvereine, Kulivereine, gesellschaftliche Vereinigungen aller Art – war ein Ersatz für die politische Betätigung.

Das Aussehen der Städte war besser und moderner als in früherer Zeit. Auch eine Kleinstadt wie Priene bei Milet hatte nach hippodamischer Bauweise geradlinige Straßenzüge, freie Plätze und Anlagen, Beleuchtung und Kanalisation. In geräumigen Atriumhäusern, ebenerdig oder mehrstöckig, mit Innenhof und Hausgarten, wie sie auch auf Delos ausgegraben wurden und vom römischen Pompeji bekannt sind, wohnte ein bürgerlicher Mittelstand von Beamten, Geschäftsleuten und Kapitalrentnern.

Die Großstädte wie Alexandreia, Antiocheia, Ephesos waren ebenfalls planmäßig angelegt, doch bildeten sich hier weit stärkere soziale Gegensätze zwischen der Hofgesellschaft, der Oberschicht, dem Mittelstand und einer breiten Masse von Lohnarbeitern, Versorgungsempfängern und Unfreien. In jeder Stadt, wo es Griechen gab, bis in die fernsten Randstaaten, wurden jedoch Theater und Gymnasien gebaut. Diese beiden Stätten, das Theater für die geistige Bildung und das Gymnasion für die körperliche Ausbildung, waren geradezu die Symbole des Griechentums und der hellenistischen Kultur in aller Welt.

Auf dem Lande, in der chora, wie man deutlich abwertend sagte, lebte meist eine untertänige, steuerpflichtige Bauernbevölkerung, teils auf eigenem Grund und Boden, teils auf den großen Staatsgütern. Hier fehlte alles, was die Städte zu bieten hatten. Auch die Einwanderer und Heeresveteranen, die auf dem Lande angesiedelt wurden, verkauften oder verpachteten daher häufig ihre Grundstücke, um in die Stadt zu ziehen. Der starke Gegensatz von Stadt und Land war schuld daran, daß die hellenistische Kultur, die von den Städten ausging, das Hinterland nicht voll erfaßte. Die Landbevölkerung führte weithin ihr eigenes Leben, bewahrte ihr altes Volkstum, ihre Sprache und Religion. Sie konnte daher auch zur Regierung des Landes kein rechtes Verhältnis gewinnen. Diese kulturelle und politische Kluft zwischen Stadt und Land, Staat und Untertanen mußte sich in der weiteren Entwicklung bemerkbar machen.

In der Wirtschaftspolitik der Monarchen spielte die Agrarproduktion eine bedeutende Rolle, da sie immer mehr für den Export verwendet wurde. So wurde der Hellenismus das Zeitalter der Plantagenwirtschaft. Durch verbesserte Anbaumethoden, Bewässerung, Düngung, Fruchtwechsel wurde der Ertrag gesteigert. Es gab wissenschaftliche Lehrbücher über den Landbau, die zum Teil von den Monarchen selbst verfaßt waren und später von den Römern in ihren Werken über Agrikultur und Latifundienwesen übernommen wurden.

In wirtschaftsgeschichtlicher Hinsicht war der Hellenismus zugleich die Zeit eines weitreichenden Welthandels. Durch den Flottenzug Nearchs unter Alexander war der Seeweg nach Indien erschlossen worden, der nun regelmäßig von seleukidischen und ptolemäischen Handelsschiffen befahren wurde. Ihre östlichsten Stützpunkte waren Poduke in Vietnam und Kattigara auf Borneo. Im Mittelmeer konkurrierten die Handelsmächte mit ihrem Warenangebot, wobei sie auch die Preis- und Währungspolitik sowie ihre politischen Bündnisse in den Dienst des staatlichen Außenhandels stellten. So erfanden und exportierten die Pergamener das Pergament, um das ptolemäische Papyrusmonopol zu brechen, worauf die Seleukiden als Gegner der Ptolemäer ihren Einfuhrbedarf an Schreibmaterial – der in der Verwaltungsbürokratie dieser Staaten sehr erheblich war – sogleich von Papyrus auf Pergament umstellten. Der Kapitalmarkt war seit der Ausgabe der Alexandermünzen sehr flüssig, das Bankwesen mit Giro- und Kreditverkehr so entwickelt, daß es beispielsweise in Ägypten in jedem Dorf eine Filiale der ptolemäischen Staatsbank gab.

Besonders die Funde von gewerblichen Handelswaren illustrieren deutlich die Intensität und Verflechtung der Wirtschaftsbeziehungen in dieser Zeit. Sie bestätigen zugleich auch die Einheitlichkeit und Großräumigkeit der hellenistischen Kultur. Überall wurde dieselbe Keramik hergestellt und verkauft, schwarzgefirnißt mit plastischen Verzierungen, oft von hoher Qualität, ebenso Glaswaren, Metallschmuck und besonders charakteristisch die Terrakotten.

Diese Tonfiguren, nach ihrem ersten Fundplatz Tanagra in Boiotien auch Tanagrafiguren genannt, können auf das Gebiet des Kunstgewerbes und der Kunst überleiten. Es sind anmutige Frauengestalten, Tänzerinnen, Gruppen aus dem Straßenleben, auch realistische, komische, groteske, kitschige Figuren sowie Imitationen klassischer Skulpturen und Götterbilder. Das hellenistische Bürgertum hatte offenbar einen enormen Bedarf an solchen dekorativen Erzeugnissen, die daher als billige Massenartikel nach Schablonen hergestellt wurden und als Votive und Grabbeigaben, Zimmerschmuck und Spielzeug dienten. Die vielen Bronzestatuetten hatten den gleichen Zweck. Die Kunst wurde hier durch ihre Breitenwirkung, die es vorher nicht in diesem Maße gab, zum Kunstgewerbe.

Eine ähnliche soziologische Funktion hatten die zahlreichen Fußbodenmosaiken der Wohnhäuser. Sie wurden nach alexandrinischen Musterkatalogen bestellt und geliefert, ebenfalls in stereotypen Motiven unterschiedlicher Qualität. Bezeichnend sind idyllische und bukolische Bilder vom Hirtenleben. Das Mosaik der Alexanderschlacht, eine Gemäldekopie, stellt eine ungewöhnlich hohe Leistung der Mosaikkunst dar.

Auch in der Plastik läßt sich eine breite, bürgerliche oder volkstümliche Unterströmung feststellen. Sie liebt wiederum idyllische, genrehafte oder humoristische Motive wie den oft wiederholten Knaben mit Gans, das lächelnde Kind, die trunkene Alte mit dem Weinkrug, oder Pikanterien wie die Nymphe, die den zudringlichen Faun mit der Sandale abwehrt.

Es wäre verfehlt, wenn man die hellenistische Kunst nur nach solchen Darstellungen von oft zweifelhaftem Geschmack beurteilen würde. In ihren hohen und großen Werken ist sie der klassischen Kunst weithin ebenbürtig. Besonders an den Fürstenhöfen waren die ersten Künstler ihrer Zeit tätig.

Der Alexanderkopf, vielleicht von Lysippos, zeigt die Wandlung vom verfeinerten, innerlichen Stil der Spätklassik zu der kämpferischen, unruhigen Zeit des Frühhellenismus. Der Ausdruck wird jetzt lebhafter, bewegt, leidenschaftlich, was an den tiefliegenden Augen, dem halbgeöffneten Mund, dem wirren Haar zu erkennen ist. Diese Züge tragen auch andere Porträtköpfe, ein Homer, ein Bildnis aus Delos, ein bärtiger Bronzekopf von Antikythera. Die Nike von Samothrake, die geflügelte Siegesgöttin, die sich am Bug eines Schiffes dem Sturm entgegenwirft, verkörpert noch deutlicher den pathetischen Bewegungsdrang der Zeit.

Das großartigste Werk der hellenistischen Kunst ist der berühmte Pergamonaltar in Berlin, ein monumentaler Zeusaltar mit Freitreppe, Säulenhalle und Skulpturenfries. Dargestellt ist der Kampf der Götter und Giganten, symbolisch für die Kriege der Pergamener gegen die Galater, ein Thema wie der Kentaurenkampf, der Sieg der Kultur über die rohe Gewalt. In barocker Steigerung sind die Gruppen miteinander verschlungen, die Leiber und Muskeln herausgehoben, sogar auf die Treppe gestellt, die Gesichter von Pathos erfüllt. Man muß vom europäischen Barock des 17. Jahrhunderts absehen, um die Originalität dieser hellenistischen Kunst zu würdigen. Auch die Figur des ›Sterbenden Galliers‹ stammt aus der pergamenischen Kunst.

Die Laokoongruppe im Vatikan, von Künstlern aus Rhodos geschaffen, von Michelangelo ergänzt, für Lessing, Winckelmann und Goethe ein exemplarisches Werk der griechischen Kunst, ist ebenfalls ein rein hellenistisches Werk. Dieser trojanische Priester, der mit seinen Söhnen von Schlangen getötet wird, erscheint wie ein spätes Gegenstück zum Pergamonfries, ist ihm aber sichtlich verwandt. Dagegen setzt die bekannte Aphrodite von Melos oder Venus von Milo im Louvre, aus derselben Zeit, nach Haltung und Ausdruck den weiblichen Idealtypus der praxitelischen Spätklassik fort. Als hellenistisch ist jedoch auch diese Statue durch ihre Lebendigkeit und Beweglichkeit gekennzeichnet. Der Typus der nackten Aphrodite schloß sich solchen Werken an. Scheinbar ganz anders, aber doch ebenfalls hellenistischen Ursprungs ist die sogenannte Gandharakunst des Buddhismus in Nordwestindien, die östlichste Ausstrahlung der hellenistischen Skulptur.

117

In der Baukunst zeigte der Hellenismus, wie jedes monarchische Zeitalter, hervorragende Leistungen. In repräsentativen Bauten kann sich der Herrscherwille am eindrucksvollsten manifestieren. Schon Alexander hatte derartige Baupläne. Die Dynastien seiner Nachfolger wetteiferten darin, sich in der Anlage ihrer Residenzen, in der Architektur ihrer Tempel, Theater, Rathäuser, Hallen und Denkmäler zu überbieten. Die Königsburg in Pergamon, der Apollontempel in Didyma, der Artemistempel in Ephesos sind Beispiele dafür. Die Attalosstoa in Athen, der Horustempel in Edfu, das Mausoleum in Halikarnaß wurden schon genannt. Fast alle diese Bauten haben im Vergleich zur Klassik einen Zug ins Pompöse und Kolossale, was zwar nicht als Vorzug gelten kann, aber für die Zeit bezeichnend ist. Auch der architektonische Schmuck folgte dieser Richtung, indem etwa das sogenannte korinthische Kapitell, reichverziert mit Akanthusblättern, häufig an die Stelle des einfacheren dorischen oder jonischen Kapitells trat.

Auf dem Gebiet des geistigen Lebens gingen ebenso wie in der Kunst und Architektur maßgebende Impulse von den Fürstenhöfen aus. Das Museion in Alexandreia erlangte eine solche Bedeutung, daß man den Hellenismus oft geradezu als das Zeitalter der alexandrinischen Wissenschaft und Literatur bezeichnet hat. Im Museion wurde die erste öffentliche Büchersammlung oder Bibliothek angelegt, die schließlich mehr als 700 000 Papyrusrollen umfaßte. Ptolemaios I. berief dazu den Aristoteliker Demetrios von Phaleron aus Athen, der mit dem Ordnen und Katalogisieren der Bücher begann.

Seine Nachfolger, die Bibliothekare Zenodot, Kallimachos, Aristophanes von Byzantion und Aristarch, wurden die Begründer der Philologie, der Literaturwissenschaft. Sie untersuchten die handschriftlichen Texte der Epen Homers, der Oden Pindars, der Dialoge Platons und anderer Werke, verbesserten nach Möglichkeit die Fehler, die durch das Abschreiben entstanden waren, prüften die Echtheit und den Stil der Schriften und verfaßten erklärende Kommentare dazu. Auch die bis heute üblichen Grundbegriffe der Grammatik gehen auf sie zurück, so etwa ptosis – casus – ›Fall‹ bei der Deklination. Auf dieser textkritischen und literarhistorischen Methode der Alexandriner, die ähnlich auch von der pergamenischen Philologenschule betrieben wurde, beruht die ganze spätere Überlieferung der griechischen Literatur im Mittelalter, als die Byzantiner und die abendländischen Mönche die Texte bis zur Erfindung des Buchdrucks weiter abschrieben. Ohne die Alexandriner wären uns Homer oder Platon nur dem Namen nach und nur durch einige unzuverlässige Zitate bekannt. Durch die Alexandriner wurden diese Autoren zugleich aber auch zu Klassikern gemacht, da ihre Werke nun als vorbildlich und feststehend angesehen wurden.

Die alexandrinischen Gelehrten waren zum Teil auch als Dichter tätig. So entstand die hellenistische Gelehrtendichtung und Hofpoesie mit ihren Vorzügen und ihren Schwächen. Die Gedichte des Kallimachos, Hymnen, Epigramme, Episches, sind hochstilisiert und voll mythologischer Anspielungen, aber gerade darum nur für Kenner verständlich, so die Verse von der ›Locke der Berenike‹, der Gemahlin Ptolemaios' III., nach der ein Sternbild benannt wurde. Ein astronomisches Lehrgedicht schrieb Aratos, ein Freund des Kallimachos, ein epigonenhaftes Argonautenepos der Bibliothekar Apollonios von Rhodos.

Neben dieser kunstvollen Poesie gab es in den breiten Schichten des Bürgertums und des Volkes eine vielgelesene Unterhaltungsliteratur. Dazu gehörte vor allem der Roman, der im Hellenismus zum ersten Mal als literarische Gattung hervortrat. Unter dem Namen des Historikers Kallisthenes wurde ein Alexanderroman verbreitet, der in jeder Neufassung wieder andere Ausschmückungen erhielt. Er wurde ein echtes Volksbuch und Bestseller der Weltliteratur. Alexanders Indienzug regte auch den Reiseroman an, in dem fremde Länder und Völker geschildert wurden. Damit verwandt war der utopische Roman des Theopomp, Euhemeros, Iambulos. Diese Schriftsteller mit deutlich zeitkritischem Akzent verlegten den Schauplatz weit in den Fernen Osten nach Ceylon oder nach Norden auf die Insel Thule, wo glückliche Naturvölker unter einer gerechten Gesellschaftsordnung leben sollten. Noch Tacitus' Germania und Rousseau standen in dieser Tradition. Auf den hellenistischen Liebesroman geht die spätantike Geschichte von Daphnis und Chloë zurück.

Das Verlangen des Städters nach Naturnähe und naturhaftem Leben, das in der Romanliteratur immer wieder anklingt, fand seinen eigentlichen Ausdruck in der typisch hellenistischen Schäferpoesie oder Bukolik Theokrits und anderer Dichter, die nicht zufällig in der ebenfalls höfischen und städtischen Rokokokultur des 18. Jahrhunderts, in der Anakreontik, ihre Entsprechung hat. Die Natur wurde als literarisches Motiv entdeckt, das Leben der Hirten und Landleute in Idyllen, das heißt in ›kleinen Bildern‹ und Szenen geschildert, halb ernst, halb verspielt, erotisch oder sentimental, wie auf den Mosaikbildern dieser Zeit.

Ein wirklichkeitsgetreues Abbild des Lebens und der Gesellschaft geben die Theaterstücke Menanders von Athen, der als Lustspieldichter am mei-

119

sten auf die Nachwelt gewirkt hat, über Plautus und Terenz auf Moliére und die Neueren. Er hat die Liebesgeschichte als unerschöpfliches Thema für das Theater entdeckt. Seine Charaktere und komischen Situationen voller Witz und Intrigen fanden den Beifall eines Publikums, dessen Mentalität sie genau entsprachen. Erst neuerdings wurde wieder ein solches Menanderstück auf Papyrus gefunden, der Dyskolos oder ›Menschenfeind‹.

Weit bedeutsamer als die Literatur des Hellenismus wurde seine Wissenschaft. Die exakten Naturwissenschaften sind ebenso wie die Philologie meist in der hellenistischen Zeit entstanden. Nur die von Hippokrates begründete Medizin war älter, doch auch sie erreichte in den großen Ärzteschulen von Alexandreia, Pergamon, Kos und Knidos jetzt einen Höhepunkt. Herophilos, der von Ptolemaios I. die Erlaubnis erhielt, Sektionen durchzuführen, begründete die Anatomie und entdeckte das Nervensystem. Erasistratos entwickelte die Chirurgie bis zur Bauchoperation. Das Asklepieion in Pergamon war ebenso wie in Kos eine therapeutische Heilstätte für Patienten aus allen Ländern.

Die Reihe der großen alexandrinischen Mathematiker begann mit Eukleides, dessen Lehrbuch der Geometrie, die Stoicheia oder Elemente, bis ins 19. Jahrhundert grundlegend blieb. Der Begriff des euklidischen Raumes wurde erst durch Einsteins Relativitätstheorie außer Kraft gesetzt oder ergänzt. Apollonios von Perge schuf die Trigonometrie und die Lehre von den Kegelschnitten, wobei er erstmals von Ellipsen, Parabeln und Hyperbeln sprach. Archimedes von Syrakus, gleichfalls in Alexandreia ausgebildet, war der größte Mathematiker, Physiker und Ingenieur des Altertums. Er fand das Hebelgesetz, entdeckte das spezifische Gewicht und berechnete die Kreiszahl Pi. Dieser griechische Buchstabe weist noch heute ebenso wie der Name Mathematik selbst auf den griechischen Ursprung der Wissenschaft von den Zahlengrößen hin.

Auch Mechanik und Technik sind griechische Bezeichnungen. Heron und Ktesibios von Alexandreia konstruierten Automaten, Uhren, Dampfkessel und andere Apparate, die zur Zeit der Renaissance als Grundlage für die Entwicklung der neueren Technik dienten. Diese mechanischen Apparate, die Vorläufer der modernen Maschine, hatten freilich meist nur einen spielerischen Zweck, keine wirtschaftliche Bedeutung. Da es genug menschliche Arbeitskräfte gab, Lohnarbeiter und Sklaven, bestand kein Bedürfnis nach maschineller Arbeitskraft. Der Aufschwung der modernen Technik wurde durch die Notwendigkeit ihrer wirtschaftlichen Nutzung und der daraus entstehenden Vorteile verursacht. Nur in der Kriegstechnik fanden die antiken Maschinen praktische Anwendung, als Belagerungsgeschütze und ähnlich, wie auch unsere neueste Technik in erster Linie oft militärischen Zwecken dient.

Als Vertreter der hellenistischen Astronomie sind Aristarch von Samos und Hipparch von Bithynien zu nennen. Aristarch lehrte das heliozentrische Weltbild mit der Sonne, nicht der Erde als Mittelpunkt, was erst Kopernikus zur allgemeinen Anerkennung brachte. Hipparch, der größte griechische Astronom, berechnete die Planetenbahnen und das Sonnenjahr, entdeckte die Präzession der Tagundnachtgleiche und die Bewegung der Fixsterne.

In der Geographie ragte der Alexandriner Eratosthenes hervor. Er lehrte die Kugelgestalt der Erde und nahm daher an, daß man, wenn man von Spanien nach Westen fahre, nach Indien kommen müsse, was Kolumbus zu seiner Entdeckung Amerikas führte. Den Erdumfang berechnete Eratosthenes ziemlich genau auf 252 000 Stadien = 45 000 km. Als Seefahrer und Entdecker in hellenistischer Zeit ist Pytheas von Massalia zu nennen, der Britannien bis zu den Shetland-Inseln umfuhr, die Polargegenden und das Wattenmeer an der Nordseeküste beschrieb.

Die Geschichtsschreibung des Hellenismus hatte ihren bedeutendsten Vertreter in Polybios von Megalopolis, dessen ›Historien‹ dem Rang des Thukydides nahekommen. Seine pragmatische und universale Betrachtungsweise hat einen geschichtsphilosophischen Zug, indem er die fortschreitenden Epochen im Gang der Geschichte unterscheidet und dabei zum ersten Mal auf die Bedeutung des Römertums hinweist.

In der hellenistischen Philosophie schließlich finden wir alle Tendenzen des Zeitalters zusammengefaßt als Universalismus und Individualismus, Dogmatismus und Skeptizismus in verschiedener Ausprägung. Was Alexandreia für die Fachwissenschaften bedeutete, war Athen für die Philosophie. Hier setzten die Platoniker in der Akademie und die Aristoteliker oder Peripatetiker im Lykeion ihre Tradition fort, wobei ihnen andere, rivalisierende Schulen zur Seite traten, vor allem die Stoiker und die Epikureer.

Die stoische Philosophie, benannt nach der Stoa Poikile in Athen, wo ihr Gründer, Zenon von Cypern, seine Lehrvorträge hielt, wurde die einflußreichste geistige Bewegung des Hellenismus. Die Stoiker wirkten als Ratgeber der Monarchen und verbreiteten ihre Lehren durch Schriften und Reden im Volk. Kleanthes, Chrysippos, dann Panaitios und Poseidonios von Rhodos waren ihre namhaftesten Vertreter. Nach stoischer Auffassung ist die Welt eine universale Einheit. Die Weltordnung, der Kosmos, das Naturgesetz, Zeus als höchster Gott, das sind nur verschiedene Worte, die dasselbe bedeuten. Mit ›stoischer‹ Ruhe soll der Mensch in Übereinstimmung mit dem Weltgesetz leben, der Vorsehung vertrauen, seine Pflichten erfüllen, das Unveränderliche hinnehmen. Die Welt, der Kosmos, ist die wahre Polis, der Kosmopolitismus daher die entsprechende Haltung. Der beste Staat wäre ein ökumenischer Weltstaat. Die Herrscher sollten die göttliche Weltregierung zum Vorbild nehmen, die Menschen in Eintracht leben.

Auch Epikur, der seine Philosophenschule ebenfalls in Athen gründete, hatte kein Verhältnis zur historischen Polis mehr. Im Gegensatz zu den Stoikern lehnte er aber die politische Mitarbeit in der hellenistischen Monarchie ab. Die Epikureer verhielten sich apolitisch, um im Verborgenen zu leben, wie sie sagten, das heißt, um ein privates, individuelles Leben mit Freunden zu führen, ohne Menschenfurcht und ohne Götterfurcht. Das Epikureertum, die Philosophie einer verfeinerten Lebenskunst, fand im hellenistischen Bürgertum ebenso Anklang wie die Pflichtenlehre und der Glaubenseifer der Stoiker.

In bewußten Gegensatz nicht nur zum Staat, sondern zur Kultur überhaupt stellten sich die Kyniker. Der radikalste Vertreter dieser Philosophie, die von dem Sokratiker Antisthenes begründet wurde, war Diogenes. Er lebte in Korinth angeblich in einer Tonne, wie ein Hund, kyon, als kynischer oder zynischer Kulturverächter, um sich die innere Freiheit, wie er sie verstand, zu bewahren. Die Kyniker zogen als populäre Wanderprediger umher. Ihre Kritik an der Gesellschaft und der Zivilisation der kulturstolzen hellenistischen Zeit entsprach gewissen Strömungen, die in der untertänigen Bevölkerung, besonders im Orient, immer mehr im Vordringen waren und sich am deutlichsten auf dem Gebiet der Religion zeigten.

Die griechische Götterreligion war weithin geschwunden. Die Götter waren nur noch schön, nicht mehr wahr. Die Göttin Tyche wurde verehrt, das heißt das Schicksal, der Zufall, das Glück. Als allegorische Figur und Stadtgöttin mit der Mauerkrone sollte sie die Bürger schützen. Auch der offizielle Königskult, der überall eingeführt wurde, bot keinen ausreichenden Ersatz für den alten Glauben. Die Religiosität der Platoniker und der Stoiker war mehr eine Sache der philosophisch Gebildeten als des Volkes.

So kam es, daß die orientalischen Religionen immer mehr Anhänger und Gläubige in der hellenistischen Welt fanden, auch im Westen. Die ägyptische Muttergöttin Isis, der syrische Sonnengott, der persische Mithras, die kleinasiatische Kybele und andere hatten schließlich überall ihre Kultgemeinden mit festem Ritual, mit ihrer Ethik und Dogmatik. Es waren meist Mysterienkulte mit geheimer Einweihung und Erlösungsreligionen mit Jenseitshoffnung. Auch um griechische Götter wie Dionysos bildeten sich nach diesen Vorbildern jetzt Mysterienkulte. Durch synkretistische Religionsmischung entstanden neue Göttergestalten wie der ägyptisch-griechische Sarapis. Eine Welle von Magie und Astrologie, Amuletten und Horoskopen begleitete die Ausbreitung der orientalischen Religionen. Der Orientalismus drängte den Hellenismus zurück. Die Religion des Ostens drang in das glaubenslos gewordene Griechentum ein.

XIII. Das Griechentum in römischer Zeit

Wir haben die griechische Geschichte und Kultur im Zeitalter des Hellenismus betrachtet. Es war das Bild eines ausgeglichenen Staatensystems und einer einheitlichen Weltkultur. Aber die Geschichte steht niemals still. Schon zeigten sich tiefgreifende Veränderungen. Im Westen hatten die Römer ganz Italien unter ihrer Vorherrschaft geeinigt und waren damit zu Nachbarn Makedoniens und Griechenlands geworden. Im Osten hatten die Religionen der orientalischen Völker wieder Leben gewonnen und sich immer stärker ausgebreitet. Von zwei Seiten war die hellenistische Welt vor eine neue Situation gestellt, in der sie sich zu bewähren hatte.

Die Bedeutung der neuen Großmacht Rom wurde von den hellenistischen Herrschern nicht richtig erkannt. Als die Römer schon Karthago überwunden hatten und damit die stärkste Macht des Westmittelmeers wurden, setzten die Monarchen im Osten ihre Grenzkriege und Rivalitäten wie bisher fort, anstatt sich enger zusammenzuschließen. So gelang es der römischen Eroberungspolitik, über die hellenistischen Staaten nacheinander Herr zu werden.

Die Westgriechen unterlagen den Römern zuerst. Die Griechenstädte Unteritaliens hatten schon nach dem Abzug des Pyrrhos ihre Selbständigkeit verloren. Der letzte Vorkämpfer des Westgriechentums war Hannibal, der große Karthager, der die Römer in Italien selbst angegriffen und nochmals zurückgedrängt hatte. Doch auch das Reich von Syrakus, wurde nach dem Tode seines letzten Herrschers, Hierons II., der römischen Provinz Sizilien angeschlossen.

Philipp V. von Makedonien, der in diese Ereignisse verwickelt wurde, lernte dabei die Härte Roms kennen. Dennoch bekriegte er weiterhin das benachbarte pergamenische Reich, während römische Truppen schon in Griechenland standen. Nach kurzem Kampf wurde er von den Römern gezwungen, die Herrschaft über Griechenland, die einst Philipp II., der Vater Alexanders, begründet hatte, aufzugeben. Im Jahre 196 v. Chr. erklärte der römische Konsul Flamininus bei den Isthmischen Spielen in Korinth den Griechen unter großem Beifall, daß sie nun ihre Freiheit

124

wiedergewonnen hätten. Bald mußten sie jedoch erkennen, daß sie sich jetzt dem Willen der römischen Schutzmacht zu fügen hatten.

Als Perseus, der Sohn Philipps V., den Krieg mit Rom wiederaufnahm, wurde er bei Pydna 168 entscheidend geschlagen, das makedonische Königtum aufgelöst. Ein Denkmal, das Perseus vor dem Apollontempel in Delphi für sich errichtet hatte, machte der römische Konsul Aemilius Paullus zu seinem eigenen Siegesmal. Zwanzig Jahre später wurde Makedonien römische Provinz. Die Griechen, die sich darauf unter Führung des Achäischen Bundes 146 gegen Rom erhoben, wurden niedergeworfen und nach der Zerstörung Korinths der makedonischen Provinz zugeteilt.

Auch Kleinasien kam unter römische Herrschaft. Der Seleukide Antiochos III. hatte mit schwachen Kräften in Griechenland eingegriffen, wurde zurückgeworfen und bei Magnesia in Lydien von den Römern besiegt. Er mußte sein Gebiet bis zur syrischen Grenze an Roms Verbündete, Pergamon und Rhodos, abtreten. Doch es blieb nicht dabei. Der letzte König von Pergamon, Attalos III., vermachte durch Testament im Jahre 133 sein Land dem römischen Volk, um weitere Kämpfe zu vermeiden. Das Reich von Pergamon wurde zur römischen Provinz Asia, die kleineren Fürstentümer wurden Vasallenstaaten.

Damit war aber noch kein Friede. Zahlreiche römische Steuerpächter, Kapitalwucherer und Sklavenhändler kamen ins Land und verursachten eine Aufstandsbewegung in Kleinasien, die alles nochmals in Frage stellte. Mehr als 80 000 Römer und Italiker wurden ermordet. Der König Mithradates VI. von Pontos, der die Erhebung führte, war wohl der einzige hellenistische Herrscher, den Rom wirklich zu fürchten hatte. Auch viele Städte Griechenlands schlossen sich ihm an, darunter Athen, das darauf von den Römern unter Sulla geplündert wurde wie einst von den Persern unter Xerxes. Erst nach Jahrzehnten gelang es den römischen Legionen des Pompeius, Mithradates in den nördlichen Teil seines pontischen Reiches, nach der Krim, zu verdrängen.

Pompeius machte anschließend im Jahre 63 auch dem Seleukidenreich ein Ende, indem er Syrien zur römischen Provinz erklärte. Da Mesopotamien schon seit langem von den Parthern besetzt war, bildete der Euphrat jetzt die Grenze zwischen dem Römerreich und dem Partherreich. Wie stark die Seleukiden von Rom abhängig waren, hatte sich schon früher gezeigt, als Antiochos IV. in Ägypten eingedrungen war und das Land auf einen bloßen Machtspruch des römischen Senats wieder räumen mußte. Er hatte sich dafür Bedenkzeit erbeten, aber der römische Gesandte trat vor ihn hin, zog mit dem Stab einen Kreis um ihn und bestand darauf, daß er den Platz nicht eher verlasse, als er die Forderung des Senats angenommen habe. Der König unterwarf sich dieser Demütigung. Die Szene, die sich schon im Jahre 168 bei Alexandreia abgespielt hatte, illustriert deutlich das Verhältnis zwischen Rom und den meisten hellenistischen Herrschern.

Die Ptolemäer, die sich den Römern durch Handelsverträge und Getreidelieferungen nützlich erwiesen, konnten ihre nominelle Selbständigkeit noch etwas länger bewahren. Auch ihre häufigen dynastischen Streitigkeiten bewogen Rom noch nicht zu entschiedenem Eingreifen. Caesar versuchte, die Verhältnisse in Ägypten unter Kleopatra VII., der letzten bedeutenden Ptolemäerin, nochmals zu stabilisieren. Erst als Antonius, der Gegner Octavians im römischen Bürgerkrieg, als Prinzgemahl der Kleopatra auftrat, kam es zum Krieg mit Rom. Durch den Seesieg Octavians über Antonius und Kleopatra bei Actium an der Westküste Griechenlands wurde Ägypten im Jahre 30 v. Chr. römische Provinz. Auch Griechenland wurde drei Jahre später unter der Bezeichnung Achaia, abgetrennt von Makedonien, eine eigene Provinz. Damit war die Unterwerfung des Griechentums und der hellenistischen Staaten im ganzen Ostmittelraum vollendet. Octavian erhielt den Namen Augustus.

Die Römer hatten sich militärisch und politisch als die Stärkeren erwiesen. Die Gründe ihres Sieges lagen zum großen Teil in der Schwäche ihrer Gegner, in der Uneinigkeit der Monarchen, der Dekadenz der großen Dynastien und vor allem darin, daß bei der Bevölkerung kein Abwehrwille vorhanden war. Die Griechen und die Nichtgriechen waren in den hellenistischen Staaten zu keiner Einheit zusammengewachsen. Die Massen waren stets nur als Untertanen behandelt worden. Eine rechtlose, untertänige Bevölkerung hat kein Interesse daran, ihr Land zu verteidigen und ihre Herren gegen fremde Angreifer zu schützen. Dies blieb den Söldnerheeren überlassen. Wo sich das Volk nachträglich gegen die Römer erhob, wie in Griechenland und Kleinasien, später auch in Judäa, konnte es die Entwicklung nicht mehr rückgängig machen.

Doch das Ende der hellenistischen Staatenwelt und die Einbeziehung aller dieser Länder in das Römische Reich bedeutete nun keineswegs, daß die geschichtliche Rolle des Hellenismus und des Griechentums ausgespielt war. Im Gegenteil, sie kam auch in der letzten Epoche der antiken Geschichte, in der römischen Kaiserzeit, erneut zur Wirkung. Augustus, der Begründer des Kaisertums, beendete die kritische Übergangszeit der römischen Bürgerkriege, der Zerstörung und krassen Ausbeutung in den

126

gewonnenen Provinzen. Er brachte der Welt endlich den Frieden, nach dem die Völker des Westens und Ostens, die Römer und die Griechen, verlangten. Diese Friedenssehnsucht der Menschen trug weithin schon religiöse Züge.

Die römischen Kaiser waren also die politischen Erben der hellenistischen Monarchen geworden. Alexanders Gedanke eines Universalreichs lebte im römischen Weltreich wieder auf, das den ganzen Mittelmeerraum umfaßte, den Erdkreis, wie man sagte, den orbis terrarum, das heißt die Oikumene. An die Stelle des hellenistischen Königskults trat der römische Kaiserkult. Die griechisch-römische Welt wurde immer mehr zu einer Einheit, die in diesem umfassenden Reich ihren festen Rahmen und Zusammenhalt besaß.

Der Beitrag Roms zu dieser Gemeinschaft war vor allem politisch, organisatorisch, zivilisatorisch. Schon die Erhaltung des Friedens und seine militärische Sicherung durch Jahrhunderte war eine Leistung, wie sie von den Griechen zwar erdacht, aber nie verwirklicht worden war. Der römische Legionssoldat, der in Armenien und am Euphrat, in Nubien und an der Saharagrenze stand, schützte den Kulturraum des Hellenismus. Die Verwaltung dieser östlichen Länder war in der römischen Kaiserzeit so gut, wie sie es dort zum Teil bis heute nicht mehr gewesen ist. Wo es eine intakte hellenistische Verwaltung und Staatswirtschaft gab, wie in Ägypten, wurde sie von den Römern ohne wesentliche Änderung übernommen und auch auf andere Gebiete, besonders in den weniger entwickelten Westprovinzen, übertragen. Nach dem Vorbild der Ptolemäer und anderer Monarchen wurden die Kaiser die größten Grundbesitzer des Reiches. Ihre Kasse, der Fiskus, vereinigte die Finanzmasse der kaiserlichen Steuern, Domänen, Bergwerke und Manufakturen. Daraus wurden das Heer, die Verwaltung, die Sozialpolitik finanziert.

Im Bauwesen, durch Stadtgründungen, in der weiteren Urbanisierung der Mittelmeerländer setzten die Römer am sichtbarsten die hellenistische Tradition fort. Korinth wurde nach Plänen Caesars wiederaufgebaut und entwickelte sich zur größten Stadt Griechenlands in der Kaiserzeit. Was dort ausgegraben wurde, das Brunnenhaus der Quelle Peirene, die Bogen einer Ladenstraße am Markt, stammt meist aus römischer Zeit. Auch in Olympia, beim Eingang ins Stadion, findet sich diese römische Gewölbetechnik. In Athen wurde das klassische Dionysostheater, in dem einst die Erstaufführungen des Aischylos, Sophokles, Euripides, Aristophanes stattfanden, weiter ausgebaut. Der Bühne wurden Silene und andere dionysische Figuren vorgesetzt. Die Akropolis blieb im ganzen

127

unverändert, nur ein kleiner Rundtempel der Roma und ein Denkmal vor den Propyläen für Agrippa, den Feldherrn des Augustus, wies unmittelbar auf die Römer hin.

In Ephesos, der bedeutendsten Stadt Kleinasiens, ließ sich eine typisch hellenistisch-römische Fassadenwand mit effektvoller zweigeschossiger Säulenarchitektur, ein Bibliotheksbau, gestiftet von einem römischen Konsul Celsus, bis ins Detail rekonstruieren. Ähnlich erscheint das Markttor von Milet, das völlig wiederhergestellt werden konnte und heute in den Berliner Museen steht. Die Säulenstraße von Palmyra in Syrien verbindet ebenfalls eindrucksvoll den hellenistischen und den römischen Stil. Das Leben in den Städten der Provinzen war komfortabel und sicher. Das Bürgertum lebte noch besser als in der hellenistischen Zeit. Die Menschen dieser Zeit blicken uns aus Tafelbildern, die in ägyptischen Gräbern gefunden wurden, unmittelbar an.

Das Griechentum, dem die Leistungen Roms in dieser Weise zugute kamen, wirkte seinerseits auf die Römer ein. Sein Einfluß war vor allem geistiger Art. ›Griechenland, das bezwungen wurde, bezwang den rauhen Sieger und brachte die Künste dem bäurischen Latium‹, sagte in augusteischer Zeit der römische Dichter Horaz, der selbst seine Oden in griechischem Versmaß schrieb. Die Einwirkung der griechischen Kultur auf das Römertum bedeutete den Übergang des Hellenismus nach Westen. Schon in der Zeit der römischen Republik hatte dieser bedeutsame Prozeß eingesetzt. Jener Flamininus, der den Griechen die Freiheit von Makedonien verkündet hatte, war ein Freund der Griechen und der griechischen Kultur, ein Philhellene, ebenso wie das führende Geschlecht der Scipionen, zu deren Kreis der griechische Geschichtsschreiber Polybios gehörte. Die römische Literatur war nach griechischen Vorbildern entstanden, die Bühnenstücke des Plautus und Terenz nach Menander, die philosophischen Schriften Ciceros nach den Platonikern und Stoikern. Griechische Kunstwerke und hellenistische Luxuswaren kamen nach Rom, wurden gekauft, gesammelt, nachgeahmt. Altrömisch gesonnene Männer wie der Zensor Cato, die das Eindringen des Hellenismus in Rom für schädlich hielten und die ›Griechlein‹, die Graeculi, wie sie sagten, geringschätzten, konnten die Entwicklung nicht aufhalten. Niemals läßt sich die Ausbreitung einer überlegenen Kultur, einer feineren Gesittung, neuer Erkenntnisse und geistiger Fortschritte auf die Dauer aufhalten oder verhindern.

In der Kaiserzeit verstärkte sich der griechische Einfluß auf das Römertum. Die Reliefs am Friedensaltar des Augustus in Rom wirken fast klas-

128

sizistisch. Griechische Künstler, Lehrer und Ärzte waren in Rom tätig, Rhetoren und Philosophen. Griechen gelangten zum Konsulat und zu hohen Stellungen am Kaiserhof. Nero, der sich selbst für einen bedeutenden Künstler hielt, schwärmte für die Griechen und verlieh ihrer Provinz völlige Steuerfreiheit.

Im 2. Jahrhundert n. Chr. erreichte die Einwirkung des Griechentums auf die Römer und die Verbindung der beiden Elemente ihren Höhepunkt. Kaiser Hadrian war der größte römische Philhellene. Schon in seiner Tracht ahmte er in archaistischer Manier die alten griechischen Philosophen nach, indem er den Bart trug, der von da an wieder Mode wurde. In Athen, seiner Lieblingsstadt, baute Hadrian ein neues Stadtviertel, von dem ein Eingangstor, das Hadrianstor, erhalten ist. Auch das Olympieion, der größte Tempel Athens, der dem olympischen Zeus geweiht war, aber nie fertiggebaut werden konnte, wurde von Hadrian in korinthischem Stil vollendet. Ein panhellenischer Bund, den Hadrian für alle Griechen in den Provinzen stiftete, konnte freilich keine politische, nur noch landsmannschaftliche Bedeutung haben.

Auch namhafte Griechen vertraten und verkörperten in dieser Zeit das Ideal einer Synthese des Griechentums und Römertums, so Herodes Atticus von Marathon, der in Athen am Abhang der Akropolis das nach ihm benannte Theater oder Odeion erbaute und in Rom Konsul und Prinzenerzieher war. Plutarch von Chaironeia schrieb Parallelbiographien großer Männer, wobei er jeweils einen Griechen und einen Römer von entsprechender Bedeutung nebeneinander stellte, zum Beispiel Demosthenes und Cicero, Alexander und Caesar. Diese Lebensbeschreibungen, die bis ins 18. Jahrhundert zu den meistgelesenen Werken der antiken Literatur gehörten, sind in attizistischem Stil geschrieben, das heißt in bewußter Anlehnung an die attische Schriftsprache der viel älteren, klassischen Zeit. In Delphi erhielt Plutarch eine Ehreninschrift.

Der Attizismus ist ebenso wie der künstliche Archaismus bezeichnend für eine späte Zeit, in der man sich an den großen Leistungen der Vergangenheit zu orientieren suchte. Wir können in diesem Bestreben ein Nachlassen der produktiven Kräfte erblicken, zugleich aber auch eine gewisse Sorge um die Erhaltung der hohen Werte, die einst geschaffen worden waren. Auch der Kaiser Mark Aurel, der bei seinen Feldzügen an der Donaugrenze ein nachdenkliches Buch in griechischer Sprache und in stoischem Geiste schrieb, seine ›Selbstbetrachtungen‹, hatte solche Besorgnisse um die Zukunft.

Tatsächlich hatte sich die allgemeine Lage gegen Ende des 2. Jahrhunderts

n. Chr. merklich verändert, verschlechtert. Die Reichsgrenzen waren dem zunehmenden Druck der Fremdvölker ausgesetzt, besonders der Germanen. Die Sicherheit und der wirtschaftliche Wohlstand in den Provinzen nahmen ab. Der Schriftsteller Pausanias, der um diese Zeit eine Reisebeschreibung Griechenlands verfaßte, schildert anschaulich und erschreckend, wie ganze Gebiete verödet und entvölkert seien. Wo es früher Dörfer und Landstädte gab, waren nur noch Gutshöfe und Villen von Grundbesitzern. In großen Städten wie Korinth sah man Reichtum und Luxus, daneben aber eine verarmte, mittellose Bevölkerung, die kaum ihren Lebensunterhalt fand. Zahlreiche Tempel und Heiligtümer, die Pausanias aufsuchte, waren verlassen und verfallen.

Diese Verhältnisse, die in andern Provinzen des Reiches wohl ähnlich waren, müssen tiefe strukturelle Ursachen gehabt haben. Ob sie mehr wirtschaftlicher und gesellschaftlicher Art waren oder ob sie geistig, moralisch, kulturell bedingt waren, sei dahingestellt. Jedenfalls war weder die römische Sozialpolitik noch die griechische Bildung imstande, den Niedergang zu verhindern. Im 3. Jahrhundert schien sich die griechischrömische Welt innerlich und äußerlich aufzulösen.

Doch längst hatte sich die Erneuerung und Regeneration dieser Welt vorbereitet, im Christentum. Zu seiner Ausbreitung hat die griechische Sprache entscheidend beigetragen, seine Entwicklung wurde durch den griechischen Geist wesentlich bestimmt. Die ersten Christen in der frühen Kaiserzeit waren eine jüdische Sekte gewesen, die von der Mehrheit des Judentums abgelehnt wurde. Erst die Verkündigung des Evangelions, das heißt der ›guten Botschaft‹, in der hellenistischen Welt, vor allem durch die Mission des Apostels Paulus in Syrien, Kleinasien und Griechenland, in griechischer Sprache, die überall verstanden wurde, machte das Christentum zu einer ökumenischen und katholischen, das heißt weltweiten und allgemeinen Bewegung. Auch seine Gemeindebriefe schrieb Paulus griechisch. In seiner Theologie – ebenfalls ein griechischer Begriff – ist Jesus von Nazareth mehr als der Messias, den das Judentum erwartete. Er ist Christus, der Welterlöser für alle Völker. Der Name Christus ist die wörtliche griechische Übersetzung von Messias, bedeutet aber weit mehr.

Das christliche Schrifttum der mittleren und späten römischen Kaiserzeit wurde um so stärker und reichhaltiger, je schwächer die heidnische, nichtchristliche Literatur und Philosophie wurde. Nach den neutestamentlichen Evangelien – ein Thomas-Evangelium, bestehend aus mehr als hundert, bisher zum Teil unbekannten Worten Jesu wurde neuerdings

130

in Oberägypten entdeckt – und den Verteidigungsschriften der Apologeten folgten die Werke christlicher, griechisch schreibender Theologen, Dogmatiker, Historiker in großer Zahl, des Irenaios, Origenes, Gregorios, Athanasios, Eusebios. Nicht zufällig wurde Alexandreia, einst das Zentrum der hellenistischen Wissenschaft, der Sitz der bedeutendsten christlichen Exegeten- und Katechetenschule. Die große Tradition der griechischen Philosophie fand in der christlichen Theologie ihre Fortsetzung und manche Elemente des stoischen Monotheismus oder der hellenistischen Mysterienreligionen sind in das Christentum eingegangen, als die alten Götterkulte weithin unglaubhaft geworden waren und in den Schriften Lukians nur noch parodiert wurden. Der letzte große heidnische Philosoph, der Neuplatoniker Plotin, erscheint in vieler Hinsicht den christlichen Denkern seiner Zeit eng verwandt.

Mit dem Sieg des Christentums, in dem also der Geist des Griechentums nochmals zu größter geschichtlicher Wirkung kam, war auch der Kampf und die Rivalität der orientalischen Religionen des Altertums entschieden. Isis, Kybele und Mithras, die lange mit dem Christentum konkurrierten, wurden bedeutungslos. Das Judentum, dessen hellenistische Vertreter wie Philon von Alexandreia stets in der Minderheit blieben, erhielt sich in seiner Eigenart und Absonderung. Nur in manchen Häresien lebten die alten Glaubensgegensätze fort.

Doch die spätantike Welt wäre nicht christlich geworden, wenn das Christentum, historisch betrachtet, nur eine religiöse und geistige Bewegung, nicht zugleich eine soziale Umwälzung größten Ausmaßes gewesen wäre. Die christliche Botschaft wandte sich zwar an alle Menschen, doch besteht kein Zweifel, daß ihr in Massen zuerst die unteren Schichten der Bevölkerung folgten, die Sklaven und Freigelassenen, die Rechtlosen, Besitzlosen und Unterdrückten, die in Christus ihren ›Herrn‹ sahen – Christus am Kreuz –, nicht im Kaiser, dem die gesellschaftliche Oberschicht huldigte. Auch einige der frühesten Bischöfe Roms trugen griechische Sklavennamen. In der christlichen Gemeinde besaßen die Unfreien die volle Gleichberechtigung, die ihnen die römische Gesellschaftsordnung verweigerte. Erst allmählich setzte sich das Christentum auch in der Oberschicht durch.

In der straffen Organisation der Kirche, die weithin dem römischen Staatswesen nachgebildet war, in der Hierarchie der Kleriker, im Primat der Bischöfe von Rom, in der lateinischen Theologie des Westens kam der Beitrag des Römertums in der christlichen Bewegung zum Ausdruck. Zu Beginn des 4. Jahrhunderts, nachdem alle Versuche gescheitert waren, das Christentum durch Verfolgungen gewaltsam zu unterdrücken, nachdem es tatkräftigen Kaisern aber auch gelungen war, die Reichsgrenzen zu sichern und die wirtschaftlichen Verhältnisse durch grundlegende Reformen zu stabilisieren, traf Kaiser Konstantin zwei Entscheidungen von größter Bedeutung: er erkannte die christliche Religion an und er erhob die griechische Stadt Byzantion am Bosporos unter dem neuen Namen Konstantinopel zur Hauptstadt des Reiches. Mit der Anerkennung des Christentums war die Geschichte des heidnischen Altertums abgeschlossen und das christliche Mittelalter eingeleitet. Mit der Verlegung der Hauptstadt von Rom nach Byzanz-Konstantinopel, vom Tiber an den Bosporos, war die römische Geschichte abgeschlossen und das Byzantinische Reich begründet, das ein griechisches Kaiserreich wurde. In Rom übernahm das Papsttum die oberste Vollmacht. Die antike Welt zerfiel in den lateinischen Westen und den griechischen Osten.

Dort im Osten, in Byzanz, in der Ostkirche, in den Klöstern Griechenlands, auf seinen Bergen und Inseln, lebte das Griechentum weiter. Seine Sprache, sein Volkstum waren unvergänglich.

Das antike Griechentum aber, die Geschichte des klassischen Griechentums, war zu Ende. Es muß immer wieder gesucht und aufs neue entdeckt werden.

Rom

I. Einleitung und Königszeit

Rom – das ist nicht nur der Name einer Stadt, sondern ein Wort von weltgeschichtlicher Bedeutung. Das antike Rom und das Römertum haben wie keine andere Stadt und kein anderes Volk alle spätere Geschichte beeinflußt, bestimmt, geprägt, bis in unsere Gegenwart. Diese Wirkung beruht nicht auf einer Wiederentdeckung, so wie das antike Griechentum erst durch den Humanismus und durch die Wissenschaft wiederentdeckt und der Vergangenheit entrissen wurde. Die Wirkung Roms beruht auf dem lebendigen Zusammenhang der Geschichte durch die Jahrhunderte über das Mittelalter bis in unsere Zeit. Dieser Zusammenhang wurde trotz aller Wandlungen der Zeit niemals unterbrochen. Wir alle bedienen uns täglich der lateinischen Schrift, wir zählen Tage und Monate nach dem Kalender, der auf Julius Caesar zurückgeht. Unser Bürgerliches Gesetzbuch beruht auf dem römischen Recht, die christliche Religion trat zur selben Zeit in die Welt, als das römische Kaisertum entstand. Niemals sind die Namen großer Römer dem Bewußtsein der Nachwelt entschwunden und in Vergessenheit geraten, ein Cicero, Augustus, Konstantin.

Größe, das ist wohl das erste, womit wir die römische Geschichte charakterisieren können. Daß aus Rom, der Stadt am Tiber, aus kleinsten Anfängen, im Altertum ein Weltreich wurde, das den gesamten Mittelmeerraum umfaßte, ist ein einzigartiges Phänomen. Das Römische Reich war der erste Versuch der Einigung Europas, die erste europäische Integration. Daß infolgedessen in allen diesen Ländern des Römerreiches jahrhundertelang ein dauerhafter Friede herrschte, der römische Kaiserfriede, ist nicht weniger bemerkenswert. Nie mehr hat die europäische Staatenwelt nach dem Ende des Römerreiches bis ins 20. Jahrhundert länger als für eine oder zwei Generationen Friede gehabt. Diesen Fragen werden wir bei der Betrachtung der römischen Geschichte besonders nachgehen müssen: Wie erklärt sich der Aufstieg Roms? Wie kam es zu dieser gewaltigen politischen Machtbildung? Und wie verstanden es die Römer, die Stabilität des Rechtsstaates und der Friedensordnung so lange zu erhalten? Was waren die Ursachen der Größe Roms?

135

Ebenso wird uns aber ein zweites Problem beschäftigen müssen, nämlich wie es dazu kam, daß eine so festgefügte und scheinbar unüberwindliche Macht, ein Weltreich, in dem die Kulturvölker geeinigt waren, schließlich sein Ende fand. Daß große geschichtliche Schöpfungen und Errungenschaften auch den Charakter der Vergänglichkeit haben und der Auflösung verfallen können, hat für den denkenden Menschen etwas tief Beunruhigendes, ja Erschreckendes. Niedergang und Untergang sind in der Geschichte ebenso nachdenkenswert wie Aufstieg und Größe.

Auch in der Geschichte unserer eigenen Zeit, der Welt des 21. Jahrhunderts, sehen und erleben wir Ähnliches: Aufstieg und Niedergang von Großmächten, Erfolge, Krisen und Katastrophen. Man könnte sagen, wir hätten es nicht nötig, zum Zweck geschichtlicher Erkenntnis und Belehrung so weit in die Vergangenheit zurückzublicken, zur Geschichte des antiken Römertums, von dem uns ein Zeitabstand von rund 2000 Jahren trennt. Unsere eigene Zeitgeschichte – so wird gelegentlich gesagt – gibt uns hinreichend Belehrung; wir brauchen keine alte Geschichte. Aber nichts ist verkehrter und oberflächlicher als ein solches Urteil. Gerade der Zeitabstand, die historische Distanz, ist der unabschätzbare Vorteil der alten Geschichte. Nur aus Distanz können wir objektiv urteilen. Nur einen geschlossenen geschichtlichen Ablauf können wir als Ganzes beurteilen. Jedermann weiß, wie schwierig es ist, heute etwa über geschichtliche Persönlichkeiten wie Bismarck oder Napoleon, die erst 100 oder 150 Jahre zurückliegen, ein einhelliges Urteil zu bilden, über die Absichten und Ziele, die Wirkung und Bedeutung solcher Staatsmänner der neueren Zeit. Deshalb wird die antike Geschichte immer die klassische Geschichte bleiben, weil wir daraus ohne Vorurteil und ohne eigenen Parteistandpunkt, sine ira et studio, wie der römische Historiker Tacitus sagte, erkennen können, was Geschichte ist. Darin liegt der unentbehrliche Bildungswert der römischen Geschichte.

Wir wollen eine möglichst vielseitige, umfassende Anschauung des Römertums gewinnen. Die Römer waren die Meister der Politik und darum ist römische Geschichte in erster Linie politische Geschichte. Zur Außenpolitik in Krieg und Frieden gehört die Kenntnis des Heerwesens, der Staatsverträge und der Diplomatie. Wir haben zu fragen, was die Römer in ihrem Verhältnis zu anderen Mächten erstrebten, was sie erreichten und wie sie es erreichten. In der inneren Politik interessiert uns ihre Verfassung, das Verhältnis der verschiedenen politischen Gruppen und Willensrichtungen, das System der Gesetzgebung, der Regierung und der Verwaltung.

136

Damit hängt in sehr enger Verbindung das römische Recht zusammen. Die Römer sind die Klassiker des Rechts, im besonderen des Privatrechts, das im Corpus Iuris überliefert ist. Es ist von einer bis heute vorbildlichen Klarheit, Schärfe und zugleich Elastizität. Man versteht dieses Recht nur, wenn man die Gesellschaftsordnung und die wirtschaftlichen Verhältnisse kennt, die überhaupt von grundlegender Bedeutung sind. Sie werden unmittelbar anschaulich im täglichen Leben der Römer, im Haus und in der Familie, im Verkehr und Geschäft und ebenso bei den Spielen und Festen. Dabei tritt überall auch der praktische Sinn des Römertums in Erscheinung, die Begabung für Organisation und Technik, am sichtbarsten im Bauwesen, wie etwa die großartige Fassade des Kolosseums in Rom zeigt. Solche technischen Leistungen sind zugleich Werke der Kunst.

Die römische Kunst mit ihrem zweckbestimmten Charakter, repräsentativ und klassizistisch wie bei dem allegorischen Relief der Mutter Erde vom Friedensaltar des Augustus in Rom, oder realistisch wie bei der Porträtbüste des Kaisers Vespasian, steht in Zusammenhang mit dem römischen Geistesleben, mit Wissenschaft und Literatur. Auf allen diesen Kulturgebieten hatten die Griechen Vollendetes geschaffen. Dem starken Einfluß der griechischen Kunst, Wissenschaft und Literatur konnten sich die Römer, wie schon vor ihnen die Etrusker, nicht entziehen. Sie haben vieles davon übernommen, haben es aber als Auftraggeber griechischer Künstler stets nach ihrer eigenen Art aufgefaßt und weitergebildet. So ist auf einem Mosaik aus einer römischen Villa in Tunesien der Dichter Vergil dargestellt, von zwei Musen umgeben, mit einer Buchrolle seines berühmten Epos, der Aeneis.

Schließlich darf in unserer Darstellung die römische Religion nicht fehlen, die im privaten und öffentlichen Leben eine bedeutende Rolle spielte. Wieviel sich an ihr im Laufe der Zeit auch veränderte, in ihrem Wesen blieb sie doch von größter Beharrlichkeit und Kontinuität. Das Pantheon in Rom, einst ein Tempel der römischen Kaiserzeit, ist heute eine christliche Kirche.

Diesen weiten Umkreis der römischen Kultur wollen wir ins Auge fassen, indem wir zugleich die Geschichte der Römer verfolgen. Im Gang der Geschichte tritt jeweils hervor, was sich verändert oder was sich gleichbleibt. Die zeitliche Gliederung der römischen Geschichte läßt sich durch ein einfaches und übersichtliches Schema nach Epochen darstellen, wie es in der Geschichtswissenschaft heute im wesentlichen anerkannt ist. Die vorbereitende Epoche nennen wir die Zeit der Vorgeschichte und die Königszeit. Es ist das 8. bis 6. Jahrhundert vor Christus. Darauf folgt die erste Hauptepoche, die Zeit der römischen Republik vom 5. bis 1. Jahrhundert v. Chr. Die zweite Hauptepoche ist die römische Kaiserzeit, vom 1. bis zum 5. Jahrhundert nach Christus. Die abschließende Epoche bildet den Übergang zum Mittelalter, das 6. bis 8. Jahrhundert n. Chr. Die beiden Hauptepochen, die Republik und die Kaiserzeit, lassen sich in je drei Unterabschnitte gliedern, die sogenannte frühe Republik des 5. und 4. Jahrhunderts vor Christus, die mittlere Republik des 3. und 2, Jahrhunderts und die späte Republik des 1. Jahrhunderts v. Chr., ähnlich die frühe Kaiserzeit des 1. Jahrhunderts nach Christus, die mittlere Kaiserzeit des 2. und 3. Jahrhunderts und die späte Kaiserzeit des 4. und 5. Jahrhunderts n. Chr. Die beiden Hauptepochen der römischen Geschichte umfassen also zusammen einen Zeitraum von rund 1000 Jahren.

Man sieht hier übrigens, welch praktischen Wert die christliche Zeitrechnung oder Ära für die Geschichtswissenschaft hat. Ohne diese Ära könnte man einen solchen historischen Zeitraum zahlenmäßig nicht allgemein verbindlich bestimmen. Wenn man den Begriff ›vor oder nach Christus‹ durch die Ausdrücke ›vor oder nach der Zeitwende, vor oder nach der Zeitrechnung‹ ersetzt, so hat man an der Sache selbst nichts geändert. In der Französischen Revolution und im faschistischen Italien wurde versucht, eine völlig neue Zeitrechnung einzuführen und wieder mit dem Jahr 1 zu beginnen. Aber diese Versuche sind jeweils schon nach wenigen Jahren gescheitert.

Was ist eine geschichtliche Epoche und worin unterscheiden sich die einzelnen Epochen der römischen Geschichte? Unter einer Epoche verstehen wir einen Zeitabschnitt in der Geschichte, der durch einen eigenen Charakter, durch ein neues Moment gegenüber der früheren Zeit gekennzeichnet ist. Ein Ereignis, eine Persönlichkeit, eine Erfindung oder was immer sonst dem Lauf der Geschichte eine neue Richtung gegeben hat, nennen wir epochemachend. So auch in der römischen Geschichte. Die Begründung der römischen Republik war ein epochales Ereignis, das die Geschichte Roms in neue Bahnen gelenkt hat. Dasselbe läßt sich von der Errichtung des Kaisertums sagen, die 500 Jahre später erfolgte. Republik und Kaisertum sind staatsrechtliche Begriffe, verschiedene Staatsformen. Wir werden jedoch sehen, daß der Unterschied dieser beiden Hauptepochen der römischen Geschichte nicht bloß in der Staatsform liegt, sondern darüber hinaus das ganze gesellschaftliche und kulturelle Leben des Römertums bestimmt hat.

Aber auch die genannten Unterabschnitte der römischen Geschichte haben die Bedeutung eigener Epochen, die sich genauer charakterisieren lassen. In der Zeit der frühen Republik wurde die römische Verfassung ausgebildet, wurde Italien von den Römern unterworfen und politisch geeinigt. Während der mittleren Zeit der Republik errang Rom die Herrschaft im Mittelmeerraum und kam dabei in enge Berührung mit der damaligen griechischen oder hellenistischen Kultur, die weitgehend übernommen wurde. Die späte Republik ist das Zeitalter der römischen Revolution, in der sich der Übergang zum Kaisertum vollzog. In der frühen Kaiserzeit wurde die eigentümlich römische Form der Monarchie ausgebildet, der sogenannte Prinzipat; es ist zugleich die Zeit der klassischen Kunst und Dichtung der Römer. Die mittlere Kaiserzeit brachte den inneren und äußeren Ausbau des römischen Weltreiches, seinen Höhepunkt und auch seine schwerste Krise. Die späte Kaiserzeit ist gekennzeichnet durch den Absolutismus, eine umfassende Gesellschaftsreform, die Staatskirche und die spätantike Kultur. So hat jede Epoche ihre Eigenart, ihren besonderen Charakter und ihre eigenen Probleme.

Nun genug, wir haben damit eine hinreichende Übersicht gewonnen und wollen uns jetzt sogleich den Anfängen Roms zuwenden, der Vorgeschichte und Königszeit.

Rom ist nicht an einem Tage erbaut worden, sagt das Sprichwort und hat recht damit. Die Stadt Rom hat eine lange Vorgeschichte. Die ältesten Siedlungsspuren, die man gefunden hat, sind nichts als eine Anzahl Gräber aus dem 8. Jahrhundert v. Chr., – zum Teil noch älter, zuerst Brandgräber, dann Erdbestattungen – auf dem Forum. Das Forum, später Hauptplatz und politischer Mittelpunkt Roms, war ursprünglich ein sumpfiges Tal zwischen den Hügeln Palatin und Kapitol, Esquilin und Quirinal. Als Wohngegend war es noch nicht geeignet, sondern eben nur als Begräbnisstätte. Jeder, der in Rom war, kennt den Forumsplatz und seine berühmten Bauten aus der späteren Zeit. Aber auch die Reste des Dorfes, zu dem jene ältesten Gräber gehörten, hat man gefunden, nämlich auf dem Palatin und ähnlich auf dem Quirinal, also in erhöhter, sicherer Lage. Es sind Pfostenlöcher im Felsboden, nach denen sich Hütten aus Holz und Lehm rekonstruieren lassen, primitive Behausungen einer Hirtenbevölkerung Noch nichts deutet darauf hin, daß auf dem Palatin, von dem unser Wort Palast kommt, dereinst die großen Kaiserpaläste stehen würden. Von den ersten Bewohnern des Palatin läßt sich nur sagen, daß sie zum Volksstamm der Latiner gehörten. Danach haben die Römer ihre eigene Sprache stets die lateinische genannt.

Der Stamm der Latiner bewohnte die Ebene südlich des Tiber und das

Gebiet um die Albanerberge. Die Latiner waren verwandt mit zahlreichen benachbarten Stämmen Mittelitaliens, den Sabinern, Volskern und anderen. Auch die Umbrer, Samniten, Lukaner und weitere Stämme des mittleren und südlichen Apennin gehören zu dieser Völkergruppe, die wir als Italiker bezeichnen. Hierher gehört die altertümliche Grabstatue eines italischen Kriegers von Capestrano bei Aquileja. Man versteht unter den Italikern diejenigen Volksstämme Altitaliens, die in früher Zeit, im 2. Jahrtausend v. Chr., von Norden her in mehreren Wellen nach Italien eingewandert waren, Angehörige der großen indogermanischen oder indoeuropäischen Sprachfamilie.

Wir haben hier sogleich auch die übrigen Teile der Völkerkarte Altitaliens ins Auge zu fassen. Außer den Italikern sind noch zwei weitere Stammesgruppen indogermanischer Sprache nach Italien eingewandert, erstens Illyrier über die Adria herüber nach Südostitalien, ebenfalls in früher Zeit – verwandt damit auch die Veneter in der Gegend von Venedig – und zweitens, viel später, keltische Stämme über die Alpen nach Oberitalien. Nach diesen oberitalischen Kelten oder Galliern nannten die Römer die Po-Ebene Gallia cisalpina, das heißt Gallien diesseits der Alpen, von Rom aus gesehen. Die Küsten Unteritaliens und Siziliens waren von den Griechen besiedelt worden; fast alle großen Städte in diesem Gebiet, Neapel, Tarent, Syrakus und andere, sind von den Griechen gegründet. Die Urbevölkerung Italiens, die vor allen diesen Einwanderungen im Lande saß, bezeichnen wir als mediterran, als mittelmeerländisches Substrat. Dieses altmediterrane Volkstum vorindogermanischer Sprache und Kultur war in frühester Zeit über den ganzen Mittelmeerraum verbreitet; in Italien erhielt es sich besonders bei den Ligurern in der Gegend von Genua.

Noch fehlt bei diesem Überblick ein letztes und merkwürdiges, ja rätselhaftes Volk, das uns zugleich auf die Geschichte Roms zurücklenken wird. Es sind die Etrusker, Tusker oder Tyrsener, nach denen noch heute die Toskana um Florenz ihren Namen hat. Schon im Altertum war es strittig, woher sie kamen. Wahrscheinlich hat Herodot, den schon Cicero den ›Vater der Geschichte‹ nannte, pater historiae, damit recht, daß sie aus dem Osten, aus Kleinasien, über See eingewandert seien. Dafür spricht, daß die Kultur der Etrusker in Italien manche fremdartige, orientalische Züge zeigt. Sie ist vor allem eine ausgeprägte, entwickelte Stadtkultur, die sich vom dörflichen Stammesleben der Italiker stark unterscheidet. Die etruskischen Inschriften kann man zwar lesen, weil sie in einem Alphabet geschrieben sind, das vom griechischen abgeleitet ist.

140

Aber man kann ihre nichtindogermanische Sprache trotzdem nicht verstehen, mit Ausnahme weniger Wörter und Namen. Archäologisch sind die Etrusker seit dem 8. Jahrhundert v. Chr. nachweisbar, vor allem durch die reichen Funde aus ihren Rundgräbern, den geräumigen Grabkammern mit Wandfresken und Skulpturen, wie dem Ehepaar auf einem Tonsarkophag aus Caere. Es scheint, daß die Etrusker um dieselbe Zeit eingewandert sind, als auch auf den Hügeln Roms die ersten Siedlungen bestanden. Die Etrusker breiteten sich nach Norden bis in die Alpentäler aus, bevor die Kelten kamen; im Süden reichte ihr geschlossenes Siedlungsgebiet bis an den Tiber, der die Grenze zu den Latinern bildete. Die etruskische Stadt Veji lag kaum 20 km von Rom entfernt.

So erklärt es sich, daß die Geschichte Roms mit den Etruskern beginnt, wie wir paradoxerweise sagen können. Es ist klar, daß die primitiven Bewohner der Hügel Roms bald unter den Einfluß der überlegenen etruskischen Kultur gerieten. Die Etrusker haben das ganze Gebiet um Rom zeitweilig sogar unter ihre Herrschaft gebracht. Von den sieben Königen, die nach der Überlieferung in Rom regiert haben sollen, bevor die Republik errichtet wurde, tragen Tarquinius Priscus und Tarquinius Superbus einen etruskischen Namen. Ihre Dynastie stammte wohl aus der etruskischen Stadt Tarquinii. Diese Herrscher regierten im 6. Jahrhundert v. Chr. Schon der sagenhafte Gründer Roms, Romulus, kam möglicherweise aus Etrurien, jedenfalls gab es eine etruskische Sippe namens Rumlna. So könnte es sein, daß der Stadtname Roms selbst etruskischen Ursprungs ist.

Als Gründungsdatum der Stadt Rom errechnete der römische Altertumsforscher Varro das Jahr 753, was sich freilich nicht nachprüfen läßt, jedoch als Zeitansatz um die Mitte des 8. Jahrhunderts recht gut zu den erwähnten Befunden paßt. Die Gründung Roms als politischer Akt würde demnach bedeuten, daß die Etrusker die zerstreuten Hügelsiedlungen zu einer Stadtgemeinde nach Art der etruskischen Städte zusammenschlossen. Damit war die weitere Entwicklung eingeleitet. Das Forum wurde durch einen Abzugskanal in etruskischer Technik, die cloaca maxima, entwässert und bewohnbar gemacht. An der Stelle, wo der Kanal in den Tiber mündet, ist der später renovierte Wölbungsbogen der cloaca noch gut erhalten. Am Tiber, wo der Übergang einer alten Handelsstraße war, baute man eine feste Brücke in der Nähe des Abzugskanals. Das Kapitol erhielt einen Jupitertempel, den wir uns ähnlich wie etwa den etruskischen Tempel von Cosa vorzustellen haben, mit starkem Giebel, Vorhalle und einer Freitreppe. Zugleich wurde das Kapitol als Burg ausgebaut, schließlich die ganze Stadt mit einer Mauer umgeben, die nach etruskischem Ritus geheiligt war. Rom war damit ein politischer Faktor geworden. Seine Stadtkönige überwachten den Verkehr am Tiber und gewannen Macht und Einfluß in der latinischen Ebene.

Soweit über das historische Rom der Königszeit. Es ist nicht sehr viel, was wir über diese frühe Zeit wirklich wissen, jedenfalls weit weniger, als was die Römer später an Sagen und Geschichten aus ihrer Frühzeit erzählten. Alle Völker haben solche mythischen Überlieferungen und Vorstellungen. Wir wollen sie nicht geringschätzen und nur Phantasieprodukte in ihnen sehen, wie es manche älteren Kritiker taten. Die Sagen und Mythen enthalten nicht nur frühe Erinnerungen und Erfahrungen, sondern in bildlicher Ausdrucksweise oft auch tiefsinnige Deutungen der Geschichte und des Daseins. Man darf dabei nur nicht alles wörtlich nehmen. Der Name Romulus scheint historisch zu sein, wie wir sahen. Aber die Sage, daß Romulus und sein Zwillingsbruder Remus, deren Vater der Kriegsgott Mars gewesen sei, nach ihrer Geburt ausgesetzt und von einer Wölfin gesäugt wurden, und daß Romulus später den Remus erschlagen habe – ein Brudermord am Anfang der Geschichte wie bei Kain und Abel –, alle diese Legenden gehören in das Gebiet des römischen Glaubens und der Religion, eines Glaubens, der über das Wesen menschlicher Größe und menschlicher Schuld ganz genau Bescheid wußte. Die Wölfin der Romuluslegende, das heilige Tier und Wahrzeichen Roms, ist in der archaisch strengen Bronzefigur dargestellt und erhalten, die wohl ein etruskischer Künstler geschaffen hat; die Knaben wurden in der Renaissance hinzugefügt.

Daß Rom im Zeichen der Wölfin einst über den Erdkreis herrschen würde, war dies von Anfang an bestimmt? War das Volk von Rom, aus Latinern und Etruskern gemischt, von vornherein seinen Nachbarn überlegen? War die Lage der Stadt Rom von Natur besonders begünstigt? Wir glauben es nicht. Es gab größere Städte in besserer Lage als Rom und es gab stärkere Volksstämme als die Latiner. Keine natürliche Grenze gab den Römern die nötige Sicherheit am Anfang ihrer Geschichte. Eher würde man erwarten, daß dieses kleine Volk von der ringsum feindlichen Umwelt erdrückt worden wäre und bedeutungslos geblieben wäre, als daß die Römer in der Folgezeit nach allen Richtungen ausgriffen, gegnerische Koalitionen sprengten und schließlich ganz Italien romanisierten.

Auf welcher inneren Entwicklung Roms diese Expansion beruhte, wie also die Gesellschaft und Verfassung der frühen römischen Republik aussah, das soll uns im nächsten Abschnitt beschäftigen.

142

II. Die frühe Republik

Das erste Ereignis der römischen Geschichte, das nicht mehr allein der Sage angehört, sondern der historischen Überlieferung, ist der Sturz des Königtums und die Begründung der Republik. Beides gehört zusammen: nachdem der letzte König, der Etrusker Tarquinius Superbus, aus Rom vertrieben war, gaben sich die Römer eine republikanische Verfassung. Dies soll um das Jahr 510 v. Chr. geschehen sein. Es begann die Epoche der frühen Republik. Wie war es dazu gekommen?

Die Römer erzählten auch darüber, wie über den Stadtgründer Romulus, eine dramatische Geschichte. Eine Frau steht in ihrem Mittelpunkt, Lucrezia. Der Sohn des Tarquinius habe sich an ihr vergriffen, darauf tötete sie sich aus Verzweiflung selbst. Das Volk war empört, erklärte den tyrannischen König für abgesetzt und so wurde unter Führung des Iunius Brutus die Republik ausgerufen. Diese Geschichte braucht nicht völlig erfunden zu sein – bei manchem Umsturz hat sich Ähnliches abgespielt –, aber sie bezeichnet doch nur den Anlaß einer Veränderung, die tiefere Ursachen hatte. Auch Iunius Brutus war sicher eine historische Persönlichkeit. Sein bronzener Porträtkopf in Rom, in etwas späterer Zeit von einem bedeutenden Künstler geschaffen, zeigt Energie, Sinn für Gerechtigkeit und unbeugsame Strenge. So haben wir uns den Typus des altrömischen Staatsmannes vorzustellen.

Der Beiname des letzten Königs, Superbus ›der Übermütige‹, zeigt, daß man Grund zur Erbitterung hatte. Ein doppelter Gegensatz kam zum Ausbruch: einmal der Widerstand des Volkes oder, richtiger gesagt, der selbstbewußten Adelsgeschlechter gegen den eigenmächtigen Herrscher, sodann aber auch der Gegensatz des Latinertums gegen das Etruskertum. Daß die Adelsfamilien, die Aristokraten, die Königsgewalt einschränkten oder beseitigten, um selber zu regieren, ist ein häufiger Vorgang in der Geschichte der damaligen Welt, bei den Griechen, bei den Etruskern und bei den Karthagern. Aristoteles, der griechische Philosoph und Verfassungstheoretiker, hat die Ablösung des Königtums durch die Aristokratie geradezu als typischen Vorgang in der Verfassungsgeschichte der Staaten bezeichnet. Da auch in Rom nach dem Sturz des Königs eine aristokratische Regierung gebildet wurde, liegt dies in derselben Linie. Es kam jedoch hinzu, daß jetzt das latinische Element die Führung übernahm. Die vornehmen latinischen Familien in Rom hatten wohl das Königtum der etruskischen Tarquinier trotz deren Verdienste um den Ausbau der Stadt und ihrer Macht als eine Art Fremdherrschaft empfunden. So bedeutet das Ende des Königtums zugleich die politische Befreiung von den Etruskern. Auch der etruskische König Porsenna von Clusium konnte durch seine Interventionen nichts mehr daran ändern. Die Unabhängigkeit Roms von der Etruskerherrschaft war eine wichtige Voraussetzung für den späteren Aufstieg Roms. Wäre sie nicht errungen worden, so wäre Rom vollends eine reine Etruskerstadt geworden und es hätte nie eine römische Geschichte gegeben.

Erst jetzt nach der Vertreibung der Tarquinier setzte sich daher auch die latinische Volkssprache in Rom durch. Der älteste lateinische Text, den wir aus Rom besitzen, steht auf einem Inschriftstein vom Forum aus der Zeit um 500. Der Stein dieser sogenannten Forumsinschrift befindet sich noch heute an seiner ursprünglichen Stelle über einem viel älteren, geheiligten Grab, vielleicht dem des Romulus. Den altertümlichen Text zu deuten, ist bisher noch nicht gelungen. Es scheint sich um eine Verordnung zum Schutze des Grabes zu handeln. Nur ein Wort der Inschrift steht außer Zweifel, nämlich rex, ›König‹. Es ist damit jedoch nicht der vertriebene Tarquinier gemeint, sondern – und dies ist jetzt lehrreich – ein republikanischer Kultbeamter, der den Titel ›König der Opfer‹ führte. Er hatte an dem Grab irgendwelche Opferhandlungen zu vollziehen.

Hier können wir über die frühe Republik und zugleich über die römische Religion etwas Wesentliches erkennen. Die Römer haben beim Sturz des Königtums und bei der Begründung der Republik den Königstitel selbst nicht abgeschafft. Sie haben ihm nur seine politische Bedeutung genommen, ihm aber seine religiöse Bedeutung gelassen. In der Religion waren die Römer überaus vorsichtig und konservativ. Weil früher der König die Opfer besorgt hatte, deshalb mußte auch in der Republik der Opferbeamte weiterhin den Titel ›König‹ führen, damit die Götter, wie der römische Geschichtsschreiber Livius sagt, nicht etwas vermissen könnten. Man mag dies abergläubisch nennen, die Furcht vor der Strafe der Götter, aber man beachte, welche Klugheit darin liegt, daß bei einer so tiefgreifenden politischen Umwälzung, bei der Errichtung der Republik, der Konflikt mit der Religion vermieden wurde. Politische Ämter zu führen, war den Opferkönigen verboten, aber das Recht der Götter blieb unangetastet.

So wurde auch der große Jupitertempel auf dem Kapitol, dessen Bau in der Königszeit begonnen worden war, trotz der politischen Veränderung vollendet und im Jahre 507 v. Chr. eingeweiht. Diese Jahreszahl der kapitolinischen Tempelweihe ist das erste gesicherte Datum der römischen Geschichte. Ein gewisser Marcus Horatius, der den Titel praetor maximus führte, ›oberster Prätor‹, war dabei maßgeblich beteiligt. Dieser Titel bezeichnet wahrscheinlich den höchsten Rang in der neuen Republik, der ›oberste Prätor‹ war also wohl der Inhaber der Regierungsgewalt als Nachfolger der Könige. Erst später kam dafür die Bezeichnung ›Konsul‹ auf. Der allmähliche Ausbau der republikanischen Verfassung ist zwar in mancher Hinsicht problematisch, doch sind die Grundzüge und Ergebnisse klar. Es wurde schon betont, daß die aristokratischen Familien jetzt die Macht im Staate übernahmen, nachdem das Königtum gestürzt war. Diese vornehmen Geschlechter nannten sich Patrizier. Ihr Wohlstand beruhte auf ausgedehntem Grundbesitz. Wie die hohen Adelsgeschlechter des Mittelalters und der neueren Zeit heirateten die Patrizier in der Regel nur unter sich. Sie bildeten also eine gesellschaftliche Oberschicht der frühen Republik, die Fabier, Claudier, Julier, Valerier und wie diese berühmten Geschlechter, die gentes, alle hießen. Ihre Vertreter kamen im Senat zusammen, im Ältestenrat, wo alle gemeinsamen, öffentlichen Angelegenheiten von Bedeutung beraten und entschieden wurden. Auch die Träger der vollziehenden Gewalt, die Beamten oder Magistrate, wie man sie nannte, wie jener Prätor Horatius, gehörten selbstverständlich zum Kreis der Patrizier. Die Amtsgewalt der Magistrate wurde auf ein Jahr befristet, weil man verhindern wollte, daß jemand auf Grund seiner amtlichen Vollmacht wieder eine Alleinherrschaft nach Art des Königtums errichte. Das Mißtrauen gegen die persönliche Machtstellung war und blieb ein Grundzug der römischen Republik bis an ihr Ende, das schließlich dadurch herbeigeführt wurde, daß die republikanischen Organe sich der großen Machthaber nicht mehr zu erwehren vermochten. Doch wir wollen nicht vorgreifen. Auch die Verteilung oder vielmehr Verdoppelung der höchsten Amtsgewalt auf zwei gleichberechtigte Kollegen, die Konsuln, wie sie seit dem 4. Jahrhundert v. Chr. hießen, ist wohl so zu erklären, daß die persönliche Macht dadurch weiter eingeschränkt und besser kontrollierbar werden sollte. Man wundert sich, daß die Römer mit diesem Prinzip der Annuität und Kollegialität, der jährlichen Befristung und der persönlichen Aufgliederung der höchsten Gewalt, in ihrer Geschichte so erfolgreich waren. Kein moderner Staat könnte eine nützliche Innenpolitik und eine erfolgreiche Außenpolitik treiben, wenn die

Spitzenstellungen der Regierung auf diese Weise befristet und aufgeteilt wären. Hier liegt eines der Geheimnisse der römischen Politik. Man versteht es vielleicht, wenn man bedenkt, daß die römischen Konsuln nicht wie die Regierungschefs der modernen pluralistischen Staaten ganz verschiedene Interessen, Parteien, Zielsetzungen zu vertreten oder zu berücksichtigen hatten, sondern daß sie alle dieselben Interessen und Ziele einer einheitlichen Schicht oder Gesellschaft vertraten, in der frühen Republik eben die der Patrizier. Deshalb tat es dieser Politik keinen Abbruch, wenn die Konsuln jährlich wechselten und wenn sie ihre Aufgaben teilten. Die patrizischen Geschlechter rivalisierten zwar miteinander und alle waren darauf aus, möglichst viele Konsuln zu stellen, aber für das Gesamtinteresse des Patriziats und der Republik machte es keinen Unterschied, ob ein Fabier oder ein Cornelier Konsul war. Was das gemeinsame Interesse erforderte, bestimmte der Senat. Es ist leicht einzusehen, daß eine solche Politik, bei der immer dieselben Männer und dieselben Geschlechter durch Generationen hindurch unentwegt die gleichen Ziele verfolgten, nämlich Erhaltung ihrer Macht im Innern und Sicherung oder Stärkung der Republik nach außen, bedeutende Erfolge haben mußte. Die Beharrlichkeit führte zum Erfolg.

Dem entsprach die Amtsgewalt der Konsuln, das imperium. Dieses Wort, das eine lange Nachwirkung hatte bis zu dem machtvollen, aber düsteren Begriff des Imperialismus, bezeichnete die höchste Befehlsgewalt im Krieg und Frieden, das Recht über Leben und Tod. Jeder der beiden Konsuln besaß das volle imperium. Zum Zeichen dieser Gewalt wurde ihnen von den Liktoren, ihren Amtsdienern, ein Rutenbündel mit Beil vorangetragen. Auf einem Relief der augusteischen Zeit sind solche Liktoren und ihre Rutenbündel mit Beil, die fasces, dargestellt.

Den Griechen und anderen Völkern erschien dieses römische Machtsymbol furchtbar und unheimlich. Auch wir Heutigen betrachten es mit gemischten Gefühlen. Seine eigentliche Bedeutung war die militärische Kommandogewalt, denn der Konsul befehligte ja im Kriege das römische Heer. Als siegreicher Heerführer hieß er imperator. Daß im Krieg und Militärdienst ein strenges Kommando und harte Disziplin nötig sind – auch das ist ein römisches Wort –, hat noch niemand bezweifelt, aber die römische Imperiumsgewalt der Konsuln galt ebenso im zivilen Bereich, nicht nur im Felde, sondern auch zuhause, nicht nur im Krieg, sondern auch im Frieden. Darin liegt ihre Eigenart. Man kann sie historisch nicht sicher erklären. Theodor Mommsen, der große Erforscher der römischen Geschichte, lehrte in seinem Hauptwerk, dem ›Römischen

Staatsrecht‹, die Römer hätten einfach die unbeschränkte Befehlsgewalt der früheren Könige übernommen und auf die republikanischen Konsuln übertragen. Das mag richtig sein, denn die Konsuln hatten ebenso wie einst die Könige auch die höchste richterliche Gewalt und andere Rechte. Es scheint, daß die Römer, als sie die Republik einführten, dennoch an der Überzeugung festhielten, daß eine starke Zentralgewalt im Staate notwendig sei, ein Problem, das auch für jeden modernen Staat besteht. Um den Mißbrauch der zentralen Gewalt zu verhindern, war die Amtszeit der römischen Konsuln, wie wir sahen, auf ein Jahr beschränkt. Danach konnten die Konsuln auch zur Verantwortung gezogen werden, während ihrer Amtszeit sollten sie jedoch freie Hand haben. Zur Erklärung der starken Konsulgewalt hat man aber auch auf eine Eigenart der altrömischen Familie hinzuweisen, auf die sogenannte väterliche Gewalt über Leben und Tod aller Familienangehörigen. Der altrömische Familienvater und Sippenälteste besaß tatsächlich das Recht, über seine Angehörigen zu richten, einen Sohn zu verstoßen, ja sogar zu töten. Diese uralte, grausame Sitte, die später gemildert und schließlich aufgehoben wurde, läßt es verständlich erscheinen, daß auch der römische Konsul das Hinrichtungsbeil führte. Ob Hinrichtungen im Strafvollzug überhaupt zulässig sein sollen oder nicht, diese Frage beginnt erst in unserem Jahrhundert allgemein diskutiert zu werden.

Patrizier, Senat, Konsuln, Imperium, damit haben wir die Hauptbegriffe im Staatsleben der frühen römischen Republik umschrieben. Es versteht sich, daß die Ämter oder Magistrate im Laufe der Zeit weiter ausgebaut wurden, als die öffentlichen Aufgaben zunahmen. So wurden 2 Zensoren zur Steuerveranlagung und zugleich zur Kontrolle der Staatsbürger eingeführt – das leidige Wort Zensur erinnert noch daran –, 2 Quästoren zur Finanzverwaltung, 2 Ädilen als Amt für Polizei- und Verkehrswesen, schließlich ein besonderer Prätor für die Rechtsprechung. Ihnen übergeordnet blieben die Konsuln. Alle diese Magistrate wurden jährlich in den Komitien, der Volksversammlung, gewählt. Zur Behebung schwerer Notlagen, besonders im Krieg, konnte durch die Konsuln ein Diktator ernannt werden, der alle Macht unumschränkt in sich vereinigte, aber spätestens nach 6 Monaten zurückzutreten hatte. Kein altrömischer Diktator hat dieses republikanische Gebot verletzt. Wenn die Republik und die Diktatur – so wie wir noch heute diese Begriffe verstehen – einen unvereinbaren Gegensatz bilden – und daran gibt es keinen Zweifel –, so brachten es die Römer als einziges Volk der Geschichte fertig, diesen Gegensatz zu vereinen, wenn es die Lage erforderte.

147

Aber noch fehlt uns ein wesentlicher Zug, der die Entwicklung der frühen römischen Republik bestimmte und zuletzt darüber hinausführte. Es ist der sogenannte Ständekampf. Die Patrizier waren ja nur ein Teil der Bevölkerung, die Oberschicht. Die breite Menge des Volkes, die Bauern, Handwerker und alle Unselbständigen, die Plebejer, wie man sie nannte, gehörten nicht dazu. Eine Tonstatuette der Zeit zeigt einen solchen Bauern mit seinem Gespann beim Pflügen. Die Vertreter dieser Plebejer saßen nicht im Senat und erlangten nicht das Konsulat. Der patrizische Staat war wie jede andere Aristokratie eine reine Standesherrschaft. Das bedeutet nicht, daß die Patrizier nur ihre eigenen Standesinteressen verfolgt hätten. Sie brauchten die Plebejer, ihre landwirtschaftlichen und gewerblichen Erzeugnisse, ihre Arbeit, vor allem ihren Dienst im Heer. Sie fühlten sich also für das Volk mitverantwortlich, und umgekehrt, das Volk war auf dieses Verantwortungsgefühl und Sorgerecht der herrschenden Patrizier angewiesen. Das Verhältnis war großenteils so geregelt, daß die Patrizier die Patrone der Plebejer waren und die Plebejer die Klienten der Patrizier. Daneben gab es auch Plebejer, die in keinem Klientelverhältnis standen. Jeder Patron hatte eine größere Anzahl von Klienten. Der Patron hatte seine Klienten in wirtschaftlicher Not zu unterstützen und ihnen Rechtsbeistand zu leisten. Noch heute sprechen wir von den Klienten eines Rechtsanwalts. Die Klienten konnten sich vertrauensvoll an ihren Patron wenden, und man kann annehmen, daß dieser – in seinem eigenen Interesse – meist auf ihre Wünsche und Nöte einging.

Doch ein eigenes Recht, vor allem einen Anspruch auf politische Mitbestimmung besaßen die Plebejer nicht. Wenn ein verschuldeter Bauer keine Hilfe fand, geriet er in Leibeigenschaft, und wenn jemand vom Konsul abgeurteilt wurde, gab es keinen Einspruch. Reichgewordene Plebejer, die gern in eine patrizische Familie eingeheiratet hätten, konnten dies nicht tun, denn die Standesschranken waren exklusiv. Das System des Patronats und der Klientel reichte also nicht aus, das Verhältnis zwischen den Patriziern und Plebejern auf die Dauer so zu regeln, daß die Plebejer voll befriedigt sein konnten. Es blieb ihnen nur der Weg der Selbsthilfe übrig, nämlich ihre soziale Frage – hier tritt zum ersten Mal die soziale Frage in der römischen Geschichte auf – im innerpolitischen Kampf zu lösen. So kam es zu dem langwierigen Ständekampf zwischen Patriziern und Plebejern, der erst im 3. Jahrhundert v. Chr. seinen Abschluß fand. Er endete damit, daß die Plebejer die völlige gesellschaftliche und politische Gleichberechtigung erlangten.

Die Voraussetzung für die erfolgreiche Führung eines solchen Kampfes war es, daß sich die Plebejer zum gemeinsamen Handeln überhaupt versammeln und organisieren konnten. In der Versammlung der Komitien, wo die Magistrate gewählt und die Gesetze beschlossen wurden, hatten die Plebejer keinen Einfluß. Diese Versammlung war nach militärischen Hundertschaften, sogenannten Zenturien, gegliedert – daher die Bezeichnung Zenturiatkomitien – und galt daher zugleich als Heeresversammlung. Was hier beredet und entschieden wurde, bestimmten in älterer Zeit allein die Patrizier. Deshalb begannen die Plebejer bald, ihre eigenen Versammlungen abzuhalten, die Plebskonzilien, die unter der Leitung ihrer Anführer, der Tribunen, standen. Als politische Instanz wurden diese Versammlungen und Volkstribunen der Plebejer von den Patriziern natürlich nicht anerkannt; sie wurden nur zur Behandlung interner Angelegenheiten der Plebejer geduldet.

Dieses gespannte Verhältnis führte im Jahre 494 zum Bruch. Das römische Heer hatte gerade wieder einen Feldzug siegreich beendet, auch die einberufenen Plebejer hatten mitgekämpft. Eine Statuettengruppe zeigt solche römische Krieger, bärtige Männer, mit Helm, Lanze und Lederpanzer, wie sie einen Gefallenen zurückbringen. Man hatte den Plebejern versprochen, nach ihrer Rückkehr vom Kriege würde das harte Schuldrecht, unter dem sie litten, gemildert. Als sich der Senat nun weigerte, dieses Versprechen einzuhalten, und als statt dessen die Schuldner, kaum waren sie aus dem Militärdienst entlassen, gepfändet und ins Gefängnis geworfen wurden, da kam es zur Empörung und zu der berühmten Auswanderung oder Sezession der Plebejer auf den später so genannten ›Heiligen Berg‹ nördlich von Rom. Dort verschanzten sie sich, um eine eigene Stadt zu gründen und sie notfalls mit den Waffen gegen die Patrizier zu verteidigen. Das römische Volk drohte in zwei Staaten zu zerfallen. Es war eine kritische Situation, und es ist bezeichnend, wie man damit fertig wurde. Durch den mangelnden Reformwillen der Patrizier und des Senats war es zu der Krise gekommen, die durch rechtzeitige Sozialmaßnahmen hätte verhindert werden können. Bevor es jetzt aber zum Äußersten kam, nämlich zur Spaltung des römischen Volkes in zwei Staaten, lenkten beide Seiten ein und schlossen einen Kompromiß. Die Patrizier erklärten sich bereit, die Schuldgesetze zu revidieren und, was noch wichtiger war, das Versammlungsrecht der Plebejer und die Stellung der Volkstribunen förmlich anzuerkennen. Die Tribunen erhielten das Recht, künftig gegen jeden Gewaltakt der Patrizier, sogar gegen den Machtspruch eines Konsuls einzuschreiten, ihr ›Veto‹ einzulegen, wenn es im Interesse der Plebejer geboten schien. Der Tribun selbst wurde für sakrosankt erklärt, ›unantastbar‹; er durfte an der Ausübung seines Rechtes nicht behindert werden. Auf Grund dieser Vereinbarungen kehrten die Plebejer in den römischen Staatsverband zurück. Die Einheit war wiederhergestellt.

Das Volkstribunat war damit zu einem außerordentlichen Machtfaktor im römischen Staat geworden. Die Tribunen hatten es in der Hand, durch ihr Vetorecht gegen die Konsuln praktisch die ganze Politik lahmzulegen. Daß sie es nicht taten, so wenig wie sich die beiden Konsulkollegen selbst gegenseitig lahmlegten, ist bemerkenswert. Es ist ein Zeichen dafür, daß die Plebejer und ihre Standesvertreter, die Tribunen, jetzt mehr und mehr in den römischen Staat hineinwuchsen, die großen Ziele der römischen Politik sich zu eigen machten, kurz, daß die Patrizier und die Plebejer jetzt auf dem Wege waren, zu einer wirklichen politischen Einheit zu werden.

Nur die wichtigsten Daten dieser Entwicklung des Ständekampfes seien noch genannt. Im Jahre 450 wurden die sogenannten Zwölftafelgesetze aufgezeichnet, das heißt, alles geltende Recht schriftlich fixiert und öffentlich bekanntgemacht, wodurch die Willkür früherer Rechtsauslegung beseitigt wurde. 445 wurde den Plebejern das conubium, das Eheschließungsrecht mit den Patriziern zugestanden. 366 wurden die Plebejer zum Konsulat, also zum höchsten Amt zugelassen. 326 wurde die Schuldknechtschaft, das heißt die Leibeigenschaft infolge Zwangsvollstreckung, abgeschafft (dazu einige Vergleichszahlen aus der neueren Geschichte: in Preußen wurde die Leibeigenschaft 1809 abgeschafft, in Bayern 1818, in Rußland erst 1861), endlich wurde 287 festgelegt, daß die Beschlüsse der Plebejerversammlung, die Plebiszite, Gesetzeskraft haben sollten, also den Gesetzen, den Beschlüssen der Komitien, gleichgestellt sein sollten und damit auch für die Patrizier verbindlich seien. Damit war der Abschluß des Ständekampfes erreicht, die Gleichberechtigung der Patrizier und der Plebejer hergestellt.

Dieses Ergebnis der langen sozialen Auseinandersetzung war für die römische Geschichte von größter Bedeutung. Es ist immer eine Schicksalsfrage eines Volkes und eines Staates, ob es gelingt, die verschiedenen sozialen Schichten und Interessen wahrhaft auszugleichen, soweit dies möglich ist, oder ob diese Aufgabe versäumt wird. In Rom ist der Ausgleich in der Zeit der frühen Republik gelungen. Erst dadurch wurde aus der Standesherrschaft der Patrizier eine wirkliche Republik, eine res publica. Dieser römische Begriff res publica, wörtlich ›Sache des Volkes‹, ist abge-

150

leitet von populus ›Volk‹. Die Republik bezeichnet also den Staat des gesamten Volkes, denn populus – so erklärten die römischen Juristen – bedeutet das Gesamtvolk, Patrizier und Plebejer. Der populus Romanus, das römische Volk, ist als politische Einheit demnach eine geschichtlich gewordene Größe, hervorgegangen aus dem Ständekampf nach Überwindung des Patrizierstaates. Es bedarf keiner Worte, um zu verstehen, daß das Römertum in dieser neuen Gestalt, als Einheit seiner Stände, im Innern eine unerschütterliche Stabilität und nach außen erst recht eine furchtbare Schlagkraft gewann. Die einstige Führungsschicht der patrizischen Geschlechter war nicht abgelöst, sondern verstärkt und erweitert durch die fähigsten plebejischen Familien, die jetzt auch Konsuln und Senatoren stellten. Die neue Führungsschicht auf dieser breiten Basis war kein Geburtsadel mehr, sondern ein Amtsadel aus allen Schichten, die sogenannte Nobilität. Sie war vereinigt in dem erweiterten Senat von 300 Mitgliedern, von dem ein fremder Gesandter einmal sagte, er gleiche einer Versammlung von lauter Königen. Senatus populusque Romanus, Senat und Volk von Rom, das war die Hoheitsformel der Republik. Wie sich entsprechend dieser inneren Entwicklung Roms seine äußere Geschichte entfaltete, ist im nächsten Abschnitt zu betrachten.

III. Die Einigung Italiens

Wir haben die innere Entwicklung der frühen römischen Republik verfolgt, vom Sturz des Königtums über den Adelsstaat der Patrizier und den Ständekampf bis zur Gleichberechtigung der Plebejer, die dem römischen Volk erst seine Einheit und Stärke gab. Nun haben wir die äußere Geschichte und die Außenpolitik Roms während dieser Zeit ins Auge zu fassen. Sie führte am Ende der Epoche zu dem erstaunlichen Ergebnis, daß ganz Italien schließlich von Rom beherrscht und geeinigt war.

Wenn man die Lage Roms um das Jahr 500 zum Ausgangspunkt nimmt, so erscheint diese Entwicklung keineswegs vorgezeichnet. Im Gegenteil, die junge Republik hatte zunächst um ihre Existenz zu ringen. Der Sturz des Königtums bedeutete außenpolitisch einen Rückschlag. Unter den Königen hatte Rom die Führung der Latinerstädte im Süden gewonnen, deren Hauptort einst Alba Longa gewesen war. Zu den Etruskerstädten im Norden jenseits des Tiber, wie Veji und Caere, bestand in der Königszeit ein gutes Verhältnis, weil die Dynastie der Tarquinier in Rom selbst etruskisch gewesen war. All dies änderte sich jetzt durch die Vertreibung des Königs und die darauf folgende innere Krise in Rom. Die Latiner erhoben sich und erklärten ihre Unabhängigkeit. Gegen die angreifenden Etrusker konnte die Tibergrenze nur mit Mühe gehalten werden.

Volle hundert Jahre lang blieb Roms Machtbereich auf die nächste Umgebung, vom Tiber zur latinischen Ebene, beschränkt. Das ganze 5. Jahrhundert war ausgefüllt von Abwehrkämpfen gegen die benachbarten Etrusker, Latiner, Sabiner, Äquer und Volsker. Die Überlieferung berichtet dabei von schweren Notlagen. Im Kampf gegen Veji wurden die Fabier, eines der führenden Patriziergeschlechter, mit ihren Klienten fast völlig aufgerieben. Ein anderes Mal war das römische Heer von den Äquern eingeschlossen, worauf der bewährte Cincinnatus vom Pflug weg zum Diktator ernannt wurde. Er schlug die Feinde, befreite das Heer und zögerte keinen Tag, die Diktatur niederzulegen, um zu seiner Arbeit zurückzukehren.

Solche Erzählungen von Not und Bewährung, Aufopferung und Verfassungstreue spielen in der römischen Geschichtsschreibung eine große

Rolle. Wieviel davon historisch ist und was übertrieben oder ausgeschmückt, läßt sich nicht immer feststellen. Wichtiger daran ist etwas anderes. An diesen Geschichten über die altrömische Heldenzeit, wenn man sie einmal so nennen will, an den Gestalten des Cincinnatus, Coriolan und anderen sehen wir, wie die Römer über sich selbst gedacht haben, welche Eigenschaften sie selber als römisch empfanden. Immer wieder begegnen diese Begriffe, in denen sich der Geist des Römertums gleichsam spiegelt und selbst charakterisiert: virtus ›die Männlichkeit, Tapferkeit, Tatkraft‹, constantia ›die Standhaftigkeit, das Beharrungsvermögen, die Härte im Nehmen‹, fides ›die Treue, Zuverlässigkeit‹ usw. Man darf den moralischen Faktor in der römischen Geschichte, überhaupt in der Geschichte, nicht geringschätzen. Leistungen beruhen auf Qualitäten. Moral und Qualität, auch das sind römische Begriffe. Wenn die Patriziergeschlechter in der Politik rivalisierten und die Plebejer in diese Tradition hineinwuchsen, wie wir schon sahen, so war dies nicht nur eine Sache des Ehrgeizes und der gesellschaftlichen Geltung, sondern ein Wettbewerb der Fähigsten um die Führung der Politik. Nur so konnte die römische Republik die schwierige Anfangszeit ihrer Geschichte, als Rom von so viel stärkeren Feinden umgeben war, ohne fremde Hilfe durchstehen.

Werfen wir dazu einen Blick auf die weltpolitische Situation im 5. Jahrhundert! Es gab damals drei Großmächte im Mittelmeerraum: das Perserreich im Osten, das Seereich der Athener in der Ägäis und das karthagische Reich im Westen. Alle drei Mächte waren so groß und so reich, daß das damalige Rom mit seiner winzigen Basis daneben nur als lokale Größe ohne Bedeutung erscheint. Und doch besaß dieses frühe Rom eine innere Stärke, Härte und Geschlossenheit wie keine der drei Großmächte. Diese Qualitäten kamen sichtbar zur Wirkung im 4. Jahrhundert, als die römische Expansion begann.

Der erste äußere Erfolg von nachhaltiger Wirkung war die Eroberung von Veji durch den Diktator Camillus um 400. Die Stadt wurde zerstört und nie wieder aufgebaut; noch heute liegen die Reste verlassen da. Die Römer haben in ihrer späteren Geschichte auch andere eroberte Städte zerstört – Karthago, Korinth –, aber sie haben sie stets am alten Platz selbst wieder aufgebaut und neu gegründet, nur das etruskische Veji nicht, das den Aufstieg Roms so lange verhindert hatte. Aus der Beute wurde eine goldene Vase nach Delphi geweiht, in das berühmte Apollonheiligtum Griechenlands, wo Abgesandte aus aller Welt verkehrten. Dort hörte man jetzt zum ersten Male, gleichsam vor der Weltöffentlichkeit, den Namen Rom.

Nach dem Sieg über Veji schloß sich das südliche Etrurien den Römern an. Ein großer politischer Erfolg war erreicht. Doch da erschienen neue, unerwartete Gegner, die alles zunichte machten. Es waren die Kelten oder Gallier, die um dieselbe Zeit in Oberitalien eingefallen waren und auf ihren Raubzügen plötzlich unmittelbar vor Rom standen, 387. An der Allia, einem Nebenfluß des Tiber, wurde das römische Heer vernichtet; die Kelten besetzten Rom. Es war ein ›schwarzer Tag‹ der römischen Geschichte, ein dies ater, wie man ihn nannte. Stets blieb die Erinnerung daran lebendig. Jedes Erscheinen keltischer oder germanischer Völker an der Nordgrenze des Römerreiches galt daher später als größte Gefahr. Aber die Burg auf dem Kapitol hatte sich gehalten und die Kelten zogen aus der geplünderten Stadt schließlich wieder ab. Die Geschichte Roms begann von neuem. Eine Stadtmauer aus Quadern wurde gebaut – sie ist an einigen Stellen, wie am Aventin, noch gut erhalten –, stärker und umfassender als die frühere Stadtbefestigung. Der Verlauf der Quader-mauer zeigt, daß Rom nach der Gallierkatastrophe nicht kleiner, son-dern größer aufgebaut wurde und jetzt sieben Hügel umfaßte – die Sie-benhügelstadt – : Aventin, Palatin, Caelius, Kapitol, Esquilin, Viminal, Quirinal. Die Kelten, die auf ihren Zügen noch mehrmals nach Latium kamen, wagten nicht mehr, Rom anzugreifen.

Der Bau der neuen Stadtmauer war nur eine der Maßnahmen, die der Wiederherstellung und Verstärkung der römischen Macht dienten. Niederlagen und Rückschläge hatten in altrömischer Zeit immer zur Fol-ge, daß die Anstrengungen vermehrt und die Widerstandskraft gestei-gert wurde. Auch die schon erwähnte Zulassung der Plebejer zum Kon-sulat im Jahre 366 gehört in die Reihe solcher Maßnahmen zur inneren Konsolidierung.

Vor allem aber wurde das Heer neu organisiert und verstärkt. Die Aus-hebung der Hundertschaften oder Zenturien erfolgte nach Klassen, das heißt Vermögensklassen, da die Einberufenen, die entweder als Reiter oder beim schwerbewaffneten Fußvolk oder als Leichtbewaffnete dien-ten, ihre Ausrüstung je nach Vermögen selbst zu beschaffen hatten. Hier liegt übrigens der Ursprung des Begriffs der sozialen Klassen im Sinne des Besitzunterschieds. Auch das Wort Proletarier gehört hierher; man verstand darunter die Besitzlosen, die vom Waffendienst befreit waren. Der Grundsatz, daß die besitzenden Klassen die Hauptlast des Kampfes zu tragen hatten, war gewiß richtig, denn sie vor allem hatten etwas zu verteidigen. Ob sie Patrizier oder Plebejer waren, galt jetzt nicht mehr als maßgebend. Vier Legionen wurden auf diese Weise aufgestellt, jede etwa

154

4000 Mann stark und in 30 Manipel gegliedert. Es war das größte und am besten durchgebildete Heer, das es damals in Italien gab. Die Erfolge, die Rom mit diesem militärischen Machtinstrument errang, nämlich die Unterwerfung ganz Italiens im Laufe von nur zwei Generationen, setzten freilich auch ein entsprechendes politisches Handeln voraus. Wir wollen die Ereignisse in Kürze zusammenfassen und dabei den politischen Gesichtspunkt besonders beachten.

Zuerst handelt es sich um die Latiner, die südlichen Nachbarn und Stammesverwandten der Römer. Die Latiner hatten in ihren Grenzkriegen gegen die Bergvölker der Äquer und Volsker oft römische Hilfe benötigt, jedoch den Anspruch Roms auf den Oberbefehl bei solchen gemeinsamen Unternehmungen – auf die Hegemonie, wie der griechische Fachausdruck dafür lautet – zurückgewiesen. Sie brauchten römische Unterstützung, wollten aber trotzdem von Rom völlig unabhängig sein. Aus irgendeinem Anlaß kam es darüber zum Krieg, der im Jahre 338 mit dem Sieg der Römer über die Latiner endete.

Bemerkenswert und lehrreich für die römische Geschichte ist dabei zweierlei: erstens die politische Vorbereitung des Krieges durch die Römer und zweitens die Behandlung der besiegten Latiner nach dem Krieg. Um 350, also wenige Jahre vor dem Latinerkrieg, schloß Rom nacheinander Bündnisse, Freundschaftsverträge und Nichtangriffspakte mit den Städten Caere, Tarquinii und Falerii in Etrurien, also im Norden, dann mit den Samniten ganz im Süden, und mit den Karthagern, deren Flotte die See im Westen beherrschte. Rom war somit im Rücken gedeckt, die feindlichen Latiner aber waren umfaßt und politisch isoliert. Als der Krieg ausbrach, fanden sie nirgends wirksame Hilfe. Der Latinerkrieg ist ein klassisches Beispiel dafür, wie die Römer, sobald mit der Möglichkeit eines Krieges gerechnet werden mußte, ihre Gegner isolierten.

Ebenso charakteristisch ist die Behandlung der Latiner nach dem Krieg. Ihr Städtebund wurde aufgelöst, denn sie sollten untereinander keine politische Verbindung mehr haben. Dafür wurde jede einzelne Stadt vertraglich an Rom gebunden. Diese Verträge waren verschieden abgestuft, je nachdem, ob sich eine Stadt mehr oder weniger feindlich gegen Rom verhalten hatte. Einige Städte behielten ihre Unabhängigkeit oder wenigstens ihre Selbstverwaltung, auch wenn sie einen Teil ihres Gebiets abtreten mußten. Sie galten jetzt als Verbündete Roms, als Föderierte. Andere Städte wurden direkt in den römischen Staatsverband aufgenommen, das heißt, ihre Bewohner erhielten das römische Bürgerrecht, freilich nicht das ganze, sondern sozusagen nur das halbe Bürgerrecht. Sie erhielten zwar nicht das politische Wahlrecht, aber die sonstigen bürgerlichen Rechte, vor allem das Eheschließungsrecht mit den Römern, das conubium, und die zivilrechtliche Gleichstellung im Geschäftsleben, das commercium. Solche Gemeinden mit beschränktem römischern Bürgerrecht, Munizipien genannt, von denen es wieder verschiedene Untergruppen gab, stellten sich in vieler Hinsicht besser als diejenigen, die nominell selbständig blieben und dabei nicht die Vorteile des römischen Bürgerrechts hatten. So erklärt es sich, daß später manche Gegner Roms lieber freiwillig einen entsprechenden Vertrag schlossen, durch den sie in das römische Rechtsverhältnis aufgenommen wurden, als einen Krieg mit Rom zu riskieren.

Eine besondere Regelung wurde mit der Küstenstadt Antium getroffen, weil hier die Römer zum ersten Male die Möglichkeit erhielten, Seeverkehr zu treiben; Ostia an der Tibermündung hatte damals noch keinen Hafen. Antium erhielt römische Ansiedler, sogenannte Kolonisten, und wurde damit eine römische Kolonie, das heißt ein voll integrierter Bestandteil des römischen Staates, gleichsam ein Ableger der Stadt Rom. Auch die bisherigen Einwohner von Antium konnten das volle römische Bürgerrecht erwerben. Eine solche Kolonie hatte also den besten erreichbaren Rechtsstand und war daher ein besonders zuverlässiger Stützpunkt im römischen Herrschaftsbereich. Die Kolonialmächte der neueren Geschichte haben von den Römern zwar den Begriff der Kolonie übernommen, um damit ihre überseeischen Herrschaftsgebiete zu bezeichnen, aber sie haben gerade das wesentliche Merkmal der römischen Kolonie nicht übernommen, nämlich die rechtliche Gleichstellung mit dem Mutterland, die Gleichberechtigung. Die Folge mußte sein, daß die Kolonialgebiete unserer Zeit ihre Selbständigkeit erstrebten und erreichten, während die römischen Kolonien immer die sichersten Machtstützen Roms blieben. Diesem militärischen und politischen Ziel diente die römische Kolonisierung Mittelitaliens durch ein dichtes Netz solcher Städte.

So verschieden die Behandlung und Rechtsstellung aller dieser Gebiete und Gemeinden war, der Föderierten, der Munizipien und der Kolonien, in einem Punkt waren sie doch alle gleich: ihre Wehrkraft unterstand einheitlich dem römischen Oberbefehl, der Hegemonie Roms. In allen Verträgen stellte Rom die Bedingung, daß die waffenfähigen Mannschaften entweder in die römischen Legionen eingegliedert oder als Bundesgenossen angeschlossen wurden. Das Potential der ehemaligen Gegner diente also dazu, die römische Militärkraft zu verstärken. Zugleich

156

aber verpflichtete sich Rom, den Schutz seiner Partner gegen fremde Mächte zu gewährleisten.

Im ganzen können wir somit drei Grundsätze feststellen, nach denen die besiegten Latiner behandelt wurden und nach denen auch später immer wieder verfahren wurde: erstens, negativ, die Zerteilung der Unterlegenen durch Auflösung ihrer früheren Gemeinschaft und durch Verschiedenartigkeit ihrer Stellung nach dem Prinzip divide et impera – ›teile und herrsche‹ –, damit kein einheitlicher Widerstand mehr möglich sei, zweitens die positive Bindung an Rom durch Verleihung von Rechten und sogar des römischen Staatsbürgerrechts, um die Unterlegenen wirklich zu gewinnen, und drittens der militärische Zusammenschluß, wodurch eine verstärkte gemeinsame Abwehrkraft unter römischer Führung gegen künftige Gegner erreicht wurde.

Die nächste, entscheidende Phase der Unterwerfung und Einigung Italiens durch Rom nach dem Latinerkrieg waren die langwierigen Auseinandersetzungen und Kämpfe mit den Samniten, den Gebirgsstämmen im mittleren Apennin. Es ist nicht so, daß die Römer nach dem Sieg über die Latiner nun planmäßig die Samniten angegriffen hätten, in der Absicht, schließlich ganz Italien zu beherrschen. So könnte es nachträglich scheinen, aber diese Absicht lag der römischen Politik damals noch fern. Es ging vielmehr um Kampanien, die reiche Landschaft um den Golf von Neapel. Sowohl die Samniten wie die Römer suchten dort Einfluß zu gewinnen und darüber kam es zum Konflikt. Die Samniten sahen in dem römischen Machtzuwachs eine Bedrohung und besetzten daher einen Teil Kampaniens. Dafür bot Rom den kampanischen Städten Capua und Neapel günstige Bündnis- und Schutzverträge nach bewährtem Muster an, worauf die Städte gerne eingingen. Zugleich wurde das römische Bündnissystem auf die Lukaner und Apulier in Süditalien ausgedehnt, so daß die Samniten ebenso wie früher die Latiner im Rücken umfaßt waren.

Militärisch waren die Römer mit allen ihren Bundesgenossen den Samniten annähernd gewachsen, an Ausdauer und Beweglichkeit wohl überlegen. Die Kämpfe, die bald nach dem Latinerkrieg begannen und mit Unterbrechungen mehrere Jahrzehnte dauerten, blieben lange unentschieden. Die römische Niederlage bei Caudium an der Grenze von Kampanien und Samnium, wo das ganze Heer in einem Engpaß eingeschlossen und zur Kapitulation unter das Joch gezwungen wurde, führte nur zu einem Waffenstillstand. Neue Rüstungen, Bundesverträge und Anlage von Kolonien brachten den Römern wieder Erfolge. Auch die Samniten fanden nun Unterstützung. Sie bildeten nach römischer Art eine gefährliche umfassende Koalition mit den Etruskern, Umbrern und Kelten in Norditalien. Es war wie eine gesamtitalische Widerstandsbewegung gegen die kommende Vorherrschaft Roms. Aber gerade diese kritische Lage bewirkte die äußersten Anstrengungen in Rom. Alle Reserven wurden zusammengezogen. Es gelang, die feindliche Hauptmacht zu zerteilen und sie bei Sentinum in Umbrien zu schlagen. In diese Zeit gehört der Sarkophag des Cornelius Scipio Barbatus, eines Ahnherrn der berühmten Scipionenfamilie, dessen Verdienste im Samnitenkrieg in der Inschrift gewürdigt werden. Im Jahre 290 v. Chr. wurde Friede geschlossen. Die Samniten behielten ihr Gebiet und ihre Selbstverwaltung, traten aber dem römischen Bündnissystem bei und leisteten also den Römern jetzt Heeresfolge. Als starker Stützpunkt mit 20 000 römischen Bürgern wurde die Kolonie Venusia südlich von Samnium gegründet, später der Geburtsort des Dichters Horaz.

Eine wichtige Maßnahme aus der Zeit der Samnitenkriege, die noch besonders zu erwähnen ist, war der Bau der ersten römischen Fernstraße, der bekannten via Appia, genannt nach ihrem Erbauer, dem Censor Appius Claudius von 312. Diese Straße, die von Rom nach Süden durch die pontinischen Sümpfe bis nach Tarracina an der Küste und weiter nach Capua führte, diente zunächst vor allem dem militärischen Zweck, rasche Truppenbewegungen zu ermöglichen und als Nachschublinie die Verbindung mit Kampanien zu sichern. Auf guten Luftbildern der via Appia bei Tarracina sind auch die Nebenstraßen und die alte römische Flureinteilung deutlich zu erkennen. Später wurde die Appische Straße über Benevent, Venusia und Tarent bis nach Brundisium, dem heutigen Brindisi, verlängert, wo der Kaiser Trajan an ihrem Endpunkt eine Säule errichten ließ, die noch jetzt dort steht.

Der strategische und verkehrspolitische Nutzen der via Appia war so groß, daß ganz Italien im Laufe der Zeit mit einem dichten Netz von Römerstraßen überzogen wurde. Die wichtigste Straße in nördlicher Richtung war die via Flaminia nach Ariminum, heute Rimini, und ihre Fortsetzung, die via Aemilia, über Bologna in die Po-Ebene. In Rom liefen alle diese Verbindungslinien zusammen, daher das Sprichwort: alle Wege führen nach Rom. Der feste Plattenbelag und Unterbau der Straßen, auch ihre Trassenführung, der noch die modernen Straßen und Bahnlinien in Italien weithin folgen, etwa beim Durchbruch der via Flaminia durch den Apennin, erweisen auch in technischer Hinsicht die Römer als die Lehrmeister des Straßenbaus.

158

Doch wir kehren zurück zum Gang der Ereignisse, die vollends zum Abschluß der Unterwerfung Italiens führten. Durch den Sieg über die Samniten war Rom ohne Zweifel die stärkste Macht in Italien geworden; in kurzer Zeit mußten sich die restlichen Gebiete und Städte freiwillig oder gezwungen den Römern anschließen. Schon zehn Jahre nach dem Frieden mit den Samniten waren auch die Etrusker und die Kelten im Norden, die noch Widerstand geleistet hatten, in das römische Herrschaftsgebiet eingegliedert. Der Hauptstützpunkt nördlich des Apennin wurde die Kolonie Ariminum.

Eine unvorhergesehene Verwicklung ergab sich jedoch im Süden. Dort besaß die reiche griechische Handelsstadt Tarent seit langem die Hegemonie über die anderen unteritalischen Griechenstädte. Stolz auf ihre alte, hohe Kultur, sahen die Tarentiner in den Römern nur Barbaren, vor denen sie keinen übermäßigen Respekt hatten. Auch der dauernde Machtzuwachs Roms beunruhigte die Tarentiner wenig; den Samniten hatten sie keine Hilfe geleistet. Zum Zusammenstoß mit den Römern kam es durch einen Anlaß, wie er ähnlich öfters in der Geschichte begegnet. Er hat daher eine typische Bedeutung. Die Griechenstadt Thurii am Golf von Tarent – einst von den Athenern unter Perikles gegründet – wollte sich der Hegemonie Tarents nicht fügen und ersuchte deshalb die Römer um Hilfe. Ein kleiner Staat also – Thurii –, der zwischen zwei größeren Mächten steht – Rom und Tarent –, richtet ein Hilfsgesuch an eine der beiden Mächte und führt dadurch automatisch die Gefahr eines Krieges zwischen den Mächten herbei, falls dem Hilfsgesuch entsprochen wird. Die Römer waren sich des Risikos bewußt und zögerten. Da aber Tarent nicht einlenkte, verschärfte sich der Konflikt, Thurii erhielt eine römische Besatzung und der Krieg war da.

Auch Tarent fand Hilfe. Es verbündete sich mit dem König Pyrrhos von Epirus in Griechenland, der alsbald mit einem starken Heer in Unteritalien landete, um hier das Griechentum gegen Rom zu verteidigen. Damit hatten die Römer nicht gerechnet. Pyrrhos war unter den Nachfolgern Alexanders des Großen aufgewachsen, den Diadochen Antigonos, Demetrios, Ptolemaios, den siegesbewußten Erben eines Weltreiches. Das Heer des Pyrrhos besaß die Tradition der unüberwindlichen makedonischen Phalanx, taktisch verstärkt durch Reiterei und Kriegselefanten. Legion und Phalanx, damit stießen zwei Weltalter, zwei Geschichtsmächte aufeinander. Die Römer stellten vier Legionen zur Schlacht, bei Herakleia in Unteritalien, aber sie wurden von der überlegenen Armee und Führungskunst des Pyrrhos geschlagen, ebenso nochmals später bei Auscu-

159

lum. Ein kampanischer Teller zeigt die Darstellung eines Kriegselefanten aus der Zeit des Pyrrhos. Aber auch Pyrrhos hatte schwere Verluste und daher heißt ein verlustreicher Sieg bis heute ein Pyrrhossieg. Noch bedenklicher war es für Pyrrhos, daß er bei einem Vorstoß nach Latium, in die Nähe von Rom, feststellen mußte, daß die Bundesgenossen im römischen Kerngebiet trotz der Niederlagen fest zu Rom hielten. Das politische System Roms bestand seine Bewährungsprobe.

Pyrrhos bot den Römern einen Friedensvertrag an, aber sie lehnten ab. Da verließ er Italien, um den sizilianischen Griechen beizustehen, die ihn gegen die Karthager zu Hilfe riefen. Noch einmal kämpfte er einige Jahre später, bevor er nach Griechenland zurückkehrte, bei Benevent gegen die Römer, und diese letzte Schlacht blieb unentschieden. Nach dem Tode des Pyrrhos 272 ergab sich Tarent den Römern. Es behielt seine Autonomie und wurde unter die Bundesgenossen aufgenommen. Rom hatte durch seine größere Ausdauer und Standhaftigkeit den Pyrrhoskrieg gewonnen und damit auch die letzte Phase des Kampfes um Italien zu seinen Gunsten entschieden.

Wir sahen, daß es immer dieselben Fähigkeiten und Grundsätze waren, denen Rom seinen politischen Aufstieg aus kleinsten Verhältnissen zur beherrschenden Macht Italiens verdankte. Kluge Vorbereitung des Handelns, Sammlung aller Kräfte vor der Entscheidung, maßvolles Auftreten nach dem Erfolg, unbeirrte Festigkeit nach einem Rückschlag, darin blieben sich die Römer immer gleich und dadurch wurden sie immer stärker. Als sie die Führung in Latium erreicht hatten, waren sie stark genug geworden, den Samniten entgegenzutreten, und als sie dadurch ihre Bundesgenossenschaft bis nach Unteritalien erweitert hatten, konnten sie es mit Pyrrhos aufnehmen. Damit waren sie schon den außeritalischen Mächten ebenbürtig geworden.

Es wurde bereits bemerkt, daß diese ganze Entwicklung oder Entfaltung der römischen Herrschaft über Italien nicht einem vorgefaßten Plan entsprang. Es war keine Eroberung Italiens in dem Sinne, wie etwa Alexander der Große als Eroberer das Perserreich angriff, sondern ein schrittweises Vorgehen, das jeweils nur auf das Nächstliegende gerichtet war. Die Römer waren die Meister der konkreten Situation. Auch dabei ging es ihnen nicht in erster Linie um Ausdehnung ihres Staatsgebiets, um territorialen Gewinn. Auf der Karte läßt sich zeigen, daß nur ein schmaler Streifen quer durch Mittelitalien annektiert wurde, das ›römische Land‹, der ager Romanus, nicht größer als etwa der Kirchenstaat am Anfang des 19. Jahrhunderts. Alle anderen Gebiete gehörten den Bundesgenossen.

160

Wichtiger als der unmittelbare Landgewinn war der römischen Politik stets die Sicherheit und die Verteidigungsfähigkeit ihres Machtbereichs. Man hat gesagt, die Römer hätten ihr Herrschaftsgebiet durch Defensive vergrößert. Daran ist etwas Wahres. Die Erweiterung der Grenzen, der Abschluß von Bundesverträgen, die Gründung von Kolonien, der Bau der Heerstraßen, alles hatte den Zweck, den Besitzstand zu sichern und feindliche Angriffe zu erschweren. Was wir ›Gebiet‹ nennen, bezeichneten die Römer als fines, wörtlich ›die Grenzen‹. Nach römischer Auffassung sind also die Grenzen das Wesentliche eines politischen Gebiets. Die Sicherung der Grenzen ist daher die Hauptaufgabe der Außenpolitik. In Grenzfragen reagierten die Römer immer besonders empfindlich. Ob es sich dabei um ihr eigenes Gebiet oder das ihrer Verbündeten handelte, spielte keine Rolle. Der Schutz der Bundesgenossen nach außen gehörte zur römischen Außenpolitik.

›Die Römer und ihre Bundesgenossen‹, Romani et socii, so lautete der offizielle Name des römischen Herrschaftsverbands in Italien. Er bringt zum Ausdruck, daß Rom die politische und militärische Führung besaß, der sich die Bundesgenossen anschlossen, auch wenn sie im übrigen selbständig waren. Als um das Jahr 270 vollends die letzten Griechenstädte im Süden diesem Bündnissystem beitraten, war Italien durch die Römer geeinigt. Eine Epoche der römischen Geschichte war damit zu Ende. Aber zugleich war Rom dadurch zur Großmacht geworden und in den Kreis der Mittelmeermächte eingetreten. Damit begann ein neues Zeitalter, eine neue Epoche der römischen Geschichte, die Erringung der Mittelmeerherrschaft.

IV. Die Erringung der Mittelmeerherrschaft

Die Frage, wann Rom die Herrschaft über die antike Mittelmeerwelt errungen hat, läßt sich genau beantworten. Es war die Zeit der mittleren Republik des 3. und 2. Jahrhunderts, genauer der Zeitraum von 264 bis 133 v. Chr. Diese Epoche stellt die klassische Zeit der römischen Republik dar, den Höhepunkt der republikanischen Geschichte Roms. Damals vollbrachten die Römer ihre größten politischen und militärischen Leistungen und traten zugleich in den Kreis der großen Kulturvölker ein. Rom errang die Mittelmeerherrschaft, indem es die Karthager im Westen und die hellenistischen Staaten im Osten nacheinander unterwarf. Die Römer wurden ein Kulturvolk, indem sie die Bildung und Zivilisation vor allem der Griechen mehr und mehr übernahmen.

Doch gerade durch die gewaltige Ausdehnung der römischen Macht, durch das Hereinströmen riesiger Reichtümer und die Entwicklung einer verfeinerten gesellschaftlichen Kultur entstand in Rom auch ein gefährlicher innerer Konflikt, ein Gegensatz zum Altrömertum. Es läßt sich in der Geschichte oft beobachten, daß in einer Zeit großer Erfolge und äußeren Glanzes zugleich destruktive Tendenzen und schwere Schäden wirksam werden, die unmittelbar mit den Erfolgen zusammenhängen. Wir werden sehen, daß die große römische Expansion – von ihren späteren Wirkungen ganz abgesehen – am Anfang durchaus im Zeichen altrömischer Tugenden stand, am Schluß der Epoche aber einen furchtbaren, zerstörerischen Charakter gewann.

Die frühe römische Republik hatte durch ihre innere Stärke und ihre kluge Außenpolitik die Einigung Italiens erreicht. ›Die Römer und ihre Bundesgenossen‹ waren der neue politische Faktor, mit dem die Großmächte im Mittelmeergebiet ums Jahr 270 v. Chr. zu rechnen hatten. Den ganzen Westen beherrschte immer noch die alte Handelsmacht Karthago. Jedes fremde Schiff, das ohne Erlaubnis der Karthager das Westmittelmeer befuhr, wurde von der karthagischen Seepolizei versenkt. Karthago, beim heutigen Tunis gelegen, einst von den semitischen Phönikern gegründet, galt als die reichste Stadt der Welt. Im Osten hatten sich unter den Diadochen drei Nachfolgestaaten des Alexanderreiches gebil-

162

det das Reich des Antigonos in Makedonien, des Ptolemaios in Ägypten und des Seleukos in Vorderasien. Das Ptolemäerreich schloß sogleich nach dem Abzug des Pyrrhos aus Italien, als der Sieg der Römer feststand, ein Handelsabkommen mit Rom. Zwischen Rom und Karthago waren schon früher mehrmals Freundschaftsverträge geschlossen worden.

So schien es, als würde nun ein friedliches Zeitalter des Gleichgewichts der Kräfte beginnen. Aber es kam anders. Schon 264, also keine zehn Jahre nach dem Anschluß Tarents an Rom, gab es in Messana, dem heutigen Messina an der Meerenge zwischen Italien und Sizilien, eine Krise, die eine folgenschwere Entwicklung einleitete.

In Messana regierte eine kampanische Militärclique, die Mamertiner, frühere Söldner von Syrakus, die sich selbständig gemacht hatten. Sowohl die Griechen von Syrakus wie die Karthager, die das übrige Sizilien beherrschten, versuchten Messana zu besetzen. Um dies zu verhindern, erbaten die Mamertiner Hilfe von Rom. Da sie aus Kampanien stammten, aus Italien – so erklärten sie –, sei Rom ihre Schutzmacht. Wieder hatten also die Römer, wie im Krieg um Tarent, über die Abgabe eines Hilfsversprechens zu entscheiden, mit allen seinen Konsequenzen. Eine Unterstützung der Mamertiner konnte und mußte zum Krieg mit Karthago führen. Der Senat hatte erhebliche Bedenken, jedenfalls mehr – um eine Parallele von ähnlicher Tragweite aus der neueren Geschichte zu nennen – als die Regierungen und Monarchen von 1914, die nicht zögerten, durch ihre Hilfsversprechen den Ersten Weltkrieg zu entfesseln. Der Senat überließ die Entscheidung den Komitien, der römischen Volksversammlung, und diese stimmte schließlich dafür, die Mamertiner zu unterstützen. Wenn Messana eine römische Besatzung erhielt, so war der Gefahr vorgebeugt, daß die Karthager eines Tages von hier aus Italien bedrohen konnten. Wie früher in ähnlichen Lagen, bestimmte also der Grundsatz einer vorbeugenden defensiven Grenzpolitik das offensive Vorgehen der Römer. Neu war nur, daß diese Politik zum ersten Male über Italien hinausgriff. Als jetzt die römischen Truppen die Straße von Messina überquerten, wurde unbewußt der erste Schritt zur Begründung des römischen Weltreichs getan. Weder die Karthager, die sofort den Krieg an Rom erklärten, noch die Römer selbst rechneten wohl damit, daß dieser Krieg auf ganz Sizilien übergreifen und mehr als 20 Jahre dauern würde. Erst 241 ging er zu Ende, mit dem Ergebnis, daß der größte Teil Siziliens römisch wurde.

Gleich zu Anfang dieses 1. Punischen Krieges – Punier, das heißt Phöniker, nannte man die Karthager – schlossen die Römer nach bewährter Praxis ein Bündnis mit König Hieron von Syrakus. Sie garantierten den griechischen Syrakusanern die Unabhängigkeit und erhielten dafür nützliche Materiallieferungen. Im Landkrieg waren die römischen Legionen den Söldnerheeren der Karthager überlegen und drangen daher rasch vor. Die Stärke der Karthager war jedoch die Seemacht, während Rom noch keine Kriegsflotte besaß. Solange die Karthager ihren Nachschub ungehindert über See nach Sizilien brachten, waren sie nicht zu schlagen.

Die Entscheidung mußte zur See fallen. Daher bauten die Römer nach dem Modell eines erbeuteten karthagischen Kriegsschiffes ihre erste Kriegsflotte, mit der sie bei Mylae unweit von Messana sogar einen Erfolg errangen. Da sie der Manövrierkunst ihrer Gegner noch nicht gewachsen waren, bemannten sie die Flotte mit Legionären, zogen die feindlichen Schiffe mit Enterhaken heran und erstürmten sie, verwandelten also das Seegefecht in eine Landschlacht. Diese Anpassungsfähigkeit der Römer, dazu ihre ständige Aktivität, ihr Angriffsgeist auch nach schweren Rückschlägen, zermürbten die karthagische Kriegsführung. In einer der größten Seeschlachten des Altertums, beim Kap Eknomos an der Südküste Siziliens, erzwangen die Römer mit 300 Schiffen die Überfahrt nach Afrika. Aber ihr Heer unter dem Konsul Regulus wurde nach der Landung von einem spartanischen Söldnerführer, den die Karthager in ihren Dienst gestellt hatten, vernichtet. Eine zweite römische Flotte, die von Italien kam, ging im Seesturm unter, ebenso eine dritte Flotte, die südlich von Karthago zu landen suchte. Das afrikanische Unternehmen mußte aufgegeben werden.

Auch auf Sizilien gab es einen unentschiedenen Stellungskrieg, seitdem Hamilkar, der Vater Hannibals, das karthagische Kommando übernommen hatte und den Monte Pellegrino bei Palermo, später den Berg Eryx als Operationsbasis benützte. Eine strategische Straße quer durch Sizilien von Palermo nach Agrigent, die damals von den Römern gebaut wurde – wie die via Appia in Italien –, ist erst vor einigen Jahren durch den Fund eines Meilensteins entdeckt worden. Er trägt die Inschrift Aurelius Cottas consol; wir wissen, daß dies ein Konsul des Jahres 252 v. Chr. war. Aber die Kräfte erschöpften sich auf beiden Seiten. Zuletzt rüsteten römische Senatoren auf ihre eigenen, privaten Kosten nochmals Schiffe aus. Mit dieser Flotte gelang es, durch einen Sieg bei den Ägatischen Inseln westlich von Sizilien die Verbindung zwischen Karthago und der Seefestung Lilybaeum, dem heutigen Marsala, dem Nachschubhafen der Karthager in Westsizilien, zu unterbrechen. Karthago schloß Frieden und trat sein sizilisches Herrschaftsgebiet ab, 241; Hamilkar erhielt freien Abzug.

164

Dieser 1. Punische Krieg war der schwerste und längste Krieg der römischen Geschichte. Wieviel Opfer er gekostet hat, läßt sich noch abschätzen. Die Zahl der wehrfähigen römischen Staatsbürger in Italien, die sogenannte Zensuszahl nach der amtlichen Erhebung der Zensoren, betrug am Anfang des Krieges rund 300 000, am Ende des Krieges 250 000, ohne die Bundesgenossen. Die Verluste erreichten also fast 20%, eine furchtbare Zahl, die weit über den militärischen Verlusten Deutschlands in den beiden Weltkriegen liegt, die 3–5% betrugen. Sizilien, das vor dem 1. Punischen Krieg ein dichtbevölkertes, wirtschaftlich entwickeltes Land war, wurde so ruiniert, daß es sich nie mehr völlig erholte. Nur Syrakus hatte durch die geschickte Politik Hierons seinen Wohlstand bewahrt.

Sizilien wurde die erste römische Provinz. Das Wort provincia bezeichnet zunächst einfach den Amtsbereich eines Magistrats, das Tätigkeitsfeld eines Konsuls im Kriege. Als nun Sizilien von den Karthagern abgetreten war, beließ man es weiterhin im Zustand eines besetzten Gebietes, das heißt, Sizilien wurde nicht in den italischen Gemeinschaftsverband der ›Römer und ihrer Bundesgenossen‹ eingegliedert, sondern blieb als erobertes Land unter dem Besatzungsregime der römischen Militärverwaltung. Es bildete eine abhängige Verwaltungsprovinz ohne Vertragsverhältnis mit Rom. Syrakus und Messana waren davon ausgenommen, da sie rechtzeitig ein Bündnis mit Rom geschlossen hatten. Die Provinzbewohner, die vorher karthagische Untertanen gewesen waren, wurden jetzt römische Untertanen. Sie waren also weder römische Bürger noch Bundesgenossen, sondern rechtlose Unterworfene, subiecti. Jährlich hatten sie einen Tribut in Höhe von 10% des Bodenertrags zu entrichten, der durch Steuerpächter eingezogen wurde. An der Spitze der Provinzverwaltung stand ein römischer Statthalter mit dem Titel Prätor, später in anderen Provinzen auch Proprätor oder Prokonsul genannt, der die höchste militärische und zivile Befehlsgewalt in der Provinz hatte, das imperium.

Dieses System der Untertänigkeit und Tributzahlung hatte in Italien und in der frühen Republik kein Vorbild. Die Römer übernahmen es in Sizilien von den Karthagern und gaben damit ihrem erweiterten Machtbereich außerhalb Italiens den Charakter eines Herrschaftsgebiets, eines Imperiums Alle anderen Länder, die Rom später unterwarf, wurden solche Provinzen nach dem Muster Siziliens. Nach einem Wort Ciceros umgaben die Provinzen Italien wie ein Schmuck, ein Ornament. Wenn man den Begriff des Römischen Reiches, des Imperium Romanum, unverblümter und exakter definieren will, so muß man sagen, daß es die

Vereinigung aller der Provinzen war, in denen der Befehl des römischen Volkes galt, imperium populi Romani.

Der Übergang der Römer von der föderativen Ordnung Italiens zu diesem imperialistischen Prinzip war so bedeutungsvoll, daß wir dabei noch kurz verweilen müssen. Wie schon bemerkt, ging das Untertanenverhältnis der Sizilier auf das Vorbild der karthagischen Herrschaft zurück. Auch König Hieron von Syrakus und die hellenistischen Großmächte des Ostens hatten ein ähnliches Untertanen- und Tributsystem. Es hatte für die Regierungen den Vorteil, daß aus der Bevölkerung große Steuersummen herausgepreßt werden konnten, aber den Nachteil, daß die rechtlosen Untertanen kein positives Verhältnis zum Staate fanden und daher auch nicht für die militärische Verteidigung herangezogen werden konnten. Sowohl die Karthager wie die hellenistischen Monarchen mußten deshalb ihre Kriege mit Söldnertruppen führen, die zum Teil recht unzuverlässig waren. Bezahlt wurden sie aus Tributgeldern. Daß Karthago den 1. Punischen Krieg verlor, hatte seinen Grund nicht zuletzt darin, daß es die Söldner nicht mehr bezahlen konnte.

Für Rom bedeutete also die Übernahme der karthagischen Erbschaft in Sizilien einen Schritt der Angleichung an die übrigen Mächte. Die künftigen Steuerabgaben der Provinz Sizilien ebenso wie die Kriegsentschädigung, die Karthago außerdem zahlen mußte, bereicherten die römische Staatskasse beträchtlich, aber eine Steigerung des Wehrpotentials durch die sizilischen Provinzialen, so wie durch die italischen Bundesgenossen, war nicht zu erwarten. Wie sich dies auswirkte, konnte erst die Zukunft lehren.

Eine gewisse Unbedenklichkeit im weiteren Ausgreifen mußte die erste Folge sein. Als 237 auf Sardinien und Korsika die karthagischen Söldner meuterten, wurden die beiden Inseln von den Römern nach kurzen Verhandlungen besetzt und ebenfalls zur Provinz gemacht. Damit war das ganze Tyrrhenische Meer unter römischer Herrschaft und hieß seitdem mare nostrum, ›unser Meer‹.

Im gleichen Jahr zog Hamilkar von Karthago über die Straße von Gibraltar nach Spanien, um dort für das verlorene Sizilien den Karthagern Ersatz zu schaffen. Es wird berichtet, er habe seinen jungen Sohn Hannibal mitgenommen und ihn schwören lassen, niemals ein Freund der Römer zu sein. Die Anekdote mag erfunden oder wahr sein, jedenfalls deutet sie auf weiteres Unheil hin. Hamilkar und sein Schwiegersohn Hasdrubal eroberten in Spanien ein ausgedehntes Gebiet und gründeten an der Ostküste die Stadt Neukarthago, die noch heute Cartagena heißt. Die Römer

166

beobachteten diese Erfolge der Karthager mißtrauisch. Ein neuer Vertrag wurde geschlossen, wonach der Ebro die Interessengrenze und Demarkationslinie der beiden Mächte sein sollte.

Inzwischen war Hannibal herangewachsen, übernahm das Kommando in Spanien und erreichte den Ebro. Karthagische Münzen aus Spanien zeigen das Bildnis Hannitals und einen Kriegselefanten. Die Stadt Sagunt südlich des Ebro leistete den Karthagern jedoch Widerstand und erbat Hilfe von Rom. Ein zweiter Fall Messina schien sich anzubahnen. Aber die Geschichte wiederholt sich nie in völlig gleicher Weise. Rom leistete den Saguntinern keine Hilfe, und so eroberte Hannibal die Stadt. Warum die Römer in diesem Fall nicht eingriffen, wissen wir nicht. Vielleicht schreckte sie die Erinnerung an ihr Eingreifen in Messina, das zu einem so schweren Krieg geführt hatte. Auch befand sich Rom wieder im Kampf mit den Kelten in Oberitalien, außerdem mit den illyrischen Seeräubern in der Adria, so daß es nicht ratsam scheinen mochte, gleichzeitig Truppen nach Spanien zu schicken. Gerade diese Schwierigkeiten Roms bestärkten aber Hannibal in seinem Entschluß zum Angriff. Im Jahre 218 v. Chr. überschritt er den Ebro, womit der Krieg eröffnet war, und begann seinen berühmten Feldzug über die Pyrenäen und die Alpen nach Italien. Die Schuldfrage in diesem 2. Punischen oder hannibalischen Krieg, in dem es für Rom und Karthago um die Entscheidung ging, wurde leidenschaftlich erörtert. Schon bei den diplomatischen Verhandlungen, die vor Ausbruch des Krieges in Karthago geführt wurden, um den Konflikt wegen Sagunt beizulegen, suchten beide Seiten mit juristischen Argumenten dem Gegner die Schuld zuzuschieben, wenn es zum Kriege käme. Auch die literarische Überlieferung, die Beschreibung des Krieges bei Livius und bei dem griechischen Historiker Polybios, steht unter diesem Gesichtspunkt. Wir müssen sagen, daß im 2. Punischen Krieg zweifellos Hannibal der Angreifer war, so wie umgekehrt im 1. Punischen Krieg die Römer durch ihren Übergang nach Sizilien den Krieg ausgelöst hatten. Freilich war Hannibal kein Aggressor in dem Sinne, daß er kriegerische Eroberungen oder gar die Vernichtung Roms erstrebt hätte. Sein Ziel war die Zurückdrängung der römischen Macht auf Mittelitalien, um die frühere Vormachtstellung Karthagos im Westmittelmeer wiederherzustellen. Diese Absicht geht aus dem Bündnisvertrag hervor, den Hannibal während des Krieges mit Makedonien schloß. Daß Rom sich einer solchen Absicht aufs äußerste widersetzen würde, versteht sich von selbst. Macht stand gegen Macht. Immer führt uns in der Geschichte die Frage nach der Schuld auf das Problem der Macht.

Die Römer waren überrascht, als Hannibal mit einer Streitmacht, zu der auch Elefanten gehörten, in Oberitalien erschien. Er hatte nach seinem kühnen Alpenübergang, wahrscheinlich über den Clapier-Paß, nur etwa 30 000 Mann, erhielt aber Verstärkung durch die Kelten. Dreimal schlug er die Römer, am Tessin, an der Trebia und am Trasimenersee, zog dann aber nicht gegen Rom, sondern nach Süden, um dort weiteren Zuzug zu erwarten. Vor allem durch seinen Sieg bei Cannae in Unteritalien 216 v. Chr. gilt Hannibal als einer der größten Heerführer der Geschichte. Seine Porträtbüste, in Capua gefunden, heute im Museum Neapel, trägt die Züge des Ruhms, der Verantwortung und der Melancholie. Mit seinen Afrikanern, Spaniern und Kelten schlug er einen doppelt überlegenen Gegner, acht römische Legionen und ihre Bundesgenossen. Der planmäßige Aufmarsch, die vollkommene Umfassung durch die Flügel, der rechtzeitige Einsatz der Reserven machen Cannae strategisch und taktisch zum klassischen Muster einer Einkreisungsschlacht. Für die Römer war es die schwerste Niederlage ihrer Geschichte; 80 000 Mann waren gefallen. Doch Cannae ist auch das Symbol der römischen Unnachgiebigkeit. Als der überlebende Konsul – der andere war gefallen – mit wenigen Versprengten vor den Toren Roms erschien, kamen ihm die Senatoren entgegen und dankten ihm, daß er an der Rettung Roms nicht verzweifelt sei. Livius fügt diesen Worten hinzu, daß ein karthagischer Feldherr, wenn er nach einer solchen Niederlage heimgekommen sei, ohne Zweifel gekreuzigt worden wäre.

Maharbal, der karthagische Reiterführer, der den entscheidenden Flankenangriff geführt hatte, soll nach der Schlacht Hannibal aufgefordert haben, sofort gegen Rom zu ziehen, dann werde er mit ihm in fünf Tagen auf dem Kapitol das Siegesmahl feiern. Hannibal lehnte ab. Da sagte Maharbal: ›Keinem haben die Götter alles gegeben; zu siegen verstehst du, Hannibal, aber den Sieg auszunützen, verstehst du nicht‹. In der Tat, vielleicht hat Hannibal in dieser Sternstunde den Sieg verspielt. Glaubte er, für eine Belagerung Roms nicht ausgerüstet zu sein? Wartete er auf ein Friedensangebot der Römer? Hoffte er auf den Abfall der römischen Bundesgenossen? Wir wissen es nicht. Es gibt in der Geschichte keine Experimente. Wir können niemals mit Sicherheit die Frage beantworten, was geschehen wäre, wenn … Die Tatsachen sind unwiderruflich. Man kann sie revidieren, aber jede Revision schafft eine neue, veränderte Lage. Rom bot keinen Frieden an, die römischen Bundesgenossen in Mittelitalien fielen nicht ab. Auf den Rat des Diktators Fabius Maximus Cunctator, das heißt des ›Zauderers‹, wurde vorsichtig jede weitere Feldschlacht vermieden. So wurde Zeit gewonnen. Hannibal beherrschte zwar Unteritalien, auch schloß er, wie schon erwähnt, ein Bündnis mit König Philipp V. von Makedonien, aber dieser brachte ihm keine Unterstützung. Die Entscheidung blieb aus. Ein Vorstoß, den Hannibal, wie einst Pyrrhos, einige Jahre später in die Nähe Roms unternahm – daher der Alarmruf: Hannibal ad portas, ›Hannibal vor den Toren‹ –, hatte nur noch den Wert einer Demonstration.

Inzwischen hatten die Römer die Initiative außerhalb Italiens an sich gerissen. Sie verbündeten sich mit den Aitolern in Griechenland, die den König von Makedonien in Schach hielten. Auf Sizilien wurde Syrakus, das nach dem Tode Hierons zu den Karthagern übergegangen war, erobert und der Provinz angeschlossen. Wichtiger aber waren die Ereignisse in Spanien. Schon bald nach Kriegsbeginn hatten die Römer dorthin Truppen entsandt, um Hannibals Ausgangsbasis zu besetzen. Aber sie hatten zunächst keinen Erfolg. Erst der geniale Publius Cornelius Scipio, dessen Vater bei diesen Kämpfen gefallen war, wandte das Blatt. In wenigen Jahren eroberte er das ganze karthagische Herrschaftsgebiet in Spanien. Er war Hannibal ebenbürtig und war neben Caesar wohl der größte Feldherr, den Rom hervorgebracht hat. Seine Büste in Neapel ist ein Symbol des Römertums aus der Zeit, als es am stärksten war.

Scipio hat den 2. Punischen Krieg zugunsten Roms entscheiden. Als er im Jahre 205 v. Chr. aus Spanien zurückgekehrt war, setzte er mit untrüglicher Selbstsicherheit von Sizilien nach Afrika über, um Karthago anzugreifen, solange Hannibal noch in Italien stand. Der italische Kriegsschauplatz war nebensächlich geworden, nachdem Hasdrubal, der Bruder Hannibals, der nochmals mit einem Heer von Spanien über die Alpen gekommen war, am Flusse Metaurus südlich von Rimini geschlagen war, bevor er sich mit Hannibal vereinigen konnte. In Italien konnte Hannibal den Krieg nicht mehr gewinnen. Er wurde nach Afrika zurückberufen und unterlag bei Zama 202 westlich von Karthago Scipio, der ihn mit seiner eigenen Umfassungstaktik schlug. Karthago schloß im folgenden Jahr Frieden, Scipio erhielt den Ehrennamen Africanus.

Der große Universalhistoriker Eduard Meyer, der Nachfolger Theodor Mommsens, bezeichnete den hannibalischen Krieg und seinen Ausgang als den bedeutendsten Wendepunkt der antiken Geschichte und weit darüber hinaus. Durch den Frieden von 201 war nicht nur die Entscheidung um die Hegemonie zwischen Rom und Karthago gefallen, sondern bereits über das Schicksal der östlichen Mittelmeermächte entschieden, denn keine von ihnen war jetzt mehr fähig, den Römern mit Erfolg entgegen-

169

zutreten. Damit aber war klar, daß es in der antiken Welt kein Gleichgewicht der Mächte, kein Nebeneinander souveräner, nationaler Staaten mehr geben würde, sondern nur noch ein universales Weltreich, eben das Römerreich, das schließlich alle Kulturvölker der damaligen Zeit umfaßte. Eine solche Entscheidung, wie sie durch Zama herbeigeführt wurde, nämlich die Begründung einer politischen Einheit der Kulturwelt, hat es tatsächlich bis heute in der Geschichte nicht wieder gegeben. Wir dürfen aber nicht vergessen hinzuzufügen, daß es eine Einheit war, die durch Gewalt errungen war.

Die Absicht, die östlichen Monarchien zu unterwerfen, kann der römischen Politik unmittelbar nach dem Ende des 2. Punischen Krieges noch nicht unterstellt werden. Zunächst hatte man in Rom nur das Bewußtsein, die Macht der Karthager gebrochen zu haben. Das Friedensdiktat, das Karthago aufgezwungen wurde, zeigte aber doch, daß die Ansprüche Roms noch herrischer geworden waren als nach dem 1. Punischen Krieg. Die Karthager waren ja gleichsam rückfällig geworden. Italien selbst hatten sie jahrelang weithin besetzt und verwüstet. Karthago sollte also nicht nur Entschädigung leisten, sondern als Großmacht ausgeschaltet werden. Es hatte eine hohe Kontribution zu zahlen, seine Flotte auszuliefern und den größten Teil seines Gebiets abzutreten. In Spanien wurden zwei römische Provinzen gebildet, in Nordafrika ein römischer Vasallenstaat Numidien, etwa dem heutigen Algerien und Marokko entsprechend, unter dem König Masinissa. Die Auslieferung Hannibals, die der Senat außerdem verlangte, wies Scipio zurück.

Es wundert unter diesen Umständen nicht, daß Rom schon ein Jahr nach dem Frieden mit Karthago die Gelegenheit eines lokalen Konflikts in Griechenland dazu benützte, gegen Philipp von Makedonien vorzugehen, der mit Hannibal ein Bündnis geschlossen hatte und nun sein Reich auf Kosten der Nachbarn zu vergrößern suchte. Eine kurze militärische Intervention, die durch diplomatische Isolierung Philipps vorbereitet war, genügte, ihn zum Verzicht auf die Herrschaft über Griechenland zu veranlassen. Bei den Isthmischen Spielen von Korinth ließ der Konsul Flamininus im Jahre 196 v. Chr. feierlich verkünden, daß alle Griechen frei sein sollten. Rom war also jetzt die Schutzmacht der griechischen Freiheit, Makedonien fast schon ein römischer Vasallen- oder Satellitenstaat. Der Niedergang Makedoniens und seiner großen Tradition war offenkundig; Philipp V. war kein Pyrrhos mehr. Die Befreiung der Griechen bedeutete eine Schwächung der Makedonen und war daher im Interesse Roms. Es lag ihr aber auch ein echter, ernstgemeinter Respekt vor der

170

griechischen Kultur zugrunde. Flamininus gehört wie Scipio zu den ersten Philhellenen, den Griechenfreunden, in der Geschichte Roms. Er setzte es daher auch durch, daß keine römischen Militärstützpunkte in Griechenland errichtet wurden.

Zur gleichen Zeit, als über Makedonien und Griechenland in dieser Weise entschieden wurde, überschritt der Herrscher des Seleukidenreiches, Antiochos III., die Dardanellen, den Hellespont, um seine asiatische Großmacht nach Europa auszudehnen. Er mußte wissen, daß er dadurch einen Konflikt mit Rom riskierte, besonders dann, als er trotz römischer Warnung mit einem Heer in Griechenland einfiel, das die Römer gerade für frei erklärt hatten. Antiochos war gewiß ein bedeutender Herrscher, ein aufgeklärter Monarch im Geiste der hellenistischen Kultur; man nannte ihn ›den Großen‹. Er war wie einst Alexander bis nach Indien gezogen und hatte überall das seleukidische Reich erneuert und erweitert. Doch eben diese Erfolge bewirkten, daß er die Macht Roms unterschätzte. Es fiel den hellenistischen Monarchen überhaupt schwer, sich an die neue Großmacht im Westen zu gewöhnen. Die Bedeutung des römischen Sieges über Karthago hatten sie noch nicht erfaßt. Man sollte meinen, sie hätten sich alsbald zu einem Abwehrbündnis zusammenschließen müssen, um zu verhindern, daß sie nacheinander, wie es tatsächlich geschah, den Römern unterlagen. Statt dessen bekämpften sie sich gegenseitig, wie sie es schon immer taten.

Rom mußte also erneut in Griechenland eingreifen, um sein Schutzversprechen zu erfüllen. Antiochos wurde zum Rückzug nach Kleinasien gezwungen. Aber damit gaben sich die Römer nicht zufrieden. Sie wußten nämlich, daß Hannibal im Lager des Antiochos war. Er hatte einige Jahre in Karthago als Staatsmann den Wiederaufbau geleitet und war dann als Berater zu Antiochos gegangen, um ihn zu einer Offensive gegen Rom zu bewegen. Antiochos ernannte ihn zum Flottenführer. Doch die Entscheidung fiel zu Lande, bei Magnesia am Hermos in Westkleinasien 190, wo Antiochos von den Römern unter Scipio geschlagen wurde. Er mußte seine Gebiete in Kleinasien an Roms Verbündete, Pergamon und Rhodos, abtreten und wurde auf Syrien und den weiteren Osten beschränkt. Auch das Seleukidenreich war nicht mehr voll souverän.

Als ein späterer Seleukide, König Antiochos IV., ohne Zustimmung Roms das ptolemäische Ägypten besetzte, fuhr ein römischer Gesandter im Auftrag des Senats nach Alexandria und forderte ihn auf, das Land sofort zu räumen. Der König war überrascht und zögerte mit der Antwort. Da zog der Römer mit dem Stab einen Kreis um ihn auf den Boden und sagte,

171

bevor er diesen Kreis verlasse, habe er sich zu äußern. Darauf erklärte der König, er werde tun, was der Senat verlange. Diese Episode illustriert sehr deutlich, daß ein Machtwort Roms genügte, um den Willen der römischen Politik im Orient durchzusetzen. Auch das Ptolemäerreich, das auf diese Weise erhalten blieb, befand sich in solcher Abhängigkeit.

Es war eine wirksame, aber doch indirekte Art der Herrschaft, die Rom ausübte. Außer Sizilien, Sardinien, Korsika und Spanien war kein Gebiet der Kriegsgegner annektiert worden. Von Numidien und Karthago im Westen bis nach Syrien und Ägypten im Osten war Rom umgeben von willfährigen Verbündeten oder von Vasallen, richtiger gesagt von Klientelstaaten, denn ihr Verhältnis zu Rom war ähnlich dem der Klienten zu ihrem Schutzherrn, dem Patron. Es scheint, daß besonders Scipio, solange er die römische Politik maßgebend bestimmte, für diese indirekte Herrschaftsform eintrat. Aber er hatte innerpolitische Gegner, wie den schroffen Zensor Porcius Cato, denen die überragende Autorität Scipios mißliebig war und die auch nach außen einen noch schärferen Kurs forderten. Scipio, den man auf dem Prozeßwege beseitigen wollte, zog sich von der Politik zurück. Er verließ Rom und starb 183 v. Chr. als Privatmann in Kampanien; es war sein letzter Wille, nicht in Rom beigesetzt zu werden. Im gleichen Jahr nahm sich Hannibal das Leben, als er in Kleinasien den Römern ausgeliefert werden sollte. Der Geist der Zeit wandelte sich. Die letzte, brutale Phase der römischen Expansion setzte ein. Gegen König Perseus von Makedonien, der nochmals versuchte, sich unabhängig zu machen, wurde unter nichtigem Vorwand der Krieg eröffnet. Er wurde bei Pydna 168 von dem Konsul Aemilius Paullus geschlagen, der ihn in Rom als Gefangenen im Triumph vorführte. Das Denkmal, das sich Perseus in Delphi errichtet hatte, machte der Triumphator zu seinem eigenen Denkmal. Makedonien wurde in vier tributpflichtige Teilbezirke zerspalten, die Bevölkerung weithin versklavt. Der materielle Nutzen des Eroberungskrieges war zum Selbstzweck geworden. Eine unheimliche innere Verwandlung des Römertums hatte begonnen.

Das nächste Opfer war Karthago. Es war durch die Reformen Hannibals wieder zu Wohlstand gekommen, hatte sogar die beschleunigte Zahlung seiner Kriegsschulden angeboten und besaß noch weite, fruchtbare Plantagen im Hinterland. Die Annexion dieses Gebiets war das Ziel Catos, als er im Senat die berühmte oder berüchtigte Parole ausgab: Ceterum censeo Carthaginem esse delendam, Karthago müsse zerstört werden. Nicht mehr politische, sondern wirtschaftliche Interessen waren jetzt für die römische Politik ausschlaggebend. Der 3. Punische Krieg, für den ein

Grenzstreit Karthagos mit den Numidern einen willkommenen Anlaß bot, endete nach verzweifeltem Widerstand der Bevölkerung mit der Zerstörung Karthagos 146, wie es Cato gefordert hatte. Den Oberbefehl führte Scipio Aemilianus, ein Sohn des Siegers von Pydna, den die Scipionen adoptiert hatten. Das Gebiet von Karthago wurde unter der Bezeichnung Africa römische Provinz.

Schwere Aufstände, die während dieser Ereignisse in Makedonien und Griechenland ausbrachen, jedoch blutig niedergeschlagen wurden, führten zur Errichtung der Provinz Makedonien und zur völligen Zerstörung Korinths, wenige Monate nach dem Untergang Karthagos. Es war eine Serie von Katastrophen.

Schließlich fiel das Reich von Pergamon in Kleinasien in römischen Besitz. Die Pergamener waren stets mit Rom verbündet, und so verfügte ihr letzter König, Atialos III., der kinderlos starb, durch Testament 133, Rom solle seine Herrschaft als Erbe übernehmen. Er wollte seinem Land wohl ein ungewisses Schicksal ersparen. Doch auch hier kam es noch zu einer offenen Rebellion, die von den Römern niedergeworfen werden mußte, bevor das Gebiet als Provinz Asia verwaltet werden konnte.

Roms Herrschaft im Mittelmeerraum war unbestritten, eine entscheidende Epoche der römischen Geschichte war abgeschlossen.

V. Wirtschaftliche und soziale Wandlungen

Das Ergebnis der römischen Expansion in der großen Zeit der Republik war die Herrschaft Roms über das ganze Mittelmeergebiet. Wir haben die Ereignisse dieser kriegerischen Zeit verfolgt. Nun wenden wir uns ihren sozialen und wirtschaftlichen Auswirkungen zu. Man darf die politische Geschichte niemals für sich allein betrachten. Sie ist immer der Ausdruck der gesellschaftlichen Verhältnisse, die ihr zugrunde liegen, und sie wirkt auch stets entsprechend auf die Wirtschaft und Gesellschaft zurück. Dies gilt besonders für ein Zeitalter großer Ereignisse.

Zu Beginn der Punischen Kriege lebten die Römer noch vorwiegend von der Landwirtschaft. Wer ein rechter Mann sein will, muß ein guter Bauer sein, pflegte man in Rom zu sagen, wie Cato berichtet, der selber ein Lehrbuch der Landwirtschaft schrieb. Es trägt den Titel De agri cultura und ist das älteste Prosawerk in lateinischer Sprache, das uns erhalten ist. Auch die führenden Senatoren und andere Vertreter der Oberschicht arbeiteten noch selbst auf ihren Gütern, wie einst der Diktator Cincinnatus, der gerade seinen Acker pflügte, als man ihn zum höchsten Staatsamt berief. Die Kolonisten, die in auswärtigen Gemeinden angesiedelt wurden, erhielten dort ebenfalls Grund und Boden. Colonus heißt nichts anderes als ›Bauer‹. Das Wort cultura, das davon abgeleitet ist, bedeutet ›Ackerbau, Bodenkultur‹. Alle Kultur ist ursprünglich bäuerliche Kultur. Dem entsprach das Leben im Haus und in der Familie. Die römische Frau dieser Zeit saß mit der Spindel in der Hand oder am Webstuhl im Kreis ihrer Mägde. Das Brot wurde im Hause gebacken. Erst 30 Jahre nach dem hannibalischen Krieg gab es das erste Bäckergeschäft in Rom. Die Leute waren noch Selbstversorger. Der Begriff der familia umfaßte nicht nur die Familienangehörigen im heutigen Sinne des Worts, sondern auch das Gesinde, das um Lohn arbeitete, und andere sogenannte Unfreie, wie etwa Kriegsgefangene, die auf dem Hof beschäftigt waren. Sie bildeten eine Gemeinschaft.

Wir dürfen uns dieses einfache altrömische Leben jedoch nicht sentimental und idyllisch vorstellen, dürfen es nicht aus späterer Sicht idealisieren. Das Leben des Bauern ist immer hart und arbeitsreich. Das römische Wort für ›Arbeit‹, labor, bedeutet wörtlich ›Anstrengung, Mühe, Beschwerlichkeit‹. Unter ›Arbeit‹ verstand man also ›harte Arbeit‹. Das Herrenrecht im Hause war streng. Es umfaßte, wie schon erwähnt, sogar das Recht über Leben und Tod der Angehörigen. Kinder zählten vor allem als Arbeitskräfte und als Erben; Untaugliche konnten nach der Geburt ohne weiteres ausgesetzt werden. Die typischen Bildnisse anonymer Römer, die in großer Zahl erhalten sind, haben alle einen harten, nüchternen, realistischen Ausdruck. Es war die Art dieser Menschen, real und rational zu denken – auch das sind wieder römische Begriffe –, das heißt, ›sachlich‹ und ›verstandesmäßig‹ mit den Tatsachen zu rechnen. So führten sie als Konsuln und als Soldaten ihre Feldzüge durch und so gingen sie auch wieder an ihre Arbeit. Die altrömischen Fähigkeiten und Tugenden, die sich in den schweren Kriegen gegen Karthago bewährten und die auch das politische Handeln Roms bestimmten, sie fanden sich ebenso im privaten und sozialen Leben des Volkes.

Aber nun brachte das Zeitalter der Expansionskriege tiefgreifende Wandlungen. Die Länder und Völker, mit denen Rom zusammenstieß und die alle direkt oder indirekt unter römische Herrschaft gerieten, besaßen meist eine ganz andere wirtschaftliche und gesellschaftliche Struktur, zum Teil auch eine überlegene Zivilisation. Es war unvermeidbar, daß das Römertum dadurch beeinflußt wurde.

Das erste war die Einführung des Geldwesens. Das Geld – eine wunderbare, aber keineswegs nur segensreiche Erfindung, die durch die Lyder im 7. Jahrhundert v. Chr. in Kleinasien aufkam –, das Geld war bei den Karthagern, Griechen und Orientalen seit langem im Gebrauch, während Rom noch den rückständigen Naturaltausch hatte. Als Tauscheinheit der bäuerlichen Wirtschaft Roms diente das Stück Vieh. Da sich das Metallgeld praktischer erwies und der auswärtige Handelsverkehr zunahm, ging man dazu über, Kupferbarren mit dem Bild eines Stieres herzustellen, die mehr als 1 kg wogen und dem Wert eines Stückes Vieh entsprachen. Das römische Wort für ›Geld‹, pecunia, kommt von pecus ›Vieh‹. Bald goß man dafür eine Münze, ein sogenanntes As, das heißt ein volles Pfund, oder Bruchteile davon. Solche Asse tragen das Symbolbild der römischen Wölfin, des doppelköpfigen Gottes Ianus oder das Bild eines Schiffes, das die Unterschrift Roma trägt und bereits den Seeverkehr voraussetzt. Dieses rohe Kupfergeld konnte jedoch mit den fein geprägten Silbermünzen anderer Staaten nicht konkurrieren, so mit den Münzen von Karthago, Syrakus, Makedonien, Athen, Pergamon, die internationalen Kurswert hatten. So wurde schließlich eine eigene römische Silberwäh-

175

rung geschaffen, der Denar, der einen festen Wechselkurs im Wert einer athenischen Drachme erhielt. Der Silberdenar trug daher oft den Kopf der Göttin Roma mit einem Helm nach griechischer Art. An den Denar erinnert noch heute der jugoslawische Dinar, auch die Abkürzung d für den englischen Penny und das Zeichen ₰, das früher unseren Pfennig bezeichnete. Wann die Denarwährung eingeführt wurde, ist von der Münzforschung noch nicht genau geklärt. Wahrscheinlich geschah es während des hannibalischen Krieges. Je weiter sich die römische Herrschaft ausdehnte, um so mehr wurde auch der Denar zur führenden Währung in allen Ländern.

Dabei spielten handelspolitische Gesichtspunkte eine maßgebende Rolle. Als die Römer noch ihre bäuerliche Lebensordnung hatten, in der es meist nur lokale Tauschgeschäfte gab, da trieben Karthago, Korinth und Rhodos, die Pergamener und die Ptotemäer schon einen regen Außenhandel mit Rohstoffen, Agrarprodukten und Fertigwaren, im ganzen Mittelmeer und darüber hinaus, von den britischen Inseln bis nach Indien. Der Kontakt mit diesen Handelsmächten hatte zur Folge, daß jetzt auch römische Kaufleute auf den Märkten erschienen. Mancher hatte seinen ererbten Grundbesitz verkauft, ein Schiff ausgerüstet und in einer Provinz über See eine Geschäftsniederlassung gegründet. Durch das Aufkommen des Geldkapitals und der Handelsschiffahrt verlor das Wirtschaftsleben Roms seinen rein agrarischen Charakter. Der römische Senat förderte diese Entwicklung.

Einer der größten Umschlagplätze und Märkte im Ostmittelmeer war die Insel Delos mit dem altberühmten Apollonheiligtum, wo sich die Fahrtstrecken des Reiseverkehrs und Seehandels aus allen Richtungen kreuzten. Gleich nach der Schlacht bei Pydna und der Auflösung des Königreichs Makedonien im Jahre 168 v. Chr., als die Römer die Ägäis beherrschten, errichteten sie in Delos einen Freihafen, das heißt ein Zollausschlußgebiet, in dem die römischen Kaufleute ihre Waren nach allen Bestimmungshäfen zollfrei umsetzen konnten. Ihre Konkurrenten, die reichen Handelsherren von Rhodos, wurden dadurch empfindlich geschädigt. Die Überlegenheit der römischen Kaufleute beruhte aber auch auf ihrer zweckmäßigen Organisationsform der Handelsgesellschaft, der societas. Sie unterschied sich von einer heutigen GmbH nur dadurch, daß die Anteile am Stammkapital jederzeit frei verfügbar blieben. Bei den Griechen wurde der Seehandel meist durch hochverzinsliche Bankkredite finanziert. Die römische Handelsgesellschaft hatte nicht nur den Vorteil, daß diese Zinsen erspart wurden, sondern auch den, daß gemeinsam ein größeres Kapital aufgebracht werden konnte und dabei doch das Risiko des einzelnen Gesellschafters geringer war. Wenn die Schiffsladung durch Seeraub oder Sturm unterging, was nicht selten war, so hatte der römische Geschäftsmann nur einen Teil des Schadens zu tragen, der ihn nicht ruinierte. Im Ausgrabungsfeld von Delos sind die Niederlassungen römischer und anderer Handelsfirmen noch gut zu erkennen, so das Lager- und Verwaltungsgebäude der Gesellschaft der ›Poseidoniasten‹, die ihre Firma nach dem Meergott Poseidon benannten. Auch das griechische Bankwesen mit Giro- und Scheckverkehr in Denar- oder Drachmenwährung wurde von den Römern übernommen.

Die Einfuhrgüter, die durch diese Handelsbeziehungen nach Rom gelangten, bewirkten dort eine wesentliche Änderung und Anhebung des Lebensstandards. Delikatessen für die Küche, die es vorher in Italien nicht gab, wie Fasanen, Pfaue, Austern, indische Gewürze, kamen aus dem Orient, ebenso Früchte wie Feigen, Datteln, Quitten, Pfirsiche. Syrien lieferte Purpurstoffe, Ägypten Glas, Papyrus und Schmuck, Griechenland Kunstgewerbe und Marmor, Spanien Silber usw. Konservative Kreise befürchteten, daß alle diese Dinge dem altrömischen Wesen abträglich sein könnten – womit sie ganz recht hatten –, aber die Gesetze, die gegen Tafelluxus, Kleiderluxus und sonstigen Aufwand erlassen wurden, konnten die Entwicklung nicht aufhalten.

Um dieselbe Zeit, etwa in der Mitte des 2. Jahrhunderts v. Chr., entstanden in Rom und Italien die ersten größeren Betriebe, in denen gewerbliche Erzeugnisse nach Art der Importwaren hergestellt wurden. Nicht nur der Handel, sondern auch die gewerbliche Manufaktur trat jetzt als neuer Wirtschaftszweig neben die Landwirtschaft. Als Beispiel seien die keramischen Werkstätten von Arretium in Etrurien genannt, heute Arezzo südlich von Florenz, wo die sogenannte arretinische Reliefkeramik oder terra sigillata hergestellt wurde, das typisch römische Tafelgeschirr mit roter Glasur und plastischer Verzierung. Als Vorbild diente nach Form und Stil die schwarzgefirnißte hellenistische Keramik, die im Osten weit verbreitet war. Die römische terra sigillata erreichte bald eine so hohe Qualität, daß sie von Italien nach anderen Ländern exportiert werden konnte. Für den Archäologen stellt sie geradezu eine Art Leitfossil dar. Wo immer bei Ausgrabungen solche rotglänzenden Terra-sigillata-Scherben gefunden werden, sind sie der Beweis einer römischen Kulturschicht. Die Zunahme der gewerblichen Tätigkeit zeigt sich auch in den zahlreichen kleinen Handwerkerbetrieben und Ladengeschäften, von denen uns die römischen Grabreliefs eine Vorstellung geben. Da sieht man eine

Schmiedewerkstatt, einen Tuchladen, eine Wechselbank, Geflügelhand-lung, Mühle mit Pferdeantrieb, wie sie auch in Pompeji erhalten ist.
Wir haben zu fragen, womit denn dieser ganze wirtschaftliche Auf-schwung finanziert wurde, nicht nur die kleinen Betriebe der Handwer-ker und Ladenbesitzer, sondern vor allem die großen Importgesellschaf-ten und Manufakturunternehmen, die ja ein erhebliches Anfangskapital benötigten. Hier spielten zweifellos die Reparationszahlungen und die Beute aus den gewonnenen Kriegen eine entscheidende Rolle. Es erhielt nicht nur der einzelne Soldat seinen privaten Beuteanteil, sondern vor allem die römische Staatskasse riesige Geldmittel aus den Kriegsent-schädigungen von den besiegten Gegnern und den Tributzahlungen der Provinzen. Die Besiegten und Unterworfenen haben finanziell den wirt-schaftlichen Aufstieg Roms ermöglicht. Karthago zahlte nach dem 2. Puni-schen Krieg 10 000 Talente Silber = 60 Millionen Denar, Antiochos III. zahlte 90 Millionen, Perseus 36 Millionen. Der Goldbestand der Staats-kasse betrug im Jahre 157, also vor den letzten Raubkriegen gegen Kar-thago, Makedonien und Griechenland, schon 40 000 Pfund. An Tribu-ten zahlte allein die Provinz Makedonien jährlich 600 000 Denar. Der zeit-genössische Historiker Polybios sagt, daß bei der Verwendung dieser Gel-der fast jeder römische Staatsbürger seinen entsprechenden Nutzen hatte.
Wie reich einzelne Familien wurden, geht daraus hervor, daß Scipio sei-nen beiden Töchtern eine Aussteuer im Wert von je 300 000 Denar zah-len konnte. Solche Beträge auf heutigen Geldwert umzurechnen, ist nicht ohne weiteres möglich, doch erhält man einen Maßstab, wenn man die ungemein niedrigen Arbeitslöhne und die Lebenshaltungskosten der damaligen Zeit vergleicht, die etwa 10 Denar im Monat, ein paar As pro Tag betrugen.
Diese Vergleichszahlen lassen erkennen, daß der wachsende Wohlstand Roms zwar breite Schichten erfaßte, zugleich aber ein starkes Gefälle in den Einkommens- und Vermögensverhältnissen zur Folge hatte. Reiche und arme Leute, Großbauern und Kleinbauern hatte es in Rom immer gegeben, jetzt aber verzerrte sich der Besitzunterschied ins Maßlose. Nach der Regel, daß das Geld zum Gelde geht, erhielt die reiche Oberschicht einen weit größeren Anteil an den Kriegsgewinnen und Provinztributen als die Masse der Bauern, Handwerker und kleinen Geschäftsleute.
Der Gegensatz zwischen dem Volk und der besitzenden Oberschicht wur-de dadurch besonders augenfällig, daß die Senatoren und die sogenann-ten Ritter als Standespersonen galten, die sich schon äußerlich durch ihre Tracht, eine Tunica mit Purpurstreifen, vom Volke absonderten. Man

sprach vom Ordensstand der Senatoren, dem ordo senatorius, und vom Ritterstand, ordo equester. Die vornehmen Senatorengeschlechter, also die politisch führenden Scipionen, Aemilier und andere, hielten es nicht für standesgemäß, sich mit Geldgeschäften zu befassen. Sie lebten von ihrem Grundbesitz. Sie hatten ihre großen Güter wie ihre Vorfahren und führten die magistratischen Ämter, aber sie beteiligten sich nicht an den Handelsgesellschaften, Kreditbanken und Manufakturbetrieben. Alle Beteiligungen dieser Art wurden den Senatoren im Jahre 218 – zu Beginn des hannibalischen Krieges – sogar gesetzlich verboten, in der richtigen Erkenntnis, daß die Führung der Politik nicht durch Kapitalinteressen bestimmt werden dürfe.

Die großen Geldgeschäfte blieben den Rittern vorbehalten. Dieser Stand war aus der früheren Reitertruppe im Heer hervorgegangen, daher der Name. Es waren diejenigen, die den Erfolg und die gesellschaftliche Stellung nicht in der Politik suchten, sondern im Geschäftsleben. Für die Zugehörigkeit zum Ritterstand war ein Mindestvermögen von 100 000 Denar vorgeschrieben. Wer dies erworben hatte, wurde ohne weiteres unter die Ritter aufgenommen, während der Aufstieg in die Senatorenschaft nur mit Zustimmung des Zensors möglich war.

Eine besondere Einkommensquelle der Ritter bedarf noch der Erwähnung, nämlich die Staatsaufträge, vor allem die Steuerpacht. Es ist eine Eigentümlichkeit der römischen Republik, daß es keine Wirtschaftsunternehmen der öffentlichen Hand gab, keine staatseigenen Produktionsstätten oder Dienstleistungsbetriebe. Anders war es in den hellenistischen Monarchien, wie in Pergamon oder Ägypten, wo große Domänen und Manufakturen Regiebetriebe des Königs waren, der auch den Außenhandel kontrollierte, ähnlich wie in modernen Planwirtschaften. In Rom wurden alle wirtschaftlichen Staatsaufgaben privatisiert, von den Heereslieferungen bis zur Steuereintreibung in den Provinzen, das heißt, sie wurden durch öffentliche Ausschreibung vergeben. Die Konzessionäre, die sogenannten publicani, das heißt Pächter öffentlicher Aufträge, hatten dem Staat die angegebene Materialmenge oder Steuersumme zu liefern und konnten sich dafür bei den Produzenten oder Provinzialen schadlos halten. Da dieses Vermittlergeschäft ein bedeutendes Kapital erforderte, wurde es meist von den Rittern übernommen. Für den Staat hatte das System den Vorteil, daß keine Verwaltungskosten entstanden. Der Steuerzahler in der Provinz aber hatte den Nachteil, daß er den Pachtgesellschaften der Ritter, die natürlich mit Gewinn arbeiteten und deshalb erhöhte Abgaben eintreiben durften, weit mehr bezahlte, als wenn die Finanzbehörden die Steuer direkt eingezogen hätten, wie es heute üblich ist. Die Steuerpächter wurden geradezu der Schrecken der Provinzen. Ihre Ausbeutungsmethoden, die von den Provinzstatthaltern geduldet wurden, haben der römischen Republik schweren Schaden gebracht. Erstens erregten sie den Widerstand der Provinzbevölkerung gegen Rom und zweitens förderten sie die Korruption der herrschenden Schicht in Rom, die sich mehr und mehr daran gewöhnte, die Provinzen als Objekt zur Bereicherung zu betrachten.

Diese Entwicklung wurde schließlich auf dem Gebiet des Agrarwesens besonders verhängnisvoll. Das selbständige Bauerntum war in altrömischer Zeit sozusagen das Rückgrat des Staates und Volkes gewesen. Doch gerade die Zahl der Bauern nahm jetzt ständig ab. In den schweren Kriegen gegen Karthago hatten sie die meisten Opfer gebracht. Viele waren gefallen, ihre verlassenen Höfe wurden von zahlungskräftigen Leuten aufgekauft. Das aufkommende Geldwesen erleichterte solche Käufe. Mancher entschloß sich auch, in die Stadt zu ziehen und auf einen gewerblichen Beruf überzugehen. Wer verschuldet war, erhielt von den Rittern zwar leicht eine Hypothek, doch wurde der hohe Zins von 10–12% den Darlehensnehmern oft zum Verderben. In ganz Italien kam der bäuerliche Grundbesitz in Bewegung. Zum großen Teil erwarben ihn die Senatoren, die sich am Handel und Gewerbe nicht beteiligen durften und deshalb ihre großen Vermögen ausschließlich im Grundbesitz anlegten. So kam es, daß der kleine und mittlere Landwirtschaftsbetrieb, der fundus, immer mehr durch den Großgrundbesitz verdrängt wurde, das sogenannte latifundium. In Etrurien soll es im Jahre 134 keinen einzigen Bauernhof, nur noch Latifundien gegeben haben. Ähnlich war es in den Provinzen, wo die Ritter und Senatoren unbeschränkt Land aufkaufen konnten. Die Stadtgemeinde Leontini in Sizilien zum Beispiel hatte insgesamt etwa 80 000 ha fruchtbaren Boden. Darin teilten sich 84 Latifundienbesitzer, von denen also jeder durchschnittlich 1000 ha hatte. Nur einer von ihnen war ein Einheimischer. In der Provinz Africa, dem heutigen Tunesien, ging die Besitzkonzentration so weit, daß die halbe Provinz zuletzt sechs Grundherren gehörte.

Wenn wir fragen, wer auf diesen Gütern gearbeitet habe, so lautet die Antwort: Sklaven. Es war eine der schlimmsten Folgen der politischen und der wirtschaftlichen Expansion, daß damals die Sklaverei zu einem wesentlichen Faktor des römischen Lebens wurde. In der älteren Zeit Roms hatte es zwar schon Unfreie und Halbfreie gegeben, denen die persönlichen und bürgerlichen Grundrechte fehlten oder aberkannt waren,

180

Schuldknechte, Kriegsgefangene, Vorbestrafte usw. Jetzt aber kam der organisierte Menschenhandel auf, die massenhafte Freiheitsberaubung zu kommerziellen Zwecken. Die Griechen hatten den Sklavenhandel von den orientalischen Völkern übernommen und seit langem praktiziert, ebenso die Karthager. Sklaverei war eine allgemeine Erscheinung. Die für uns Heutige selbstverständliche Anschauung, daß jeder Mensch von Natur das Recht auf persönliche Freiheit habe und daß daher die Sklaverei unmenschlich sei, diese Auffassung hat sich bekanntlich erst seit der Aufklärung des 18. Jahrhunderts durchgesetzt. Erst vor rund hundert Jahren, am 1. Januar 1863, hat sie Abraham Lincoln durch seine berühmte Proklamation der Sklavenbefreiung vollends verwirklicht. Schon im Altertum hatten zwar einzelne griechische Philosophen gefordert, alle Menschen müßten frei sein, aber das galt als Utopie. Die Menschheit braucht unsäglich lange, um in ihrer Geschichte einen sozialen Fortschritt dieser Art zu erreichen, Sklavenbefreiung, Frauenemanzipation und anderes. Was anfänglich unsinnig und utopisch erscheint, wird erst für spätere Generationen zur Selbstverständlichkeit.

Die Römer hatten im Zeitalter der großen Kriege die Sklavenwirtschaft kennengelernt und übernahmen sie ebenso unbedenklich wie das Geldwesen, den Überseehandel und die Latifundienbetriebe. Diese Dinge hingen zusammen. Nur mit Hilfe importierter Sklaven konnten die Latifundien bewirtschaftet werden, nicht mit freien Bauern. Den verdrängten Bauern blieb nichts anderes übrig, als in die Städte abzuwandern und von Lohn- oder Gelegenheitsarbeit zu leben. Je größer der Grundbesitz wurde, um so mehr wuchs der Bedarf an unfreien Landarbeitern. In den letzten Kriegen gegen Karthago und Makedonien wurden daher planmäßig Menschenjagden durchgeführt und ganze Gebiete entvölkert. Aemilius Paullus, der Sieger von Pydna, ließ auf einen Geheimbefehl des Senats allein in Epirus 150 000 Personen als Sklaven verkaufen. Auf der Insel Delos, wo die Handelsgesellschaften der römischen Ritter ihre Niederlassungen hatten, wurden zeitweilig mehr als 20 000 Sklaven pro Tag umgesetzt, wie der Geograph Strabon berichtet. Die meisten kamen auf die Latifundien nach Italien und Sizilien. Qualifizierte Kräfte wurden in den Manufakturbetrieben verwendet, andere auch in den Privathäusern reicher Römer, die ihr gesellschaftliches Prestige dadurch erhöhten, daß sie sich mit möglichst vielen und teuren Sklaven und Sklavinnen umgaben. Da der Kaufpreis eines Sklaven je nach Qualität 100 bis mehrere 1000 Denar betrug, wozu die Unterhaltskosten kamen, konnten sich arme Leute keine Sklaven leisten. Für die Vermögenden dagegen waren sie als Arbeitskräfte in den landwirtschaftlichen und gewerblichen Großbetrieben eine sichere Kapitalanlage. Die Agrarproduktion der Latifundien wurde von der bäuerlichen Selbstversorgung und lokalen Bedarfsdeckung auf den gewinnbringenden Marktabsatz und Export hochwertiger Erzeugnisse wie Öl, Wein, Wolle umgestellt; Getreide konnte man billig einführen. Durch Bodenverbesserung, neue Methoden der Düngung und Bewässerung wurde der Ertrag gesteigert. Das schon erwähnte Buch Catos über die Landwirtschaft zeigt deutlich den Übergang von der altrömischen Bauernwirtschaft zum Latifundiensystem mit Sklavenarbeit. Cato hatte die Zerstörung Karthagos gefordert, um die Konkurrenz der karthagischen Plantagenbesitzer auszuschalten.

Was für Karthago galt, traf auch die anderen Gegner Roms. Ihre politische Unterwerfung oder Vernichtung bedeutete zugleich ihre wirtschaftliche und soziale Auslieferung an Rom. Wirtschaftlich besaß die herrschende römische Schicht durch ihren gewaltigen Land- und Kapitalbesitz eine monopolistische Vormachtstellung, die von außen her, von den Unterworfenen, nicht mehr in Frage gestellt werden konnte. Gesellschaftlich besaß der römische Bürger gegenüber den tributpflichtigen Untertanen und den rechtlosen Sklaven eine privilegierte Vorzugsstellung, die ebenfalls unaufhebbar schien. Die römische Herrschaft war vollendet.

Aber die Geschichte steht unter dem Gesetz einer furchtbaren Gerechtigkeit. Bloße Herrschaft ist niemals durch sich selbst gerechtfertigt. Wenn sie nur zerstört, aber nicht aufbaut, nur nimmt und nicht gibt, hat sie keinen Bestand. Rom vermochte seinen frühen Erfolg, die Unterwerfung und Einigung Italiens, durch die Erringung der Mittelmeerherrschaft in der mittleren Zeit der Republik großartig zu steigern. Aber es hat dabei den Grundsatz der Einigung und Angleichung verleugnet und statt dessen den Besiegten nur Ausbeutung und Versklavung gebracht. Dies rächte sich an der römischen Republik selbst. Ihre letzte Epoche wurde das Jahrhundert der Revolution. Die Führungsschicht verfolgte nur noch ihr eigenes Interesse, sah aber nicht mehr die politische Aufgabe, zu der sie berufen war. Das Volk, das zum großen Teil aus seinem Besitz verdrängt war und durch die Sklavenbetriebe kein Einkommen mehr fand, wurde zur aufrührerischen Masse. Eine tiefe Kluft innerhalb des Römertums tat sich auf. Es war von symbolischer Bedeutung, daß im gleichen Jahre 133, als das Reich von Pergamon römisch wurde und seine Königsgüter, Steuern und Sklaven den Senatoren und Rittern den letzten großen Gewinnzuwachs brachten, in Rom das Volk unter Tiberius Gracchus sich zum ersten Male erhob. Eine neue Epoche der römischen Geschichte kündigte sich an.

VI. Das Jahrhundert der Revolution

Das letzte Jahrhundert der römischen Republik brachte die Probleme zur Lösung, die sich aus der Epoche der Expansion ergaben. Die Lösung erfolgte gewaltsam, in einem Jahrhundert der Revolution und der Bürgerkriege, weil die Senatsregierung es versäumte, rechtzeitig die notwendigen Reformen ohne Gewalt durchzuführen. Die Revolution hatte ein Ergebnis, das niemand wollte und voraussah, nämlich den Untergang der Republik und die Errichtung der Alleinregierung der Cäsaren, die Begründung des Kaisertums. Damit wurde auch die herrschende Gesellschaft der Republik beseitigt, die letzten Vertreter der altberühmten Senatorenfamilien fielen der Umwälzung zum Opfer.

Welches waren die ungelösten Probleme, um die es ging?

1. Die politische Führung: Das System der jährlich wechselnden Konsuln, der rivalisierenden Nobilitätsgeschlechter und der Senatsbeschlüsse reichte nicht mehr aus. Das römische Reich war zu groß dafür geworden, die politischen Aufgaben zu vielfältig. Was nottat, war eine dauerhafte, zentral geleitete Politik.

2. Die Bundesgenossen: Sie hatten die schweren, opferreichen Kriege an der Seite der römischen Bürger durchgefochten, aber keine Verbesserung ihrer Rechtsstellung erhalten. Das Bürgerrecht wurde ihnen vorenthalten.

3. Die Provinzen: Ihre Verwaltung durch Prokonsuln, das heißt Vize-Konsuln, war nur ein Provisorium der Kriegszeit. Die Ausbeutung besonders durch die Steuerpächter wurde immer unerträglicher.

4. Die Agrarfrage: Durch die Ausbreitung des Latifundienwesens war die Bauernschaft ruiniert und zum städtischen Proletariat geworden. Es mußten neue Siedlerstellen geschaffen und die Eigentumsbildung im Volke gefördert werden. Die krassen Besitzunterschiede mußten ausgeglichen werden.

5. Das Sklavenwesen: Es verschärfte die bestehenden sozialen Gegensätze noch weiter. Durch die Freiheitsberaubung und Deportierung zahlloser Menschen wurden große Gebiete entvölkert, an den Arbeitsstätten der Sklaven aber ständige Unruheherde geschaffen.

Es war ein ganzer Katalog von Mißständen. Dazu kam noch:
6. Das militärische Versagen. In Spanien war infolge der Mißwirtschaft der Provinzstatthalter und Steuerpächter der erste offene Aufstand gegen Rom ausgebrochen. Die römischen Heere wurden wegen Unfähigkeit der Konsuln und Disziplinlosigkeit der Truppen geschlagen. Den spanischen Freiheitsführer Viriathus ließ man ermorden. Ein schmählicher Friedensvertrag wurde erkauft und dieser Vertrag wieder gebrochen. Die spanische Stadt Numantia, das Zentrum des Widerstandes, konnte schließlich 133 v. Chr. nur durch Aushungerung bezwungen werden. Ihre letzten Verteidiger wurden versklavt. Scipio Aemilianus, der Zerstörer Karthagos, führte auch diesen Vernichtungsbefehl des Senats aus.

Aber dieses Jahr 133 v. Chr. wurde der Wendepunkt. Im Gefolge des Aemilianus befand sich sein Schwager Tiberius Gracchus, der Enkel des großen Scipio Africanus, in der Tradition der Familie und im Geist der fortschrittlichen griechischen Philosophie erzogen von seiner Mutter Cornelia, einer der edelsten Frauen der römischen Geschichte. Als er auf der Fahrt nach Numantia durch Etrurien kam, da fiel ihm auf, daß dort, wo früher gesunde Bauernhöfe und Bürgersiedlungen waren, aus denen römische Soldaten rekrutiert wurden, das Land weithin brach lag; nur fremdländische Latifundiensklaven waren zu sehen. Tiberius Gracchus erkannte den Zusammenhang. Weil den Bürgern und Bauern die Existenz geraubt war, kämpften sie auch nicht mehr für Rom. Die soziale Zerrüttung war die Ursache der militärischen Niederlagen. Auch in Sizilien war es schon zum Aufstand gekommen. Die dortigen Sklaven befreiten sich, riefen unter ihrem Anführer Eunus ein selbständiges Königreich aus und schlugen die konsularischen Heere.

Tiberius Gracchus ließ sich zum Volkstribunen wählen und beantragte, den Großgrundbesitz einzuschränken und neue Siedlerstellen zu schaffen. Das Agrarproblem und das Militärproblem sollten zusammen gelöst werden. Aber die Senatoren opponierten. Sie wollten ihren Besitz nicht schmälern lassen. Sie fürchteten weitere Konsequenzen. Hier einige Sätze aus einer Rede des Gracchus: ›Die Tiere in Italien haben ihr Lager und jedes weiß, wo es hingehört. Die Männer aber, die für Italien kämpfen und sterben, haben nichts. Unstet, ohne Heim und Haus ziehen sie mit Weib und Kind umher. Die Feldherrn lügen, wenn sie die Soldaten aufrufen, für ihre Heiligtümer zu kämpfen. Sie sterben für fremden Luxus, angeblich die Herren der Welt, in Wirklichkeit haben sie keine Erdscholle. War das Demagogie? Oder war es richtig? Es bildeten sich gegnerische Parteien, die Anhänger des Gracchus, die Popularen, und die Vertreter der Senatsmehrheit, die Optimaten. Rom stand am Vorabend der Revolution. Als das Ackergesetz vertagt wurde, kam es zum ersten Mal in Rom zu Straßenkämpfen. Gracchus wurde erschlagen, der Senat hatte gesiegt. Aber die Bewegung, die einmal entfacht war, ließ sich nicht aufhalten. Zehn Jahre später erneuerte Gaius Gracchus, der jüngere Bruder des Tiberius, als Tribun das Agrargesetz und erweiterte es zu einem umfassenden politischen und sozialen Reformprogramm. Die mittellose Stadtbevölkerung sollte durch Subvention verbilligtes Getreide erhalten, finanziert aus den Tributen der Provinz Asien. Die auswärtige Kolonisation sollte wiederaufgenommen werden. Die Bundesgenossen sollten das Bürgerrecht erhalten. Es waren Gedanken, die in die Zukunft wiesen. Aber Gaius Gracchus wußte auch, daß das Volk nicht stark genug war, den Widerstand und die Macht des Senats zu brechen. Er bewirkte daher zum Vorteil der Ritter eine Änderung des Gerichtswesens, wodurch die Ritter vom Senat unabhängig wurden. Es gelang Gaius Gracchus zwar nicht, die schwerreichen Ritter auf die Seite des Volkes zu ziehen, begreiflicherweise, aber er erreichte doch, daß die Ritter von nun an einen selbständigen politischen Faktor bildeten, wodurch die maßgebende Rolle des Senats eingeschränkt wurde. Der Senat war das Spitzengremium der römischen Republik. Wenn er diese Stellung verlor, dann war es um die republikanische Verfassung geschehen, wie sie bisher bestanden hatte. Was dann werden sollte, wußte freilich niemand. Sollte das Volk regieren wie in Athen, in der griechischen Demokratie? Oder sollten die Ritter eines Tages an die Stelle des Senats treten? Unter der Herrschaft des Senats war Rom groß geworden, zur Weltmacht geworden. Sollte die Grundlage dieser Erfolge jetzt in Frage gestellt werden? Die Gracchen hatten eine Entwicklung eingeleitet, die weit über eine bloße Agrarreform hinausging.

Der erbitterte Widerstand der Senatskreise gegen die Neuerungen beruhte also nicht nur auf Eigennutz, sondern auch auf der Sorge um die Zukunft. Im Jahre 121 griff der Senat zum äußersten Mittel. Durch eine Notstandserklärung wurde das Kriegsrecht über Rom verhängt, Gaius Gracchus mit seiner Schar durch den Konsul mit bewaffneter Macht erschlagen. Weitere 3000 Parteigänger des Gracchus ließ der Senat hinrichten. Die Reformbewegung war gescheitert. Aber Rom war jetzt in zwei unversöhnliche Lager zerfallen.

Da kam von außen der Anstoß zu einer unerwarteten Wendung. Die Grenzen der römischen Herrschaft waren seit langem nicht mehr bedroht. Es war sogar gelungen, zur Verbindung zwischen Italien und Spanien die Provincia Gallia Narbonensis in Südfrankreich einzurichten, mit der

186

Landschaft, die noch heute Provence heißt. Da zeigten sich im Alpenge-
biet erstmals germanische Stämme an der römischen Grenze, die Kimbern und Teutonen, die von Jütland ausgewandert waren. Sie brachten
mehreren römischen Heeren solche Niederlagen bei, daß in Rom die Erinnerung an Cannae und an die Allia wach wurde.

Die Lage wurde durch Gaius Marius gerettet. Er stammte aus einer italischen Landstadt und war bis zum Konsul aufgestiegen, ein sogenannter homo novus, ein ›neuer Mann‹, ein Emporkömmling aus dem Volk,
wie die Nobilität hochmütig sagte. Marius erkannte, daß bei dem ver-
rotteten Zustand des römischen Militärwesens die Kimbern nicht zu
schlagen waren. So führte er in den Jahren 104 bis 100, als er vom Volk
ohne Rücksicht auf die Verfassung immer wieder zum Konsul gewählt
wurde, seine große Heeresreform durch. Sie gab der innerpolitischen und
sozialen Auseinandersetzung in Rom eine entscheidende Wendung.

Das römische Heer war bis dahin eine Miliz gewesen. Die Staatsbürger
wurden auf Grund der allgemeinen Wehrpflicht nach den Zenturien-
klassen einberufen. Am Ende eines Feldzuges wurden die Legionen aufgelöst; die Soldaten kehrten in ihr ziviles Leben zurück. Durch die Pro-
letarisierung des Bauerntums war aber die Rekrutierung immer schwie-
riger geworden. Marius ersetzte daher das Milizsystem durch ein Heer
von langdienenden, festbesoldeten Berufssoldaten, wozu er vor allem
die Proletarier anwarb. Damit hatten sie wieder eine Existenz. Auch wurde ihnen zugesichert, daß sie nach der Entlassung als Veteranen, das heißt
Altgediente, eine Zivilversorgung in Form einer Bauernstelle erhalten
sollten.

Welche politischen Folgen ergaben sich daraus? Zunächst wurde auf diese Weise das Siedlungs- und Agrarprogramm der Gracchen weitgehend
verwirklicht, vorausgesetzt, daß die Veteranen ihre versprochene Land-
versorgung auch erhielten. Zweitens wurde dadurch ein neuartiges
Gefolgschaftsverhältnis zwischen dem Feldherrn und dem Heer geschaffen. Das Berufsheer war kein Instrument mehr für die Weisungen des
Senats, sondern hielt sich an den Feldherrn, um durch ihn Beute, regelmäßigen Sold und die Altersversorgung zu bekommen. Daraus folgte
drittens, daß der Feldherr ein politischer Machtfaktor ersten Ranges wurde. Wie er diese Macht gebrauchte, hing von seiner Persönlichkeit ab. Er
konnte, wenn sich der Senat den Forderungen des Heeres widersetzte, das
Heer gegen Rom in Marsch setzen und den Senat zur Erfüllung seines
Willens zwingen. Der Militärführer, nicht mehr der Senat, hatte schließlich die Entscheidung über die Zukunft Roms in der Hand.

Diese Entwicklung vollzog sich folgerichtig und unaufhaltsam, wenn auch unter Rückschlägen und unter schweren, nicht mehr zu ersetzenden Blutopfern. Das Heer des Marius und seiner Nachfolger wurde das entscheidende Machtmittel sowohl gegen äußere Feinde wie im Bürgerkrieg. Die Legion, 6000 Mann stark, mit dem Adler als Feldzeichen, bestand aus zehn taktisch selbständigen Einheiten, den Kohorten. Ihre Waffe war außer dem Schwert das pilum, der Wurfspeer mit Eisenschaft. Jeder Soldat war als Gladiator geschult, das Offizierskorps der Zenturionen vorzüglich ausgebildet.

Die militärischen Erfolge zeigten sich sofort. Der aufständische Vasallenfürst Iugurtha von Numidien wurde von Marius besiegt und im Staatsgefängnis, das noch heute in Rom zu sehen ist, hingerichtet. Die Teutonen und Kimbern wurden bei Aix in der Provence und Vercellae bei Mailand geschlagen, auch die sizilischen Sklaven wieder unterworfen.

Als aber Marius seine politischen Forderungen in Rom durchzusetzen suchte, die Veteranenversorgung und das erneuerte Programm des Gaius Gracchus, da versagte er. Er fand keinen Ausweg in den Kämpfen zwischen den Volkstribunen, die immer radikaler wurden, und der konservativen Senatspartei, die an politischer Erfahrung und taktischem Geschick immer noch überlegen war. Marius dachte nicht daran, das Heer für politische Ziele einzusetzen.

Diesen Schritt tat erst sein politischer Gegner Cornelius Sulla. Sein Porträtkopf aus späterer Zeit in der Münchner Glyptothek ist pathetisch idealisiert. Das Münzbild ist authentisch. Er hatte zunächst, ebenso wie vor ihm Marius, akute Gefahren zu bemeistern, die aus den Fehlern und Versäumnissen der Vergangenheit resultierten. Das erste war der italische Bundesgenossenkrieg. Längst waren die Städte und Stämme Italiens weithin romanisiert. Sie hatten jedoch die oft versprochene politische Gleichberechtigung nicht erhalten. Jetzt war ihre Geduld erschöpft; ganz Italien erhob sich im Aufruhr. Die römische Macht, die so viele Provinzen beherrschte, wurde im eigenen Lande erschüttert. Erst nachdem allen Aufständischen das volle römische Bürgerrecht zugestanden war, konnte Sulla im Jahre 88 den Krieg beenden.

Kaum war der verheerende italische Krieg beigelegt, als Kleinasien in vollem Aufruhr stand. Die römischen Steuerpächter und Sklavenhändler hatten diese Provinz so mißhandelt, daß sogleich nach Ausbruch der Empörung dort innerhalb eines Tages 80 000 Römer ermordet wurden. Niemals fand das Ausbeutungssystem in den Provinzen eine so entsetzliche Vergeltung wie hier. Der König Mithridates von Pontos am Schwarzen Meer, der den Anstoß dazu gab – sein hellenistisches Idealporträt zeigt ihn als Herakles mit Löwenhelm –, wurde von der Bevölkerung als Befreier begrüßt; auch Griechenland schloß sich ihm an. Er war der letzte große Vorkämpfer des Orients und des Griechentums gegen Rom. Erst nach mehreren Kriegsjahren konnte ihn Sulla nach Osten zurückdrängen.

Inzwischen herrschten in Rom bereits revolutionäre Zustände. Die populare Bewegung hatte sich unter Führung des Konsuls Cinna durchgesetzt. Mit Unterstützung des Marius und seiner Veteranen, dazu der italischen Neubürger und freigelassener Sklaven regierte Cinna ohne Rücksicht auf den Senat. Sozialreformen, die einst die Gracchen auf gesetzlichem Wege zu erreichen suchten, wurden unter Terror und Hinrichtungsbefehlen durchgeführt. Rom trieb der Anarchie entgegen.

Da kehrte Sulla mit seinen Legionen vom mithridatischen Kriege zurück. Er war gewillt, die Ordnung wiederherzustellen, aber er verstand darunter die Wiederherstellung der Senatsregierung und die Aufhebung aller Reformen. In der ersten Bürgerkriegsschlacht der römischen Geschichte, in der Römer gegen Römer kämpften, schlug Sulla im Jahre 82 am Kollinischen Tore Roms das Heer der Popularen. Durch seine berüchtigten Proskriptionen, das heißt Achtungslisten, ließ er die politischen Gegner mit beispielloser Grausamkeit verfolgen und vernichten. Der Terror der Revolution wurde durch den Terror der Gegenrevolution überboten. Als Diktator beseitigte Sulla den politischen Einfluß der Volkstribunen und Ritter, und gab dem Senat seine volle Macht zurück. Er war des guten Glaubens, die Republik sei damit gerettet. Aber restaurative oder gar reaktionäre Ordnungen dieser Art haben keinen Bestand. Die Senatsnobilität war nicht mehr fähig, die Chance zu nutzen, die ihr Sulla nochmals bot.

Sogleich nach Sullas Tod begannen die Parteikämpfe aufs neue. Die neuen Militärführer Gnaeus Pompeius und Crassus, Mitkämpfer Sullas, setzten schon im Jahre 70 seine Verfassungsordnung selber außer Kraft. Sie ließen sich durch eine Wahlabsprache zu Konsuln wählen und gaben dafür dem Volk seine Rechte zurück. Sie waren faktisch im Besitz der Regierungsgewalt. Es kam in Zukunft nur darauf an, wie sich solche Machthaber gegenseitig verständigten, oder ob sie sich als Rivalen bekämpften. Wer die größere Gefolgschaft hatte, mehr Legionen und Veteranen, mehr Anhänger und Wähler im Volk, der konnte seine eigene Politik durchsetzen. Eine Stellung dieser Art gewann Pompeius. Er kämpfte zunächst in Spanien gegen Sertorius, der dort als Anhänger des

Marius eine Gegenregierung gebildet hatte. Es gelang Pompeius, Spanien zurückzugewinnen und dabei auch Lusitanien, das heutige Portugal, zu unterwerfen.

Zugleich hatten sich in Italien die Sklaven unter Führung des Gladiators Spartacus erhoben, dessen Name ein Symbol für das Widerstandsrecht der Unterdrückten geworden ist. Spartacus war jedoch kein Revolutionär, der den Sturz der römischen Gesellschaft und die Abschaffung der Sklaverei erstrebte. Sein Ziel war die Befreiung und Rückführung der Sklaven in ihre Heimatländer. Zum Teil gelang ihnen die Flucht; die übrigen wurden von Crassus überwältigt, der 6000 Gefangene entlang der via Appia kreuzigen ließ, ein sichtbares Zeichen brutaler Herrschaft. Pompeius beendete auch diesen Krieg.

Erst die Ereignisse im Osten, die nun folgten, lassen den Ansatz einer konstruktiven Neuorientierung der römischen Herrschaft erkennen. Lucullus – zu Unrecht meist nur durch seine üppigen Gastmähler bekannt – traf die ersten Maßnahmen zur Besserung der römischen Provinzverwaltung. Er sanierte die völlig ruinierte Provinz Asien, deren Schuldenlast infolge der Wuchergeschäfte der römischen Steuerpächter von 120 Millionen Denar auf das Sechsfache angewachsen war.

Diese Politik einer maßvollen Ordnung und Befriedung anstelle bloßer Ausbeutung setzte Pompeius im Osten während der Jahre 67–63 fort. Er säuberte das Mittelmeer von den Seeräubern, besiegte Mithridates, richtete bis zu den Kaukasusländern Klientelstaaten und Provinzen ein, vor allem die Provinz Syrien, die zum wichtigsten Bollwerk des römischen Reiches im Orient wurde. Dazu wurden zahlreiche Städte und Veteranensiedlungen gegründet. Zur Durchführung dieser bedeutenden organisatorischen Aufgabe hatte er sich vom Volk – gegen den Widerstand der Nobilität – eine außerordentliche Befehlsgewalt, ein imperium extraordinarium, mit dem Verfügungsrecht über alle militärischen und finanziellen Mittel geben lassen. Es war eine umfassende, fast schon kaiserliche Machtbefugnis. Anders ließen sich die großen Probleme der Raumordnung und Verwaltungsreform nicht mehr lösen.

Als Pompeius nach Rom zurückkehrte und sein Heer entließ, ohne an eine weitere persönliche Machtstellung zu denken, da verweigerte jedoch der Senat die Anerkennung seiner Maßnahmen im Osten und die Versorgung seiner Veteranen. Der Wortführer der Optimaten, Porcius Cato, ein Nachkomme des alten Cato, erklärte, daß jede derartige Bestätigung einen weiteren Schritt zur Alleinherrschaft und zum Verlust der republikanischen Freiheit bedeute. Diese Warnung war berechtigt, aber sie

190

zeigte keinen Ausweg aus dem Dilemma, die Senatsrepublik zu erhalten und zugleich das Volk und das Heer zu befriedigen.

Auch Marcus Tullius Cicero, der größte Redner Roms, stand auf der Seite Catos und der Optimaten. Er hatte als Konsul im Jahre 63 den Putschversuch des radikalen Popularpolitikers Catilina unterdrückt, aber er wandte sich auch gegen die Korruption in den Reihen der Nobilität und erreichte in einem berühmten Strafprozeß die Verurteilung des Verres, der sich als Statthalter der Provinz Sizilien maßlos bereichert hatte. Cicero wußte, daß eine friedliche Beilegung der politischen Gegensätze nur durch Kompromisse möglich war. Damit fand er freilich keine Anhängerschaft.

Da trat Gaius Iulius Caesar in den Mittelpunkt des Geschehens. Seine Bildnisse zeigen Überlegenheit, hohe Intelligenz, vielleicht Ironie, wie in seinem ältesten Porträt aus Tusculum, ähnlich auch die späteren Darstellungen. Eigenartig ist der Caesarkopf aus ägyptischem Basalt, einst im Besitze Friedrichs des Großen, jetzt in den Staatlichen Museen Berlin, vielleicht aus dem Caesartempel, den Kleopatra errichten ließ. Caesar entstammte einer alten Nobilitätsfamilie, aber er war auch verwandt mit Cinna und Marius und dies bestimmte seine Haltung als Gegner der Optimaten. Als er sah, welche Schwierigkeiten Pompeius nach seiner Rückkehr vom Osten hatte, schloß er mit ihm und mit Crassus ein geheimes Wahlbündnis, ein Triumvirat, und wurde dadurch im Jahre 59 Konsul, taktisch meisterhaft, doch nicht im Geiste der Verfassung.

In seinem Konsulatsjahr erledigte Caesar rasch und sicher die drängendsten Probleme der Zeit, aber er befand sich dabei in immer schärferem Konflikt mit dem Senat. Die Neuordnung des Orients durch Pompeius wurde bestätigt, das Agrarprogramm der Gracchen und ihrer Nachfolger durch Ansiedlung von Proletariern und Veteranen wiederaufgenommen und erweitert, schließlich die Provinzverwaltung durch strenge Vorschriften gegen Steuerwucher und Ausbeutung auf eine neue, gesunde Grundlage gestellt. Es waren staatsmännische Leistungen, trotz der Tumulte, unter denen sie zustandekamen. Die Größe eines Staatsmanns zeigt sich darin, daß er dauerhafte und gerechte Lösungen findet und durchsetzt, auch gegen Widerstände.

Auf das Konsulat folgte die Eroberung Galliens durch Caesar in den Jahren 58–52, ein Vorgang von großer geschichtlicher Bedeutung. Das römische Reich wurde dadurch nochmals erweitert und verstärkt. Indem Caesar die Germanen, die unter Ariovist schon in Gallien eingefallen waren, über den Rhein zurückdrängte, entschied er darüber, daß Gallien und damit auch das spätere Frankreich ein Land mit romanischer, nicht germanischer Sprache und Kultur wurde. Auch die Völkerwanderung hat daran nichts mehr geändert. Caesars wechselvolle Kämpfe mit den keltischen Stämmen der Helvetier, Belgier, Arverner und anderer endeten nach der Besiegung des Freiheitskämpfers Vercingetorix bei Alesia mit der völligen Unterwerfung Galliens. Es gibt Münzbilder des Vercingetorix, bildliche Darstellungen gallischer Krieger mit Kettenpanzer und typischer Legionäre Caesars mit Pilum, Schwert und Ovalschild. Mehrere Vorstöße Caesars über den Rhein und nach Britannien dienten zur Sicherung der gewonnenen Grenzen. In allen diesen Jahren zeigte es sich, daß Caesar nicht nur ein Staatsmann, sondern zugleich ein Feldherr von überragender Fähigkeit war.

Der gallische Krieg, den Caesar aus eigener Initiative unternommen hatte und den er in seinen ›Kommentarien‹ ebenso sachlich wie unauffällig für sich werbend darstellte, hatte aber auch innerpolitische Hintergründe. Caesar erkannte, daß die Lage in Rom keineswegs stabil war. Die Optimaten planten seinen Sturz und die Aufhebung seiner Gesetze. Demagogische Tribunen beherrschten mit bewaffneten Banden die Straße. Der Terror nahm zu. Pompeius, durch Caesars Machtzuwachs in Gallien mißtrauisch geworden, schloß sich der Senatspartei an. Crassus war bei Carrhae im Osten von den Parthern geschlagen worden und gefallen.

Der entscheidende Machtkampf stand bevor. Caesar hatte ein kampferprobtes Gefolgschaftsheer und gewaltige Beutemittel. Er ersuchte von Gallien aus den Senat um Bestätigung seiner Erfolge und Versorgung der Veteranen. Der Senat, durch Pompeius gestützt, ließ antworten, Caesar möge zuerst sein Heer entlassen, dann werde man in Rom über das Weitere verhandeln. Da überschritt Caesar im Januar 49 mit seinem Heer den Grenzfluß Rubicon bei Rimini, der Italien von den gallischen Provinzen trennte, und eröffnete damit den Bürgerkrieg. ›Der Würfel ist gefallen‹, iacta est alea, sagte er zu dieser Entscheidung, bei der seine persönliche Machtstellung und das Schicksal der Republik auf dem Spiele standen. Drei Jahre wurde das römische Reich vom Vernichtungskampf der Cäsarianer und ihrer Gegner erschüttert. Caesar besetzte Italien und schlug Pompeius bei Pharsalus in Griechenland, wo sich 20 Legionen gegenüberstanden. In Ägypten, Kleinasien, Nordafrika, Spanien siegte Caesar, aber das römische Volk verblutete in diesen Schlachten. Pompeius war auf der Flucht nach Ägypten vom Ptolemäerkönig ermordet worden, der sich dadurch Caesars Gunst erwerben wollte. Cato verübte in Utica bei Karthago Selbstmord, um nicht das Ende der Republik zu überleben. Gealtert kehrte Caesar nach Rom zurück. So zeigt ihn sein letztes Münzbildnis. Er begnadigte seine Gegner. Er war Alleinherrscher, Diktator auf Lebenszeit.

Ohne Widerstand und doch mit sonderbarer Eile führte er nun in zwei Jahren sein umfassendes Reform- und Aufbauprogramm durch, Erneuerung des Senats, der Ämter, des Rechtswesens, der Sozialfürsorge, Bürgerrechtsverleihung an Provinziale, Wiederaufbau von Korinth und Karthago, Gründung weiterer Kolonien, Einführung des Julianischen Kalenders und vieles andere. Er traf Vorbereitungen zu einem großangelegten Feldzug gegen die Parther im Osten und bestimmte den Tag seines Aufbruchs. Da wurde er am 15. März 44, an den Iden des März, im Senat ermordet. Dies war das Ende des größten Römers.

Die Verschwörer, lauter Senatoren, unter ihnen Brutus, der Neffe Catos, Cassius und andere, handelten in dem Bewußtsein, Tyrannenmörder zu sein, als Retter der republikanischen Freiheit. Ihre Tat war mannhaft, aber der Beifall der Massen blieb aus. Im Gegenteil, als der Konsul Marcus Antonius das Testament Caesars bekanntgab, das an seine Taten erinnerte und dem Volke große Schenkungen verhieß, mußten die Verschworenen Rom verlassen, um nicht gelyncht zu werden. Die Freiheit war nicht gerettet. Die Folge der unseligen Tat war nur ein neuer schwerer Bürgerkrieg, der den Untergang der Republik vollendete und den Cäsarismus bestätigte.

Nach den ersten Wirren verbündete sich Antonius mit Gaius Octavius, genannt Octavian, dem Großneffen und Erben Caesars, zum gemeinsamen Vorgehen gegen alle Caesarmörder. Brutus und Cassius hatten in den Provinzen ein Freiwilligenheer von Republikanern gesammelt, aber sie unterlagen in der Schlacht bei Philippi in Makedonien den Veteranen Caesars unter Führung des Antonius und Octavian. Eine grausame Rache- und Verfolgungswelle unter dem Triumvirat der siegreichen Caesarianer Antonius, Octavian, Lepidus setzte ein, mit Proskriptionen, denen die letzten namhaften Vertreter der Senatsnobilität zum Opfer fielen, auch Cicero.

Aber es dauerte nicht lange, bis die rivalisierenden Triumvirn den Kampf um die Nachfolge des Alleinherrschers Caesar gegeneinander führten. Antonius sammelte seine Macht in den Ostprovinzen, vermählte sich mit der Ptolemäerin Kleopatra und gewann dadurch Ägypten für sich. Octavian mobilisierte den Westen, berief sich in Italien auf die Tradition des Römertums und gab dem fähigen Agrippa den Flottenbefehl. Die Entscheidung zugunsten Octavians fiel im Jahre 31 v. Chr. durch die Schlacht bei Actium an der Westküste Griechenlands. Antonius und Kleopatra nahmen sich das Leben, Octavian zog als Sieger in Alexandria ein, Ägypten wurde römisch.

Das Zeitalter der Revolution und der Bürgerkriege war beendet. Die Republik war untergegangen, aber das Römische Reich überdauerte den Wandel der Gesellschaft und der Staatsform. Octavian war berufen, unter dem neuen Namen Augustus den Frieden zu bringen und der erste Herrscher des Kaiserreiches zu werden.

VII. Kaisertum und Weltreich

Wenn wir uns zur Orientierung nochmals die zeitliche Übersicht der römischen Geschichte vergegenwärtigen, ihrer einzelnen Epochen und Abschnitte, so sehen wir, daß der Beginn der Kaiserzeit gerade etwa in die Mitte der römischen Geschichte fällt. Nachdem die Republik fünf Jahrhunderte bestanden hatte, wurde sie zum Kaiserreich umgebildet, dessen Dauer wiederum ein halbes Jahrtausend umfaßte.

Augustus, der Begründer des römischen Kaisertums, war einer der bedeutendsten und erfolgreichsten Herrscher der Weltgeschichte. Seine Bildnisse zeigen, wie er von der Mitwelt und Nachwelt gesehen sein wollte. Auf dem Münzbild erscheint er ernst, entschlossen, verantwortungsbewußt, mit einem Zug ins Erhabene. Der Marmorkopf zeigt ihn kühl, distanziert, überlegen. Die berühmte Statue von Primaporta bei Rom, aus kaiserlichem Familienbesitz, stellt Augustus als Weltherrscher dar, mit der Tracht und Geste eines Imperators, der zum Heere spricht. In diesen Bildnissen sind die furchtbaren Jahre des Bürgerkriegs wie weggewischt, in denen Augustus, damals noch Octavian genannt, als Adoptivsohn des ermordeten Diktators Caesar die Alleinherrschaft errang, im Kampf gegen die Caesarmörder und dann gegen seinen Rivalen Antonius. Nichts mehr sollte an diese blutigen Ereignisse erinnern. Augustus wollte der Bringer des Weltfriedens sein, eines neuen Zeitalters der Ruhe, des Wohlstands und der Sicherheit.

In diesem Sinne bewirkte er auch den Umbau der Republik, die verfassungsmäßige Neugestaltung des römischen Staates. Augustus hatte aus dem Schicksal Caesars die Lehre gezogen, daß in dieser Hinsicht nichts überstürzt werden dürfe. Das republikanische Empfinden mußte geschont werden. Andererseits erkannte Augustus, daß eine zentrale Lenkung des Staates und eine dauerhafte Koordinierung der Führungsaufgaben unbedingt nötig waren. So schuf er eine Monarchie in republikanischer Form. Wir nennen diese Staatsform Prinzipat, da sich Augustus schlicht als princeps bezeichnen ließ, dem Sinne nach etwa ›erster Bürger‹. Den Titel König oder Diktator lehnte er ab, nicht eigentlich aus Heuchelei, um seine Machtstellung zu tarnen, sondern weil er glaubte, daß

195

die Republik nur der Ergänzung durch einen solchen Princeps bedürfe, um wieder funktionsfähig zu sein. Tatsächlich entwickelte sich der Prinzipat unter den Nachfolgern des Augustus zur reinen Monarchie. Aus dem Familiennamen des Augustus, Caesar, gesprochen Kaisar, entstand unser deutsches Wort Kaiser.

Vorsichtig, Schritt für Schritt, baute Augustus während einer langen Regierungszeit seine Stellung als Princeps immer stärker aus. Nach dem Sieg bei Actium übernahm er im Jahre 27 v. Chr. die oberste militärische Befehlsgewalt über die meisten Legionen, ein umfassendes prokonsularisches Imperium. Damit schuf er die Machtgrundlage seiner Herrschaft, die also im Grunde eine Militärmonarchie war. Auch die Führung der Außenpolitik war mit der Imperiumsgewalt verbunden. Einige Jahre später ließ sich Augustus, wie sein Ehrenname jetzt hieß, die Tribunengewalt verleihen, die ihm die Initiative der Gesetzgebung und die Kontrolle der Innenpolitik sicherte. Weitere Befugnisse und Ehrungen folgten, so daß Augustus schließlich alle anderen Magistrate an Autorität bei weitem überragte. Er war faktisch Alleinherrscher, ohne daß dafür eine neue, spezielle Amtsstellung neben den republikanischen Ämtern geschaffen worden wäre.

Neuartig und unrepublikanisch war die Zusammenfassung so vieler Amtsbefugnisse in der Hand eines Mannes, und zwar auf die Dauer. Dadurch verloren nicht nur alle übrigen Ämter und der Senat, sondern auch die Wahlen und das Volk mehr und mehr ihre politische Bedeutung. Indem Augustus beispielsweise die absolute Konsulgewalt übernahm, ohne das Amt eines Konsuls selbst führen zu müssen, wurde das reguläre Konsulat, das es daneben weiterhin gab, zu einem bedeutungslosen Ehrenposten. Indem Augustus die meisten Tributzahlungen der Provinzen in seine eigene Kasse leitete, in den später sogenannten fiscus, schuf er sich eine gewaltige Finanzmacht, neben der die alte Staatskasse ihre Bedeutung verlor.

In der Außenpolitik verzichtete Augustus auf ausgreifende Eroberungen im Stile Caesars. Er beschränkte sich darauf, das römische Weltreich in seinen natürlichen Grenzen zu sichern und abzurunden. Zu diesem Zweck wurden Spanien und Gallien vollends befriedet, das Alpen- und Voralpengebiet besetzt und die Donauprovinzen Rätien, Noricum, Pannonien, Illyrien und Mösien eingerichtet. Im Osten kamen noch die Provinzen Achaea, Galatien und Ägypten hinzu; Armenien wurde ein Vasallen- oder Klientelfürstentum. So wurde das römische Reich im Westen vom Ozean, im Süden von der Wüste begrenzt, im Norden und Osten aber von der Dreistromgrenze Rhein, Donau, Euphrat, die Augustus seinen Nachfolgern als die beste Verteidigungslinie empfahl. Der Versuch, die römische Rheingrenze an die Elbe zu verlegen, scheiterte infolge der schweren Niederlage des Varus im Kampf gegen die germanischen Cherusker unter Arminius im Teutoburger Wald 9 n. Chr. Daran erinnern das Arminiusdenkmal bei Detmold und der Grabstein eines römischen Offiziers namens Caelius, der laut Inschrift im bellum Varianum, in der Varusschlacht, gefallen ist. Der Euphrat bildete die Grenze gegen das asiatische Reitervolk der Parther, deren Reich bis nach Indien reichte. Mit dieser Großmacht des Ostens schloß Augustus im Jahre 20 v. Chr. einen Verständigungsfrieden. Auf dem Panzer der Augustusstatue von Primaporta ist dargestellt, wie ein Parther, kenntlich an seiner Hosentracht, auf Grund des Friedensvertrags einen erbeuteten römischen Legionsadler zurückgibt.

So sicherte Augustus mit einem Heer von etwa 25 Legionen, nicht mehr als 300 000 Mann, den Frieden des römischen Reiches und der antiken Kulturwelt für mehrere Jahrhunderte. Darin liegt die geschichtliche Leistung und die Größe des Augustus. Nie mehr hat es später in der Geschichte Europas bis in unsere Gegenwart eine so lange Friedensperiode gegeben. Der augusteische Dichter Vergil schrieb in seiner Aeneis die klassischen Verse:

›Du Römer, denke daran, die Völker mit deinem Befehl zu leiten,
Darin liegt deine Kunst, und Ordnung zu stiften durch Frieden.‹

Im Jahre 9 v. Chr. wurde in Rom der Altarbau des Augustusfriedens eingeweiht, die Ara Pacis Augustae, mit symbolischem Reliefschmuck und einem Figurenfries, in dem die Kaiserfamilie in feierlicher Opferprozession dargestellt ist. Es ist ein höchst sonderbares Zusammentreffen in der Geschichte, daß um dieselbe Zeit, als in Rom auf diese Weise zum ersten Mal die Idee eines Weltfriedens durch den Staat verkündet wurde, in einem fernen Winkel des Römerreiches Jesus von Nazareth geboren wurde, der Stifter einer ganz anderen, religiösen Friedensbotschaft. Wie sich der römische Staat und der christliche Glaube zueinander verhalten würden, konnte erst die Zukunft zeigen.

Im Innern des Reiches schuf Augustus eine neue Verwaltungsordnung, die für die ganze Kaiserzeit grundlegend wurde. Einige Provinzen und traditionelle Funktionen überließ er dem Senat und den Magistraten. Auf allen wichtigen Gebieten, besonders in den Grenzprovinzen, setzte er Berufsbeamte ein, die von ihm besoldet wurden. Alle diese Kuratoren, Prokuratoren, Präfekten, Legaten waren dem Kaiser persönlich verantwortlich und auf ihn vereidigt. Sie entstammten nicht der Nobilität, sondern sollten politisch unbelastet sein. Sogar Freigelassene wurden in kaiserliche Dienste berufen. Eine neue Oberschicht bildete sich heraus, die mit dem Amtsadel der Republik nichts mehr zu tun hatte.

Für die Bevölkerung erwies sich die Neuordnung in vieler Hinsicht vorteilhaft. In den Provinzen hörten die Statthalterkorrupution und der Steuerwucher auf, in Italien wurden wieder stabile Rechts- und Eigentumsverhältnisse geschaffen. In Rom wurde eine planmäßige Sozialpolitik eingeleitet, vor allem durch Zahlung von Beihilfen und Abgabe verbilligter Lebensmittel an die besitzlosen Massen. Das Volk gewöhnte sich daran, daß der Herrscher das Sorgerecht für alle habe und daß die unerschöpflichen Geldmittel des Fiskus allen zugute kämen. Auch das Heer erhielt seinen regelmäßigen Sold. Es gab keine ernsthafte republikanische Opposition mehr, die den Sturz des Princeps erstrebt hätte.

So blieb Augustus schließlich nur noch die Aufgabe, das System des Prinzipats auch für die Zukunft sicherzustellen, das heißt, einen geeigneten Nachfolger zu finden. Doch darin schien ihn sein Glück zu verlassen. Er war der Großneffe und Adoptivsohn Caesars gewesen und sah es als selbstverständlich an, seine Machtstellung weiterhin zu vererben, ein ganz unrepublikanischer Gedanke, der den Prinzipat zur Erbmonarchie machte. Augustus hatte aber keinen leiblichen Sohn, nur eine Tochter, Iulia, die er seinem bewährten Freund und Mitarbeiter Agrippa zur Frau gab. Agrippa sollte sein Nachfolger werden. Doch Agrippa starb und auch die beiden Enkel des Augustus, die Prinzen Gaius und Lucius Caesar, auf denen nun alle Hoffnung ruhte, verstarben in jungen Jahren. Diese Schicksalsschläge in der Familie bewogen Augustus, den von seiner zweiten Gemahlin Livia in die Ehe gebrachten Stiefsohn Tiberius aus dem Geschlecht der Claudier zum Nachfolger zu bestimmen, obwohl er von seiner Eignung nicht überzeugt war. Seine Befürchtungen waren berechtigt. Keiner der späteren Herrscher der Julisch-claudischen Dynastie, Tiberius, Caligula, Claudius, Nero, war ein ebenbürtiger oder auch nur würdiger Nachfolger des Augustus.

Mit dem Tode des Augustus im Jahre 14 n. Chr. – sein monumentales Rundgrab ist in Rom erhalten – ging auch das Zeitalter der augusteischen Klassik zu Ende. Wir verstehen darunter speziell die römische Dichtung und Literatur, die damals ihren Höhepunkt erreichte.

Dichter und Schriftsteller waren in Rom relativ spät, gegen das Ende des 3. Jahrhunderts v. Chr., aufgetreten, meist unter griechischem Einfluß. Die Werke des Livius Andronicus und des Naevius, die Komödien des

Plautus und Terenz gehören in diese ältere Zeit. Erst in den letzten Jahrzehnten der Republik entstand die hohe römische Literatur. Cicero publizierte seine meisterhaften Reden und übertrug die Werke griechischer Philosophen. Rom geriet immer stärker unter den geistigen Einfluß des Hellenismus. Cicero war es auch, der dem jungen Octavian die politische Laufbahn eröffnete und der in seiner Schrift ›Über den Staat‹ bereits den Begriff des Princeps formulierte. Caesar beschrieb in seinen Kommentarien den Gallischen Krieg und den Bürgerkrieg mit derselben Überzeugungskraft und geistigen Klarheit, die auch sein Handeln bestimmte. Sallust schuf in seinen historischen Monographien über Iugurtha und Catilina, in denen er den Niedergang der Nobilität darstellte, den prägnanten Stil der großen Geschichtsschreibung. Durch das Lehrgedicht des Lukrez über die Natur und die Lyrik des Catull wurde die griechische Verskunst in die römische Literatur eingeführt.

Die augusteische Klassik schloß sich diesen Leistungen unmittelbar an. Maecenas, der Freund und Diplomat des Augustus, förderte die Dichtung und die Kunst, wofür sein Name noch für uns sprichwörtlich ist. Zu seinem Kreise gehörte Horaz, der größte römische Lyriker, dessen Oden nach Form und Gehalt die besten griechischen Vorbilder erreichten oder sie übertrafen. Horaz gehört wie Vergil mit Recht zu den berühmtesten Namen der Weltliteratur. Beide, Horaz und Vergil, bekannten sich zum Prinzipat des Augustus, Horaz in den feierlichen Strophen seiner Römeroden und Vergil durch den mythischen Stoff seiner Aeneis, die zum römischen Nationalepos wurde. Daneben stehen so bedeutende Dichter wie Properz, Tibull, Ovid, jeder von unverwechselbarer Eigenart. Aus der Zahl der Prosaisten und Fachschriftsteller sei nur Livius genannt, der Historiker, der in seinem riesigen, nur zum Teil erhaltenen Werk die ganze römische Geschichte seit der Gründung Roms darstellte, Ab urbe condita. Im Sinne der augusteischen Politik hob er ähnlich wie Vergil in der Vergangenheit vor allem die Tugenden, Leistungen und Werke des römischen Volkes hervor, um damit der Erneuerung des Römertums zu dienen. Schließlich verfaßte Augustus selbst eine Art politischer Autobiographie, das Monumentum Ancyranum, so genannt, weil der Text inschriftlich in Ankara entdeckt wurde. Es ist die historisch wichtigste Inschrift der lateinischen Sprache. Die Res gestae divi Augusti, wie es in der Überschrift heißt, die Taten des göttlichen Augustus, sind hier dokumentarisch in lapidarem Stil aufgezählt, zugleich als Vermächtnis an die Nachfolger.

Tiberius, der nach dem Tode des Augustus zur Regierung kam, hatte sich

199

zwar als Heerführer an Rhein und Donau bewährt, doch fand er wegen seines verschlossenen, menschenscheuen Charakters als Princeps keine Sympathien. Er zog sich zuletzt in seine Villa auf der Insel Capri zurück und überließ die Regierung in Rom seinen Günstlingen und Präfekten. Ein übles Denunziantenwesen kam auf, Majestätsprozesse wurden durchgeführt, willkürliche Todesurteile und Vermögenskonfiskationen waren die Folge. Die Schattenseiten des Prinzipats traten hervor. Wie bei jeder Monarchie kam auch beim römischen Kaisertum alles darauf an, was für eine Persönlichkeit der Herrscher jeweils war. Gaius Caligula, der auf Tiberius folgte, zeigte deutlich psychopathische Züge, die sicher auf erblicher Belastung beruhten. Sein sogenannter ›Cäsarenwahn‹ äußerte sich in krankhaftem Machtbewußtsein und sinnloser Verschwendungssucht. Unter Claudius besserten sich zwar die Verhältnisse, doch zeigt die Statue dieses Kaisers, die ihn als Gott wie Jupiter darstellt, daß die Stellung des Princeps offiziell und ideell immer mehr erhöht und entrückt wurde. Nero überbot seine Vorgänger an maßloser Geltungssucht, zugleich aber auch an Würdelosigkeit und verbrecherischer Grausamkeit. Man beachte den bösartigen Blick auf seinem Münzbild. Mit Nero, der in der Geschichte als Prototyp des Tyrannen weiterlebt, endete die Julisch-claudische Dynastie.

Wenn das römische Reich die Mißherrschaft des Caligula oder Nero überstand, so nur deshalb, weil die von Augustus begründete Staatsordnung noch stabil genug war und weil es an tüchtigen Verwaltungsbeamten und Heerführern nicht fehlte. So wurden unter Claudius mehrere neue Provinzen eingerichtet, Mauretanien, das heutige Marokko, dann das südliche Britannien, Thrakien und Lykien. Unter Nero wirkte der Philosoph Seneca, der durch sein mutiges Auftreten am Hofe viel Unheil verhinderte.

Auch nach dem Ende Neros war eine Rückkehr von der Militärmonarchie zur Republik nicht mehr möglich. Der entscheidende Machtfaktor war das Heer. In verschiedenen Provinzen riefen die Legionen ihre Befehlshaber nacheinander zu Kaisern aus, so daß es im Vierkaiserjahr 69 n. Chr. wieder zum Bürgerkrieg kam. Dabei setzte sich Flavius Vespasianus durch, der Begründer der Flavischen Dynastie, der das Kommando im Orient geführt hatte.

Vespasian war der fähigste römische Kaiser seit Augustus. Sein Porträt zeigt ihn als skeptischen Realisten und Praktiker, als Mann des gesunden Menschenverstandes, das Gegenteil Neros. Er entstammte nicht mehr dem stadtrömischen Adel wie die Julier und Claudier, sondern einer italischen Bürgerfamilie. Dieser Wandel in der sozialen Herkunft des Kaisers läßt erkennen, daß die Führungstradition von Rom jetzt mehr und mehr auf Italien und auf die Provinzen überging. Vespasian war ununterbrochen tätig, die Finanzen zu sanieren, das Gerichtswesen zu verbessern, die Grenzgebiete zu sichern. In Rom ließ er das gewaltige flavische Amphitheater erbauen, das Kolosseum, das 100 000 Zuschauern Platz bot.

Ebenso beliebt wie Vespasian war sein Sohn und Nachfolger Titus. Seine Statue zeigt ihn im zivilen Togagewand. Durch Titus wurde aber auch der große jüdische Nationalaufstand niedergeworfen, der im Jahre 70 mit der Zerstörung des Tempels in Jerusalem und mit der Errichtung der Provinz Iudaea endete. Der Triumphbogen des Titus in Rom ist mit Reliefs geschmückt, auf denen zu sehen ist, wie der berühmte siebenarmige Leuchter aus dem Tempel von Jerusalem als Beute im Triumph dahergetragen wird. Das Judentum wurde in alle Welt zerstreut, hielt aber zäh an seinem Glauben fest. Nur deshalb war es möglich, daß nach zwei Jahrtausenden, in unserer Zeit, der jüdische Nationalstaat in Israel neugegründet werden konnte.

Auf Titus folgte sein jüngerer Bruder Domitian, der in Britannien, am Rhein und an der Donau die Grenzlinien vorschob und verstärkte, doch im Innern zunehmend autokratisch und gewaltsam regierte. Der Zeitgeist hatte sich jedoch gewandelt. Man ertrug keinen zweiten Nero mehr. Als Domitian ermordet wurde, wählte der Senat seinen Rangältesten, Nerva, zum Princeps, der anstelle der Familiendynastie ein neues, besseres Nachfolgesystem einführte, das Adoptivkaisertum. Tacitus, der größte Historiker Roms, schrieb damals, Nerva habe zwei Dinge vereinigt, die bis dahin unvereinbar schienen, die Freiheit und den Prinzipat.

Schon seit langem hatten die Redner und Philosophen – wir würden heute sagen: die Intellektuellen – gefordert, daß der jeweils Beste und Fähigste regieren solle. Schon Platon hatte in seiner griechischen Staatslehre diese Forderung aufgestellt. Dem wurde jetzt entsprochen. Nerva adoptierte als Nachfolger den besten und bewährtesten Mann, den er fand, Ulpius Traianus, damals Statthalter am Rhein. Er stammte aus Spanien und war damit der erste Provinzialrömer auf dem Kaiserthron.

Trajan, der den Ehrentitel optimus princeps erhielt, ›bester Princeps‹, wählte seinen Nachfolger Hadrian nach demselben Grundsatz aus und machte damit wieder einen ausgezeichneten Mann zum Herrscher. Auf Hadrian folgte Antoninus Pius, der diese Linie in gleichem Geiste fortsetzte, schließlich der große Mark Aurel, dessen Reiterstatue noch heute auf dem Kapitol in Rom steht. Man kann ohne Übertreibung sagen, daß es in der Weltgeschichte kaum eine andere Herrscherreihe gibt, die dieser Reihe römischer Kaiser von Trajan bis Mark Aurel an hervorragenden Qualitäten ebenbürtig wäre. Die Geschichte des römischen Reiches hatte damals ihren Höhepunkt und vielleicht war dieses 2. Jahrhundert n. Chr. die glücklichste Zeit des Altertums. Aber auch sie fand ihr Ende, wie alles in der Geschichte, und sie hat sich nicht wiederholt.

›Trajan‹, so sagt sein Zeitgenosse, der jüngere Plinius, ›befreite die Menschen von der Furcht, denn sein Wesen war echte Menschlichkeit‹. In der Tat begann mit ihm ein Zeitalter der aufgeklärten Humanität. Trajan verbot die Majestätsprozesse. Er lehnte es ab, die Christen um ihres Glaubens willen zu verfolgen, weil dies, wie er erklärte, nicht dem Geist seiner Zeit entspreche. Jeder Bürger erhielt zu ihm freien Zutritt, um seine Wünsche vorzubringen, und er fand Gehör. Mit überlegener Ruhe und Souveränität plante und meisterte Trajan alles, was er unternahm. Als Feldherr ist er nur mit Caesar zu vergleichen. Das Römerreich erlangte durch die Offensiven Trajans seine größte Ausdehnung. Die Provinz Dakien, das heutige Rumänien, wurde hinzugewonnen, dazu kamen im Osten die Provinzen Armenien bis zum Kaukasus, Mesopotamien, Assyrien, das peträische Arabien. Die Trajanssäule in Rom mit ihren Reliefdarstellungen der Dakerkriege gibt dazu eine authentische Illustration. Hadrian setzte die Eroberungen Trajans nicht fort; er gab sogar die Gebiete jenseits des Euphrat wieder auf. Sein Ziel war die Sicherung und Organisation des Reiches im Innern. Man nennt Hadrian den ›Reisekaiser‹, weil er während seiner Regierung unermüdlich von einer Provinz zur andern fuhr, um die Verwaltung und die Truppen zu inspizieren, Städte zu gründen, Straßen zu bauen, gefährdete Gebiete durch einen Limes oder Grenzwall zu sichern, so in Britannien, in Germanien, in der Dobrudscha, in Syrien, in Afrika. Noch heute steht der 120 km lange Hadrianswall in Nordengland. Als Freund der Griechen, als Philhellene, besuchte Hadrian mit Vorliebe Athen und leitete geradezu eine Art Renaissance der griechischen Kultur ein. Auch der Rundbau des Pantheon in Rom, das in augusteischer Zeit errichtet wurde, erhielt unter ihm seine heutige Gestalt. Hadrians Alterssitz war seine Villa in Tivoli bei Rom; sein Grabmal ist die heutige Engelsburg bei der Hadriansbrücke in Rom. Unter Antoninus Pins wurden die schon von Hadrian begonnenen Rechts- und Verwaltungsreformen weiter ausgebaut. Das Sklavenrecht wurde humanisiert; die Tötung oder Mißhandlung eines Sklaven wurde unter Strafe gestellt. Für sozialpolitische Zwecke stellte der Kaiser bedeutende Mittel aus dem Fiskus zur Verfügung, so für Erziehungsbeihilfen und für die Waisenversorgung. Die Hofämter und die kaiserlichen Kanzleien wurden zentralisiert und Fachleuten mit der Zuständigkeit von Ministern unterstellt.

Auch Mark Aurel gedachte vor allem diese Verwaltungsreform und Friedenspolitik fortzusetzen. Doch nun zeigten sich die ersten Sturmzeichen an den Grenzen, die Vorboten der späteren Völkerwanderung. Die germanischen Markomannen, dazu die Quaden, Sarmaten und andere Völker drangen über die Donau vor und mußten von Mark Aurel in jahrelangen Abwehrkriegen zurückgeworfen werden. Damals wurden an der Donau die Orte Regensburg, Wien und Budapest zu starken römischen Militärstützpunkten ausgebaut. Mark Aurel, der auf den Reliefs der Markussäule in Rom seine Donaufeldzüge darstellen ließ und öfters auch als Triumphator erscheint, war wider Willen zum Kriegsmann geworden. Er war in Wirklichkeit der Philosoph auf dem Kaiserthron. Im Feldlager schrieb er seine berühmten ›Selbstbetrachtungen‹, ein Werk, in dem er sich zu stoischer Pflichterfüllung bekennt, aus dem aber auch ein schwermütiger Zug spricht, als hätte Mark Aurel geahnt, daß mit ihm die beste Zeit des Römertums zu Ende ging.

VIII. Das Leben in der Kaiserzeit

Wir haben im letzten Abschnitt die Geschichte des römischen Kaiserreiches von Augustus bis Mark Aurel verfolgt. Nun haben wir zu fragen, wie die Menschen dieser Zeit lebten, wie die Kultur der Kaiserzeit in Italien und in den Provinzen aussah. Die Länder des orbis Romanus, des römischen Erdkreises, hatten tiefen Frieden und ein vorbildliches Verwaltungssystem. Um die große Politik, die in Rom gemacht wurde, und um die Vorgänge am römischen Kaiserhof kümmerte man sich draußen in den Provinzen wenig. Die Menschen waren mit ihren eigenen, privaten und lokalen Dingen beschäftigt.

Doch das Leben in den verschiedenen Provinzen und Teilen des Reiches wurde immer gleichartiger und einheitlicher. Die alten regionalen und nationalen Besonderheiten in der Sprache, Sitte und Tracht verschwanden, soweit sie nicht allgemein durchdrangen. Neben der offiziellen lateinischen Amtssprache hielt sich im Osten nur das Griechische als Volks- und Literatursprache. Die westlichen Länder und Völker wurden rasch vollends romanisiert. Eine weltweite Zivilisation hellenistisch-römischen Charakters bildete sich aus.

Dazu trug auch die Erleichterung und Sicherheit des Verkehrs wesentlich bei. Das römische Straßennetz der Kaiserzeit war so dicht, daß allein die Fernstraßen, die Rom und Italien mit den Provinzen und Reichsgrenzen verbanden, ohne die zahlreichen Nebenverbindungen, mehr als 100 000 km ausmachten. Wie heute durch den Flug- und Funkverkehr die Kontinente zusammenrücken, so bewirkten damals die Römerstraßen und der rege Schiffsverkehr, daß die Handelswaren, Nachrichten und Neuigkeiten aller Art eine rasche und einheitliche Verbreitung fanden. Ein griechischer Schriftsteller des 2. Jahrhunderts, Aelius Aristides, schildert diese Verhältnisse mit folgenden Sätzen: ›Der Erdkreis trägt nicht mehr Waffen, sondern ein Festgewand. Die Gebirge sind erschlossen, Ströme überbrückt, Wüsten besiedelt. Stadt liegt neben Stadt. Ein freier, ungehinderter Verkehr verbindet die fernsten Länder. Unsicherheit und Gefahr sind zur Legende geworden. Die Meere sind voll von Schiffen, die Straßen voll von Menschen und Wagen. Jede neueste Errungenschaft, jeder Komfort dringt sofort in alle Winkel des Reiches‹. Großstädte bis zu einer Million Einwohner waren Rom, Lugdunum-Lyon, Karthago, Ephesus, Alexandria, Antiochia und andere. Wie dicht die römischen Stadtgründungen lagen, Kolonien, Munizipien und Garnisonen, zeigen die Funde vor allem in Gallien, Südspanien und Nordafrika.

Der Mittelpunkt jeder römischen Stadt war das Forum, der Hauptplatz mit den öffentlichen Gebäuden. In Rom wurde das forum Romanum der Republik durch die Bauten der Kaiser, besonders Trajans, zu den großartigen Kaiserfora erweitert. Von der Westseite des Forums ging der Blick aufs Kapitol, nach Osten zum Kolosseum. Am Caesarforum stand der Tempel der Venus, der göttlichen Stammutter der julischen Familie. Die alte Kurie, das Rathaus oder Senatsgebäude, ist heute wiederaufgebaut, das Innere war einst mit Marmor verkleidet. Zum Forum gehörten die sogenannten Basiliken, wie die Basilica Trajans. Es waren Gerichtsgebäude, deren Typus mit Mittel- und Seitenschiffen, Säulenreihen und Flachdach später auf die christlichen Kirchen überging. An die Trajansbasilika schlossen sich Markthallen und Geschäftsstraßen an, zum Teil überwölbt, ähnlich den heutigen Ladengalerien in Malland, Rom und Neapel. Die kunstvolle Ornamentik der römischen Marmorarchitektur zeigen etwa die erhaltenen Gebälkstücke mit Fries vom Vespasianstempel.

Nach dem Vorbild Roms wurden in den Provinzstädten überall solche Forumsplätze und Bauten errichtet, so das bekannte Forum von Leptis in Nordafrika. Guterhaltene Amphitheater wie das Kolosseum in Rom finden sich in Verona, in Arles in Südfrankreich oder in El Djem in Tunesien und anderwärts. In diesen Amphitheatern und Zirkusbahnen wurden Gladiatorenkämpfe, Tierjagden, Wagenrennen und Seeschlachten aufgeführt. Die Gladiatoren kämpften auf Leben und Tod. Das sensationsgierige Publikum verlangte meist, daß der Unterlegene getötet wurde, eine Grausamkeit, die erst später durch Konstantin unter christlichem Einfluß endgültig verboten wurde. In den kultivierteren Bühnentheatern griechischer Art wurden klassische Schauspiele gegeben, wobei die Spieler für ihre Charakterrollen tragische oder komische Masken trugen. Die Maske hieß persona, woraus sich der Begriff der Person und des persönlichen Charakters bildete. Das schönste Theater Roms war das Marcellustheater aus augusteischer Zeit. Dieselbe imposante Bühnenwand hat aber auch das römische Theater von Sabratha in Libyen oder das Theater von Aspendos in Südkleinasien. In den Theatern war auch die leichte Muse vertreten, durch Singspiele mit Kithara und Lyra, Zither und Leier, oder durch Tänzerinnen wie auf Mosaikbildern aus Sizilien.

Triumph- und Ehrenbogen, wie der des Titus in Rom, sind an vielen Orten erhalten, so der Trajansbogen von Benevent in Italien, ein anderer, dreiteilig, in Timgad in Algerien. Diese Repräsentationsform der römischen Kaiserarchitektur wurde von den Monarchen des 18. und 19. Jahrhunderts in klassizistischer Weise öfters nachgebildet, so im Arc de Triomphe in Paris, im Brandenburger Tor in Berlin, im Siegestor in München.

Die Kaiserpaläste in Rom auf dem Palatin – daher, wie schon erwähnt, die Bezeichnung Palast – sind nicht erhalten geblieben, nur ihre mächtigen Fundamente und Zugänge. Die Wohnhäuser der Bevölkerung haben wir uns in den römischen Großstädten als Blocks von Miethäusern zu denken. Sie waren den heutigen Wohnhausbauten recht ähnlich. Römische Einfamilienhäuser kennt man vor allem durch die Ausgrabungen in Pompeji. Diese kleine Landstadt am Golf von Neapel hatte etwa 20 000 Einwohner. Durch den Ausbruch des Vesuv im Jahre 79 n. Chr. unter Titus wurde die Stadt vollständig verschüttet; die Toten fand man an Ort und Stelle. Der pompejanische Haustyp war das Atriumhaus. Um den Mittelraum, das Atrium, die Empfangshalle, gruppieren sich die Zimmer, oft mit Garten an der Rückseite. Ähnliche, auch zweistöckige Häuser fand man in dem ebenfalls verschütteten Herculaneum, der Nachbarstadt von Pompeji. Typische Wohnzimmer mit Wandbemalung kennen wir etwa aus dem Hause der Vettier in Pompeji, zu dem auch ein Peristylhof gehört, ein Hausgarten mit schattigem Säulenumgang.

An den Außenwänden der Häuser von Pompeji, an ihrer Straßenseite, finden sich zahlreiche Inschriften, flüchtige Graffiti, die über das Leben und die Alltagssorgen der Pompejaner amüsante Auskunft geben. Da wird Wahlpropaganda für die Dekurionen, für die Gemeinderatswahl gemacht, zum Beispiel: ›Die Obsthändler wählen den Sabinus‹. Ein Witzbold schrieb: ›Verteilt doch die Stadtkasse, sie hat viel zu viel Geld‹. Oder eine Suchanzeige: ›Eine wertvolle Vase ist aus meinem Ladengeschäft verschwunden. Wer sie bringt, erhält 65 Sesterzen; wer gleich den Dieb mitbringt, erhält noch mehr‹. Von Gladiatoren wird ihr Bild und die Zahl ihrer Siege vorgeführt, Kaufleute werben für ihre Ware. Spottverse und Liebeserklärungen, Flüche und fromme Wünsche, alles kann man an den Wänden Pompejis lesen, nur selten den Namen eines Kaisers. Die Kleinstadt führte ihr eigenes Leben.

Dennoch sorgte die römische Regierung planmäßig und ohne viel Aufhebens für die Lebensbedürfnisse der Bevölkerung in allen diesen Städten. Als Beispiel sei die Wasserversorgung genannt, die sozialpolitisch und zugleich technisch von Interesse ist. Die römischen Überlandleitungen,

206

die Aquädukte, sind in großer Zahl erhalten. Die Wasserrinne ist mit caementum ausgekleidet, also Zement, Beton, der unserem Portlandzement sehr ähnlich ist. Er war der wichtigste Ingenieurbaustoff der Römer. Da der Wasserstand in den Leitungsrinnen zum Teil über einen Meter hoch war und Rom 17 solche Aquädukte hatte, wurde der Wasserbedarf der Großstadt reichlich gedeckt. Man hat errechnet, daß die Liefermenge dieser Aquädukte allgemein pro Kopf der Bevölkerung drei- bis viermal größer war als der heutige Verbrauch. Besonders kunstvoll ist der dreiteilige Aquädukt von Nîmes in Südfrankreich, der Pont du Gard. Auch das römische Köln hatte einen Aquädukt, der das Wasser 80 km weit von der Eifel herleitete.

Vom Hauptverteilerbecken des Aquädukts am Rande der Städte wurde der Zufluß des Wassers geregelt. Durch eine sinnreiche Konstruktion, nämlich durch verschieden hoch gestellte Wehre am Verteiler, war dafür gesorgt, daß im Falle ungewöhnlicher Trockenheit zuerst die Privatleitungen ausfielen, dann die Belieferung der Theater, Bäder und ähnlicher Abnehmer, daß aber die öffentlichen Brunnen, wo die ärmeren Leute ihren Bedarf deckten, immer genug Wasser führten. Der soziale Gesichtspunkt war also für die römische Wasserversorgungsbehörde, die cura aquarum, ausschlaggebend. Ebenso war auch die cura annonae, das kaiserliche Amt für Getreidewesen, stets bestrebt, bei Schwierigkeiten in der Lebensmittelversorgung helfend und regulierend einzugreifen. Das kommunale Selbstverwaltungsrecht der Städte wurde dadurch nicht berührt.

Wenn man die gesellschaftliche Gliederung im ganzen betrachtet, so stellten die Bürger vom Pompeji eine Art Mittelstand dar, den es auch in anderen Städten gab und der gewiß einen erheblichen Prozentsatz der Gesamtbevölkerung ausmachte. Es kam während des 1. und 2. Jahrhunderts im römischen Reich niemals zu größeren sozialen Unruhen, weil eben eine breite und gesunde Mittelschicht vorhanden war. Dieses Bürgertum lebte vom Handel und Gewerbe, von Gehältern und kleinen Grund- oder Kapitalrenten. Die Steuern und sonstigen Ausgaben waren gering. Die Leute waren zufrieden. Ihre typischen Porträtbilder in der Skulptur und von Gräbern sind einfach, aber ansprechend.

Über diesem bürgerlichen Mittelstand erhob sich die neue Oberschicht der Kaiserzeit, die wesentlich andere, zum Teil weniger sympathische Züge trägt. Gesellschaftlich tonangebend war der Kaiserhof in Rom. Es wurde schon bemerkt, wie verschieden die einzelnen Kaiser nach Charakter und Lebensart waren; man denke an den Gegensatz von Nero und Vespasian, Domitian und Trajan. Das Vorbild des Hofes bestimmte die Sitten, Tracht und Moral. Die wechselnden Modefrisuren der Messalina, der Gemahlin des Claudius, oder der Iulia Flavia, Tochter des Titus, der Sabina, Mutter Hadrians, oder der Iulia Domna, die uns durch Porträtbüsten bekannt sind, wurden alsbald auch von den Damen der römischen Gesellschaft getragen. Geschmack und Eleganz waren hier bewundernswert. Einzelne Schmuckstücke, wie die Kamee aus Onyx mit den Bildnissen der Familie des Claudius, heute im Kunsthistorischen Museum in Wien, sind so kostbar, daß sie in 2000 Jahren nie verlorengingen, sondern von einem Fürstenhaus zum andern weitervererbt wurden; jene Kamee gehörte zuletzt den Habsburgern.

Es gab aber auch reiche Emporkömmlinge, die an Luxus und Verschwendungssucht einander überboten, für ihre Villen und Parks, für Delikatessen und Ausschweifungen Unsummen bezahlten. Die römischen Dichter Martial und Juvenal schildern uns in ihren zeitkritischen Satiren das Treiben dieser Schicht in allen Einzelheiten. ›Es ist schwer‹, sagt Juvenal, ›darüber keine Satire zu schreiben‹. Augustus hatte versucht, durch strengere Sittengesetze die zunehmende Dekadenz der Oberschicht aufzuhalten, aber ohne nachhaltigen Erfolg. Der Romanschriftsteller Petron aus julisch-claudischer Zeit beschreibt in seinem ›Gastmahl des Trimalchio‹ mit drastischer Komik, wie ein reichgewordener Freigelassener mit seinen Millionen protzt, dabei aber auf der untersten Stufe des Geschmacks und der Bildung stehengeblieben ist.

Woher kam der Reichtum dieser Leute? In erster Linie vom Großgrundbesitz. Die Neubauern und Veteranen, die von Caesar und Augustus angesiedelt worden waren, hatten ihren Besitz großenteils wieder verkauft und waren in die Stadt abgewandert. Das Latifundienwesen, der Plantagenbetrieb mit Sklaven, nahm wieder überhand. Die Kaiser selbst wurden die größten Domänenbesitzer, denn alles konfiszierte Eigentum fiel ihnen zu. Auch Senatoren, Ritter und Freigelassene hatten zum Teil riesigen Grundbesitz. Inmitten der Güter lag die villa rustica, das ›Landhaus‹, ein Komplex von Wohn- und Wirtschaftsgebäuden, wo der villicus, der Verwalter, meist ein Sklave, die Geschäfte führte. Dem Trimalchio wurde von einem seiner Gutsverwalter als Tagesbericht gemeldet, er habe 50 000 Doppelzentner Weizen geerntet und zehn Millionen Sesterz als Rücklage gebucht. Auch seien auf dem Gut 70 Sklavenkinder geboren worden; einen Sklaven habe man wegen Beleidigung seines Herrn ans Kreuz geschlagen. Ein sehr anschaulicher Bericht!

Durch Manufakturbetriebe und Großhandel wurden ebenfalls bedeutende Vermögen erworben. An vielen Orten entstanden Betriebe, in denen Waren nach fremden Mustern hergestellt wurden, so daß diese bald allgemein verbreitet waren. Die italische Reliefkeramik, die terra sigillata, wurde massenhaft und originalgetreu auch in Südfrankreich und im Elsaß fabriziert. Von einer solchen gallischen Firma sind Buchungsnotizen über Lieferung von mehr als einer Million Gefäße erhalten. Andererseits erwiesen sich zum Beispiel die gallischen und britannischen Kleidungsstücke, etwa der Kapuzenmantel, als so praktisch, daß sie auch in südlichen Provinzen hergestellt wurden, vor allem in den Textilfabriken Kleinasiens. Glaswaren, einfarbig oder bunt, importierte man früher aus Syrien und Ägypten. Jetzt wurden sie auch in Italien erzeugt – die heutige Glasindustrie von Murano bei Venedig geht noch darauf zurück – und hauptsächlich im Rheinland. Das römische Glas aus Köln wurde so beliebt, daß die Archäologen mehr Kölner Glas in Ägypten gefunden haben als ägyptisches Glas in den Westprovinzen.

Daß dem Handel und den Handelsgesellschaften dabei große Möglichkeiten geboten waren, versteht sich. Dies gilt auch für den Außenhandel. Die Schriftsteller der Kaiserzeit berichten, man habe Elfenbein aus Afrika eingeführt, Gewürze aus Arabien und Indien, Seide aus China, Bernstein und Pelze aus den Ländern des Nordens. In der Tat wurden römische Münzen und Exportwaren weit außerhalb der Reichsgrenzen gefunden, in Skandinavien, Sibirien, in China, Vietnam, Indien, Arabien und Zentralafrika südlich des Äquators. Dieser Welthandel setzte großen Unternehmergeist, eine bedeutende Organisationskunst und erfolgreiche Wirtschaftsmethoden voraus.

Es wäre verfehlt, wenn man sich das Wirtschaftsleben dieser Zeit unkompliziert und wenig entwickelt vorstellen würde. Das Bank- und Kreditwesen, die Probleme der Kapitalinvestierung, der Absatzmärkte und der Konjunkturschwankungen waren der römischen Geschäftswelt durchaus geläufig. Der Unterschied gegenüber dem modernen Industriezeitalter liegt nur darin, daß die Technisierung und Mechanisierung, die Ausnutzung der Naturkräfte durch die Maschine noch nicht so fortgeschritten und so stark in den Dienst der Wirtschaft gestellt war. Es wurde noch vorwiegend manuell gearbeitet, mit Sklavenmassen und anderen billigen Arbeitskräften. Solange dieses Arbeitspotential ausreichte und genügend Kapitalreserven vorhanden waren, florierte die römische Wirtschaft. Wenn aber diese Voraussetzungen nicht mehr gegeben waren – und wir werden in einem späteren Zusammenhang sehen, daß dieser Fall eintrat –, mußte es zur Krise und zu einem tiefgreifenden Strukturwandel kommen.

Die breite Unterschicht der Bevölkerung, eben jene Sklavenarbeiter, die Kleinhandwerker, Tagelöhner auf dem Lande und die Volksmassen in den Städten, lebte im Gegensatz zu den führenden Gesellschaftskreisen äußerst anspruchslos, ja primitiv. Die Fischer, die Maurer und Bauarbeiter oder die Schmiede, wie man sie auf Reliefbildern sieht, hatten zwar ihr Auskommen und auch den Sklaven bot ihr unfreies Dienstverhältnis in den Latifundien und Manufakturen doch wenigstens den Lebensunterhalt. Wovon aber die großstädtische Masse in Rom oder in Alexandria ihr Leben fristete, wissen wir nicht. Viele Menschen waren auf Gelegenheitsarbeit und Unterstützungsempfang angewiesen. Vom Kaiser erhielten sie panem et circenses, wie Juvenal sagt, verbilligtes oder kostenloses Brot und zur Unterhaltung Zirkusspiele. Der Staat gab ihnen sozusagen eine permanente Arbeitslosenunterstützung. Auf die Dauer mußte diese unproduktive Belastung für den Fiskus freilich untragbar werden, doch waren im 2. Jahrhundert die Mittel für eine solche Sozialpolitik noch ausreichend.

Die gesellschaftlichen Unterschiede und Gegensätze wurden jedoch dadurch gemildert, daß jedem Fähigen und Arbeitswilligen der Aufstieg möglich war. Diese liberale und tolerante Haltung ist gewiß noch ein positiver Zug im Leben der römischen Kaiserzeit. Das Bürgerrecht wurde großzügig erteilt, die Freilassungen von Sklaven wurden immer zahlreicher. Neuere Statistiken ergaben, daß die Bevölkerung Roms im 2. Jahrhundert etwa zu 80% aus dem Sklavenstand hervorgegangen war. Die soziale Fluktuation war also sehr stark, was auch mit dem auffallenden Schwund der alten Familien durch Kinderlosigkeit zusammenhängt. Schon zur Zeit Neros waren die republikanischen Senatorenfamilien restlos ausgestorben. Das römische Volk veränderte sich mehr und mehr durch den Zuzug und die Einbürgerung der Provinzialen und Sklaven. Bedeutete diese Überfremdung aber schließlich nicht den Untergang des alten Römertums? Oder gelang es, die neuen Schichten zu assimilieren, so daß sie die römische Tradition übernahmen und fortsetzten? Diese Frage, die sich schon deutlich anbahnte, um später zur Entscheidung zu kommen, können wir aus der Zeit der Adoptivkaiser noch nicht beantworten.

Einige Hinweise erhält man jedoch aus dem geistigen Leben der Zeit. Das öffentliche Schul- und Bibliothekswesen wurde ausgebaut und breitete die griechisch-römische Bildung unter der Provinzbevölkerung immer stärker aus. Auf Papyrus wurden nicht nur Briefe und Urkunden geschrieben, sondern auf Papyrusrollen auch eine umfangreiche Fachliteratur. Zahlreiche dieser Werke in lateinischer oder griechischer Sprache sind uns durch spätere Abschriften erhalten: das Lehrbuch der Architektur von Vitruv, die Geographie des Strabon, die medizinischen Werke des Celsus und Galen, die Naturgeschichte des Plinius, die Lebensbeschreibungen Plutarchs, die Geschichtswerke des Tacitus und die Kaiserbiographien Suetons. Auch die Bildung und Literatur strebte nach Zusammenfassung, Einheit und Wirkung über alle Länder- und Völkergrenzen hinweg. Besonders Plutarch kann als Repräsentant dieser griechisch-römischen Bildungssynthese gelten. Im Rechtswesen schufen die römischen Juristenschulen im Auftrag der Kaiser, vor allem Hadrians, umfassende Sammlungen aller gültigen Vorschriften und Gesetze, die zur Grundlage des späteren Corpus Iuris wurden. Auch die Philosophie vereinigte die Lehrtraditionen der Platoniker, Stoiker und anderer Systeme, um ihre gemeinsamen Wahrheiten zu betonen.

Für die Entwicklung des religiösen Lebens ist es bezeichnend, daß schon Agrippa unter Augustus in Rom ein Pantheon erbauen ließ, einen gemeinsamen Tempel für ›alle Götter‹, den später Hadrian erneuern ließ. Auch der Kaiserkult, der im ganzen Reich eingeführt wurde, sollte der Glaubenseinheit dienen, doch wurden ebenso alle fremden, meist orientalischen Kulte anerkannt. Der persische Lichtgott Mithras, der den Stier tötet, fand zahlreiche Gläubige, die ihn in unterirdischen Kulträumen verehrten. Ähnliche Verbreitung fand der Kult der ägyptischen Muttergöttin Isis. Von den Mysterienkulten und ihrem geheimen Ritual besitzen wir aus einer Villa in Pompeji einen wundervollen Figurenfries. Er schildert uns die Einweihung der Mysten, aber wir können ihn nicht deuten. Gab es für die Mysten, die Eingeweihten, eine Wiedergeburt, ein ewiges Leben? Und wie verhielten sich dazu die Christen? Darauf wird in einem der nächsten Abschnitte einzugehen sein.

IX. Die Provinzen Germanien und Rätien

Die römischen Provinzen auf deutschem Boden, Germanien und Rätien, verdienen unser spezielles Interesse. Ihnen wollen wir uns daher in einem besonderen Abschnitt zuwenden.

Zunächst die Besetzung dieser Gebiete. Caesar hatte durch seine Eroberung Galliens den Rhein als Grenze zwischen dem Römerreich und den Germanen festgelegt. Er überschritt zweimal, in den Jahren 55 und 53 v. Chr., den Rhein bei Andernach, doch nur zur Demonstration der römischen Macht, nicht um die Germanen anzugreifen. Daß die Germanen nach Sprache und Volkstum von den Galliern, den Kelten verschieden seien, dies erfuhren die Römer erst durch Caesar, der sich dabei auf die Forschungen des griechischen Ethnographen und Historikers Poseidonios stützen konnte.

Augustus besetzte dann das nördliche Alpenvorland. Im Jahre 15 v. Chr. beauftragte er seine beiden Stiefsöhne, Drusus und Tiberius, von Oberitalien und vom Elsaß aus an die obere Donau vorzustoßen und das Gebiet der keltischen Vindeliker und der ihnen benachbarten Räter zu unterwerfen, also die Ostschweiz, Tirol und Schwaben. Diese Feldzüge, bei denen Tiberius die Donauquellen bei Donaueschingen entdeckte, führten zur Begründung der Provinz Raetia. Sie reichte bis zur Donau und umfaßte bereits einen Teil Oberbayerns. Römische Militärstützpunkte wurden in der Folgezeit Cambodunum-Kempten, Abodiacum-Epfach und vor allem Augusta Vindelicum-Augsburg, die einzige deutsche Stadt, die noch heute den römischen Kaisernamen trägt.

Aber auch das freie Germanien rechts des Rheins sollte unterworfen werden. Die römischen Feldherrn rückten durch Wälder und Sümpfe in das Gebiet der Friesen, der Chatten, der Cherusker vor und überschritten im Jahre 2 v. Chr. die Elbe. Die Provinz Germanien zwischen Rhein und Elbe wurde organisiert. Als Stützpunkte dienten Vetera castra bei Xanten und Mogontiacum-Mainz. Doch der Aufstand der Cherusker unter Arminius im Jahre 9 n. Chr. machte die Provinz Germanien wieder zunichte. In der Schlacht im Teutoburger Wald verlor der Statthalter Quintilius Varus drei Legionen; mit Mühe vermochte Tiberius die Rhein-

212

grenze zu halten. Die Lage des Teutoburger Schlachtfelds kann heute eindeutig definiert werden: am Kalkriesen im Wiehengebirge. Vermutlich stammt der römische Silberschatz von Hildesheim, kostbares Tafelgeschirr, das damals vergraben worden war, aus dem Besitz des Varus. Arminius, von dem der römische Historiker Tacitus mit bemerkenswerter Objektivität sagt, er sei ›zweifellos der Befreier Germaniens‹ gewesen, liberator haut dubie Germaniae, war vorher Offizier in römischen Diensten. So kennen wir nur seinen römischen, nicht aber seinen germanischen Namen. Sein Bruder Flavus blieb den Römern treu. Tacitus schildert, wie die beiden feindlichen Brüder am Ufer der Weser einander gegenüberstanden und verhandelten. Keiner vermochte den anderen zu überzeugen, keiner gab dem anderen nach. Nur der Fluß habe verhindert, daß es zum Zweikampf kam. Eine Szene von symbolischer Bedeutung am Anfang der germanischen und deutschen Geschichte! Der Sohn des Flavus, namens Italicus, wurde später römischer Vasallenfürst am Rhein, Arminius wurde von seinen Gegnern im eigenen Lande ermordet.

Germanicus, der Neffe des Tiberius, versuchte nochmals, die Elbelinie zu erreichen, doch ohne Erfolg. Die römische Herrschaft blieb auf das Rheinland beschränkt. Man konnte die Germanen, wie Tacitus sagt, ihrer eigenen Zwietracht überlassen. Wenn wir diese schicksalhaften Ereignisse historisch beurteilen, so müssen wir sagen, daß die Germanen zwischen Rhein und Elbe dadurch, daß sie außerhalb des Römischen Reiches blieben, also nicht romanisiert wurden, sich selbständig und frei entwickeln konnten. Dies verdanken sie Arminius. Andererseits darf man nicht übersehen, daß dadurch für Jahrhunderte ein Kulturgefälle gegenüber den westeuropäischen Ländern entstand, die im Römischen Reich integriert waren. Eine kulturelle und eine dauerhafte politische Einheit Mittel- und Westeuropas ist nie mehr zustande gekommen.

Um so wichtiger wurde die Vermittlerrolle des römisch-germanischen Rheinlandes, auch für den Handelsverkehr mit dem freien Germanien. Weitere Militärlager und Zivilsiedlungen entstanden in Novaesium-Neuß, in Colonia Agrippinenslum-Köln, Bonna-Bonn, Rigomagus-Remagen, Confluentes-Koblenz, Bingium-Bingen, Borbetomagus-Worms, Noviomagus-Speyer, Argentorate-Straßburg, Augusta Raurica-Augst bei Basel. Die alten keltischen, germanischen oder römischen Namen leben meist in den heutigen Ortsnamen fort, ein Beweis, daß die Siedlungskontinuität später nie unterbrochen wurde. Das römische Köln, das 50 n. Chr. Stadtrecht erhielt, ist im mittelalterlichen Stadtbild noch gut zu erkennen; die Reste des Praetorium, der Kommandantur, wurden erst 195: beim heutigen Rathaus freigelegt. An der Mosel wurde Augusta Treverorum-Trier der Verkehrsmittelpunkt, an dem zahlreiche Römerstraßen zusammenliefen. Erst aus spätrömischer Zeit stammt die Porta Nigra, das nördliche Stadttor Triers, der größte erhaltene Römerbau Deutschlands.

Nachdem ein Aufstand der Bataver am Niederrhein unterdrückt war, wurde unter Domitian um das Jahr 90 das Rheinland, das bis dahin verwaltungsmäßig zu Gallien gehört hatte, in zwei besondere Provinzen gegliedert, Obergermanien, Germania superior, mit Hauptstadt Mainz, wo zwei Legionen lagen, und Untergermanien, Germania inferior, mit Köln. Die Grenze war bei Andernach.

Der römische Legionssoldat in diesem Gebiet, den ein Modell im Römisch-Germanischen Zentralmuseum in Mainz veranschaulicht, trug einen braunen Lederpanzer, den gewölbten rechteckigen Schild, die Wurflanze, das pilum, mit langer Eisenspitze, dazu das Schwert rechts und den Metallhelm mit Stirn- und Nackenschutz und Wangenklappen. Mehrere solcher Helme wurden gefunden, auch Grabsteine von Legionären; von einem sagt die Inschrift, daß er 21 Jahre am Rhein gedient habe.

Inzwischen wurde aber auch die Provinz Rätien weiter ausgebaut. Die Alpenstraße des Kaisers Claudius, die via Claudia Augusta, führte vom Etschtal über Trient, Meran, den Reschen- und Fernpaß, Füssen und Epfach nach Augsburg. Dazu kam später die Brennerstraße über Innsbruck, Mittenwald, Parthanum-Partenkirchen. Auch über Chur im oberen Rheintal, Brigantium-Bregenz und Kempten wurde eine Verbindung von Italien nach Augsburg hergestellt. Von Augsburg ging eine Querverbindung über Gauting, Grünwald bei München, Rosenheim nach Iuvavum-Salzburg, das schon in der Nachbarprovinz Noricum lag. Auf vielen Strecken sind diese Straßen im Gelände noch als Erhöhungen oder Feldwege zu erkennen. An der rätischen Donaustraße wurden zahlreiche Kastelle zur Grenzsicherung angelegt, so Guntia-Günzburg, Abusina-Eining, Ratisbona oder später Castra Regina-Regensburg, Sorviodurum-Straubing, Boiodurum oder Batavis-Passau.

Vespasian erkannte die Notwendigkeit, eine Verbindung zwischen Obergermanien und Rätien herzustellen, also auch das Gebiet des heutigen Baden-Württemberg in die römische Herrschaft einzubeziehen. Im Jahre 74 wurde am oberen Neckar Arae Flaviae-Rottweil gegründet, benannt nach der flavischen Dynastie Vespasians. Weitere Kastelle am Neckar und auf der Schwäbischen Alb schlossen sich an. Das Gebiet hieß nach Taci-

214

tus damals Agri decumates, ›Zehntäcker‹, vielleicht nach der Besteuerung oder Vermessung. Domitian, der Sohn und zweite Nachfolger Vespasians, unterwarf dazu noch die kriegerischen Chatten im Taunus, die von hier aus wiederholt die Rheingrenze angegriffen hatten.

Um diesen ganzen Raum vom Taunus bis zur Alb gegen die freien Germanen besser abzusichern, begann Domitian mit der Erbauung des berühmten Limes. Das Wort limes bedeutet eigentlich Grenzrain, Grenzstreifen zwischen zwei Äckern, dann übertragen auch die befestigte Grenzlinie einer römischen Provinz. Der Limes Domitians, eine dichte Kette von Kastellen, begann am Rhein zwischen Remagen und Andernach, lief über den Taunus und schloß die fruchtbare Wetterau ein. Er ging weiter am Main entlang, durch den Odenwald, und erreichte bei Heilbronn die Neckargrenze.

Im 2. Jahrhundert, unter Hadrian und Antoninus Pius, wurde der Limes vorgeschoben und verlängert, so daß jetzt eine schnurgerade Linie von Miltenberg am Main bis Lorch entstand. Hier wurde sie an der Grenze Rätiens nach Osten fortgesetzt, umfußte das mittlere Altmühltal und gelangte bei Kelheim an die Donau. Dieser sogenannte Obergermanisch-rätische Limes ist das großartigste Denkmal des Römertums auf deutschem Boden. Er ist etwa 550 km lang, hatte etwa 80 Kastelle und mehr als 900 Signal- und Wachttürme. Im Gelände ist der Limes noch heute weithin gut zu erkennen. Eine bekannte Luftaufnahme zeigt den obergermanischen Limes bei Welzheim nahe Lorch. Er bestand aus Wall und Graben, während der rätische Teil des Limes eine Mauer war. Im Volk nannte man diese Linien vielfach Pfahlgraben und Teufelsmauer.

Von den Kastellen des Limes gibt die beste Vorstellung die Saalburg bei Bad Homburg im Taunus, die Wilhelm II. wiederaufbauen ließ. In der Mitte des Lagers befindet sich das Praetorium, das Kommandogebäude mit Waffenraum und Exerzierhalle. Innerhalb der Kastellmauern waren auch die Unterkunftsbaracken der Besatzung, einer Kohorte von 500 Mann. Durch das hintere Haupttor der Saalburg, die Porta decumana, gelangt man bis zum Kuligebäude, dem sacellum, für die Gottheiten und den Kaiserkult, wo auch die Feldzeichen standen. Man sieht auch ein nachgebautes römisches Schleudergeschütz, das etwa die Wirkung der Pulvergeschütze des 17. Jahrhunderts hatte.

Der Lageplan der Saalburg zeigt, daß sich in der Umgebung solcher Kastelle auch Zivilsiedlungen bildeten. Ähnlich ist der Grundriß des Kastells von Eining an der Donau, das bis jetzt nur zum Teil ausgegraben wurde. Die Erweiterung eines Lagers zur Stadt ist besonders deutlich in Regensburg zu erkennen. Das Tor an der nördlichen Frontseite des Regensburger Lagers, die Porta praetoria, ist der am besten erhaltene Römerbau Bayerns. Mehrere große Stücke der römischen Lager- und Stadtmauer von Regensburg wurden erst vor einigen Jahren freigelegt. Seine Bedeutung als Legionslager und wichtigste Stadt der Provinz Rätien erhielt Regensburg durch Mark Aurel, der hier einen starken Stützpunkt zur Abwehr der germanischen Markomannen errichtete. Es ist sogar die offizielle Bauinschrik vom Jahre 180 erhalten, in der es heißt, der Kaiser habe damals die Mauer, Tore und Türme bauen lassen.

Auch private römische Inschriften wurden in Rätien und in den Rheinprovinzen in großer Zahl gefunden. Typisch ist zum Beispiel die gut lesbare Inschrift eines römischen Altarsteines aus der Nähe von Höchstädt an der Donau. Wir lesen: Apollini Granno Sabinius Provincialis ex voto laetus lubens merito, auf deutsch: ›Dem Apollo Grannus hat Sabinius Provincialis nach seinem Gelübde freudig, gerne und nach Verdienst diesen Altar gesetzt‹. Apollo Grannus war ein Heilgott, der in dieser Gegend viel verehrt wurde und in Faimingen einen Tempel hatte. Eigentlich sind es zwei Götter, der griechisch-römische Apollo und der keltische, einheimische Grannus. Beide wurden einander gleichgesetzt, ein Zeichen des kulturellen Zusammenwachsens der verschiedenen Bevölkerungselemente. Der genannte Stifter Sabinius ist ein ›Provinziale‹. das heißt ein gebürtiger Kelte oder Räter, der einen römischen Namen trägt, also schon romanisiert war. Er war wohl als Patient in das Heiligtum des Gottes gepilgert und hatte dann nach seiner Gesundung das dafür gegebene Gelübde erfüllt. Der Altarstein ist somit eine Votivgabe. Häufig finden sich auch Grabsteine und ganze Grabdenkmäler; erwähnt sei ein solches mit Inschrift und Relief von einer Augsburger Familie sowie das Denkmal eines Arztes aus Regensburg. Das Grabmal der Secundinier in Igel bei Trier, die sogenannte Igeler Säule, ist das größte erhaltene Monument dieser Art bei uns.

Von den lokalen Gottheiten Rätiens ist inschriftlich auch der Schutzgott der Chiemseefischer nachgewiesen. Er hieß Bedaius. Nach ihm war der römische Ort Bedaium benannt, das heutige Seebruck am Nordufer des Chiemsees, an der Straße von Augsburg nach Salzburg. Im Rheinland wurden an vielen Orten die sogenannten drei Matronen verehrt, keltische oder germanische Göttinnen, meist mit eigenartiger Haubentracht wie etwa auf einem Relief aus Bonn. Vielleicht sind es die drei Nornen oder Schicksalsgöttinnen. Man kann sie im Volksglauben und in der Kunst bis ins Mittelalter verfolgen. Zum Vergleich läßt sich eine Darstellung

216

der ›Drei Schwestern‹ vom Wormser Dom heranziehen. Bilder aus der antiken Mythologie finden sich oft auf den Bodenmosaiken der römischen Landhäuser. Ein Mosaik aus Trier zeigt die neun Musen. Ein besonders schönes Mosaik dieser Art wurde in Westerhofen, Landkreis Ingolstadt, gefunden.

Besonders die Reliefs geben vielerlei Aufschluß über das Leben in der Provinz. Eine solche Darstellung zeigt einen römischen Reisewagen. Auf einem anderen Bild wird ein Ballen Wolle für den Transport verschnürt. Die Handelsfirma hatte ihren Sitz in Augsburg; es waren Vorgänger der Fugger. Auf einem Relief sieht man einen Landarbeiter, der mit der Erntemaschine das Getreide mäht. Die Moselschiffer aus Neumagen, eine bekannte Gruppe, führen eine Ladung Wein in Holzfässern einheimischer Art. Der germanische Steuermann des Schiffes läßt durch sein weinfrohes Schmunzeln, wie es scheint, keinen Zweifel am Inhalt der Ladung.

Der starke Einfluß der römischen Kultur auf allen Gebieten läßt sich an der großen Zahl der sogenannten Lehnwörter in der deutschen Sprache am besten nachweisen, zum Beispiel ›Wein‹ von lateinisch vinum. Wort und Sache wurden als Kulturgut übernommen. Man könnte lange Listen davon aufstellen, was die Germanen damals von den Römern gelernt und übernommen haben. So auf dem Gebiet der Landwirtschaft, des Gartenbaus und der Tierzucht, planta ›Pflanze‹, fructus ›Frucht‹, pirum ›Birne‹, cerasus ›Kirsche‹, persicum ›Pfirsich‹, mustum ›Most‹, caulis ›Kohl‹, rosa ›Rose‹, lilium ›Lilie‹, pavo ›Pfau‹ usw. Ebenso auf dem Gebiet der Bautechnik und des Hauswesens; murus ergab ›Mauer‹, tegula ›Ziegel‹, fenestra ›Fenster‹, postis ›Pfosten‹, calx ›Kalk‹, cellarium ›Keller‹, coquina ›Küche‹, discus ›Tisch‹, speculum ›Spiegel‹, scutella ›Schüssel‹, patina ›Pfanne‹, simila ›Semmel‹ usw. Ferner die Wörter des Handels und Verkehrswesens, caupo ›Kaufmann‹, mercatus ›Markt‹, moneta ›Münze‹, pondo ›Pfund‹, census ›Zins‹, scribere ›schreiben‹, tincta ›Tinte‹, strata ›Straße‹, milia ›Meile‹, paraveredus ›Pferd‹ usw. Die Römer waren die Lehrmeister der Organisation und der Zivilisation.

Da das nördliche Klima in Rätien und Germanien den Römern von Hause aus ungewohnt war, versahen sie ihre Bauten überall mit einem leistungsfähigen Heizungssystem, das wegen seiner technischen Eigenart besonders erwähnt sei. Es ist die Wand- und Fußboden-Strahlungsheizung, die auch heute wieder modern wird. Unter dem Fußboden lag ein Hohlraum mit kleinen Pfeilerstützen, das Hypokaustum, in das von außen durch einen Ofenraum Heißluft eingestrahlt wurde. Dies ergab eine gleichmäßige Wärme ohne Zugluft. Durch Hohlziegelwände wurde die Wärme nach oben weitergeführt.

Wie exakt die römischen Techniker bei der Anlage solcher Zentralheizungen arbeiteten, ergab eine Untersuchung der spätrömischen Basilica in Trier. Dieser 30 m hohe Römerbau wurde vor einiger Zeit renoviert und als Kirche eingerichtet. Zu diesem Zweck installierte man neuerdings eine elektrische Heizung, die dem Rauminhalt entsprechend eine Leistungsstärke von 584 000 Kilokalorien pro Stunde erhielt. Dabei wurde festgestellt, daß schon die römische Fußboden- und Wandheizung der Basilica so konstruiert war, daß sie genau eine Wärmemenge von 580 000 Kilokalorien pro Stunde ergab. Um diese erforderliche Leistung zu erzielen, war die Wandstrahlung acht Meter hoch geführt, keinen Meter mehr oder weniger.

Daß die Römer die vorgefundenen Thermalquellen zu Bädern aushauten, ist verständlich. Von solchen Orten, die den Namen Aquae führten, sind vor allem zu nennen Aachen, Wiesbaden, Baden-Baden, Badenweiler, Baden bei Zürich. Das römische Thermalbad in Badenweiler war nach Ausweis der vorhandenen Fundamente etwa dem noch besser erhaltenen Römerbad Bath in England ähnlich.

Wenn man fragt, wie denn die einheimische Bevölkerung im germanisch-rätischen Provinzgebiet die römische Kultur im ganzen aufnahm, wie sie darauf reagierte, so ist wohl zu sagen, daß sie sich diese Kultur rasch und gerne aneignete. Die lange Friedenszeit der Provinzen im 1. und 2. Jahrhundert unter dem Schutz des Limes war dem Assimilierungsprozeß und der Romanisierung der Bevölkerung sehr förderlich.

Auch mit starker blutmäßiger Vermischung ist zu rechnen. Die römischen Soldaten, die in den Grenzkastellen dienten und eine einheimische Frau nahmen, erhielten für ihre Kinder das römische Bürgerrecht zugesichert. Auch die Auxiliaren, germanische und rätische Hilfstruppen, die in eigenen Abteilungen neben den Legionen und Kohorten dienten, erhielten nach Ablauf ihrer Dienstzeit das Bürgerrecht. Es wurde ihnen durch sogenannte Militärdiplome beurkundet, Bronzetafeln, von denen eine ganze Anzahl gefunden wurde. Dazu kamen weitere Truppenabteilungen, die von anderen Provinzen hierher verlegt waren. So waren am rätischen Limes zwischen Lorch, Weißenburg, Passau zeitweilig Spanier, Portugiesen, Britannier, Gallier und Thraker stationiert. Die in Straubing vor einigen Jahren gefundenen Gesichtsmasken von Paraderüstungen haben teils griechischen Typus, teils aber auch syrisch-orientalisches Gepräge.

Man darf sich die vorrömische einheimische Bevölkerung nicht zu primitiv vorstellen. Die Kelten und Räter besaßen eine entwickelte Technik der Eisenverhüttung, wie die erhaltenen Anlagen bei Weltenburg und Kelheim zeigen – der keltische Name von Kelheim war Alkimoenis – und ausgedehnte Siedlungen, wie in Manching, dessen großer Ringwall gut erhalten ist. Gerade die technische Begabung und Gelehrigkeit der Kelten und Räter trug dazu bei, die Entwicklung der rätoromanischen Provinzialkultur zu beschleunigen.

Was die Germanen betrifft, so ist die populäre Vorstellung des 19. Jahrhunderts, sie hätten müßig an den Ufern des Rheins gelegen, sicher unzutreffend. Die Germanen nahmen ebenso begierig die römische Kultur an wie die Kelten und Räter südlich der Donau. Ein historisch zuverlässiges Bild der Germanen jener Zeit, ihrer Lebensverhältnisse und ihres Charakters entwirft Tacitus in seiner Schrift ›Germania‹, die er im Jahre 98 n. Chr. veröffentlichte, also um die Zeit, als die Provinzen Ober- und Untergermanien errichtet wurden.

Für deutsche Leser ist die Germania des Tacitus eine der wertvollsten Schriften des Altertums. Kein anderes europäisches Volk besitzt aus seiner frühesten Geschichte ein ähnliches literarisches Denkmal. Tacitus denkt nicht daran, die Germanen zu verherrlichen. Er kennt ihre Schwächen, Uneinigkeit, Maßlosigkeit, Trotz und Entmutigung. Er scheut sich aber auch nicht, seinen kulturstolzen Römern zu sagen, was sie von den Germanen lernen könnten, Reinheit der Sitten, Treue zu ihrem Stamm, Achtung vor den Göttern. Die Germanen, fügt Tacitus hinzu, sind von einer ›sonderbaren Zwiespältigkeit des Charakters‹, mira diversitate naturae, sie lieben den Frieden, aber es fällt ihnen schwer, den Frieden zu halten.

Als Tacitus diese Worte schrieb, beim Regierungsantritt Trajans, herrschte an der Germanengrenze Ruhe. Der friedliche Aufbau der Rheinprovinzen durch die römisch-germanische Bevölkerung war in vollem Gang. So sollte es auch noch durch mehrere Generationen bleiben. Aber – wie Tacitus ahnungsvoll sagt – das Schicksal des römischen Reiches drängte. Im 3. Jahrhundert war der Friede zu Ende, der Limes durchbrochen.

X. Die Krise des Reiches

Wir haben in den letzten Abschnitten gesehen, wie das Römische Reich im 1. und 2. Jahrhundert n. Chr. auf dem Höhepunkt seiner Macht stand und wie sich besonders auch in den Grenzprovinzen Germanien und Rätien im Schutze des Limes ein reges Kulturleben entfaltete. Diese günstige Entwicklung, die scheinbar von keiner ernsten Gefahr bedroht war, hielt jedoch nicht an. Das Kaiserreich geriet im 3. Jahrhundert in eine Krise, die es an den Rand der Auflösung brachte. Es zeigte sich, daß die Sicherheit des Friedens, der wirtschaftliche Aufschwung und die Errungenschaften der Kultur keineswegs so stabil waren, wie es den Anschein hatte. Wir wollen die wesentlichen Ereignisse dieser Zeit verfolgen und dabei zugleich nach den Ursachen fragen, die der unheilvollen Veränderung zugrunde lagen.

Nach dem Tode Mark Aurels im Jahre 180 ging man von dem bewährten Adoptivsystem der Kaiser ab und kehrte zu dem fatalen dynastischen Prinzip zurück, dessen Gefahren den Zeitgenossen nach der langen Reihe der Adoptivkaiser nicht mehr bewußt waren. Commodus, der unfähige und entartete Sohn Mark Aurels, wurde Kaiser. Sein Bildnis zeigt ihn in der Tracht des Hercules, mit Löwenfell und Keule. Als neuer Hercules trat er in der Arena auf, um sich als Gladiator und Tierkämpfer bewundern zu lassen. Dagegen verzichtete er auf die Abwehr der Markomannen an der Donau und überließ die Grenzpolitik den Statthaltern. In Britannien und Afrika, in Obergermanien und Dakien kam es zu Kämpfen und Unruhen. In Italien brach ein Bandenkrieg aus, während Commodus wie zum Hohn Münzen prägen ließ mit spielenden Kindergenien und der Unterschrift ›Glückliche Zeiten‹, temporum felicitas. Das römische Provinz- und Verteidigungssystem war bis dahin nur deshalb intakt geblieben, weil es seit Trajan von einer Reihe hervorragender Herrscher unablässig überwacht worden war. Die gewaltige Ländermasse des Imperium Romanum bedurfte ständig einer starken Zentralgewalt, um zusammengehalten zu werden. Schon Augustus hatte erkannt, daß dies die Voraussetzung für den Fortbestand des Römischen Reiches war. Wenn die Regierung des Commodus nur eine vorübergehende Episode geblieben wäre, wie die des Nero, so wäre auf die Dauer kein Schaden aus ihr erwachsen. Tatsächlich aber war sie der Beginn eines Zeitalters, in dem die Beständigkeit, die Kontinuität der obersten Regierungsgewalt völlig verlorenging. Es gab schließlich auch keine Dynastien mehr. Im 3. Jahrhundert regierten mehr als 80 Kaiser, Gegenkaiser und Usurpatoren, die fast alle entweder wie Commodus nach kurzer Zeit ermordet wurden oder bei der Abwehr der Feinde fielen. Diese Soldatenkaiser, wie man sie nennt, wurden jeweils von ihren Legionen und ihrer örtlichen Anhängerschaft ausgerufen. Um ihre Rivalen in anderen Teilen des Reiches zu bekämpfen, entblößten sie häufig die Grenzgebiete von den Truppen und gefährdeten dadurch die Sicherheit der Provinzen und des ganzen Reiches aufs schwerste. Bürgerkriege und Invasionen lösten den Kaiserfrieden ab. Die Reichskrise war also in erster Linie eine Führungskrise.

Um sie zu begreifen, muß man sich daran erinnern, daß der wahre Machtfaktor des Kaiserreiches von Anfang an das Heer gewesen war. Das römische Reich war im Grunde eine Militärmonarchie. Dieser Charakter war im 2. Jahrhundert nur deshalb nicht offen zutage getreten, weil die Adoptivkaiser eine allgemein anerkannte Autorität besaßen, ferner weil sie betont human und zivil auftraten und endlich, weil dem Reich von außen her damals keine schweren Gefahren drohten. Jetzt waren diese Voraussetzungen nicht mehr gegeben. Die Grenzlegionen und ihre Befehlshaber ließen sich das Recht und die Macht nicht mehr nehmen, über die Kaiserwürde nach Belieben zu verfügen. Es kam vor, daß der Kaisertitel in Rom an den Meistbietenden förmlich versteigert wurde. Es war eine Zeit reiner Militärregierungen. Damit ist alles gesagt.

Septimius Severus, der aus den Rivalitätskämpfen nach Commodus als Sieger hervorging und nochmals eine Dynastie gründete – ein gutes Porträt von ihm besitzt die Münchner Glyptothek –, empfahl seinen Nachfolgern unumwunden, sie sollten die Soldaten bereichern und alle anderen verachten. Immerhin war Severus der einzige bedeutende Herrscher dieser Zeit, dem es durch tatkräftigen Einsatz gelang, die Grenzen in Britannien gegen die Kaledonier, die von Schottland aus angriffen, und in Mesopotamien gegen die Parther zu halten, wofür ihm in Rom ein Ehrenbogen am Forum errichtet wurde.

Seiner Herkunft nach war Severus Afrikaner. Er stammte aus einer romanisierten punischen Familie. Seine Gemahlin, Iulia Domna, war die Tochter eines syrischen Priesters. Und damit zeigt sich ein weiterer charakteristischer Zug des Soldatenkaisertums, eine zunehmende Entfremdung vom nationalrömischen Wesen, auch eine gewisse Barbarisierung. Im Porträt Caracallas, des Sohnes und Nachfolgers von Severus, kündigt sich eine bösartige Verrohung des Zeitalters an. Den Abstand gegenüber dem vergangenen 2. Jahrhundert empfindet man, wenn man etwa das Bild des Antinous aus dem Gefolge Hadrians damit vergleicht. Nicht nur der Kunststil, sondern das Menschenbild hatte sich verändert. Auf Caracalla folgten aus der severischen Familie der rein syrische Elagabal oder Heliogabal, der auf dem Palatin in Rom den Kult des syrischen Sonnengottes und der karthagischen Himmelsgöttin zelebrierte, schließlich Severus Alexander. Fremdartig erscheinen zum Beispiel auch die Soldatenkaiser Maximinus Thrax, ein gebürtiger Thraker, und Philippus Arabs, ein Araber. Daß gerade unter der Regierung dieses Orientalen im Jahre 248 die Tausendjahrfeier der Gründung Roms begangen wurde, ist ein eigenartiger Zufall, der das problematische Verhältnis zwischen der altrömischen Tradition und dem vordringenden Provinzialismus, speziell dem Orientalismus, kennzeichnet. Im Jahre 212 hatte Caracalla durch einen Erlaß, die sogenannte constitutio Antoniniana, allen Provinzialen freien Standes das römische Bürgerrecht verliehen und damit die Rechtsgleichheit der Reichsbevölkerung hergestellt. Aber dadurch waren die Provinzialen, die Nichtrömer, gleichsam nur auf dem Papier, nicht ihrem Wesen nach zu Römern geworden.

Um diese Zeit, in den letzten Jahren des Friedens, baute Caracalla in Rom auch seine berühmten Thermen, eine riesige Badeanlage für das Volk, die zugleich Geschäftstraßen, Spielsäle, Gesellschaftsräume, Galerien enthielt und mit äußerster Pracht ausgestattet war. Technisch gehört dieser Bau, von dem nur Ruinen erhalten sind, gewiß zu den bedeutendsten Leistungen der römischen Architektur.

Während sich aber das Volk von Rom in den neuerbauten Thermen des Caracalla vergnügte, kam es an den Grenzen des Reiches, vor allem im Norden und Osten, zu feindlichen Machtbildungen, deren Gefährlichkeit rasch zutage trat. Der obergermanische Limes wurde von den Alamannen angegriffen, die vom Elbegebiet vorgedrungen waren. Bald darauf durchbrachen die Franken die Grenze am Niederrhein. Die Alamannen und die Franken waren keine Einzelstämme, wie früher die Cherusker oder Chatten, sondern Stammesverbände, Vereinigungen jeweils mehrerer germanischer Stämme. Dadurch waren sie viel stärker und bedrohlicher für die römische Grenzwehr. Es bewahrheitete sich das Wort des Tacitus, daß die Germanen nur so lange für Rom ungefährlich seien, als sie sich noch nicht geeinigt hätten.

222

An der unteren Donau erschienen die Goten, ebenfalls ein germanisches Volk, das durch Hilfsvölker verstärkt war. Die Goten waren von Schweden bis an die Schwarzmeerküste vorgestoßen und wandten sich von hier nach Westen. Ob diese Anfänge der germanischen Völkerwanderung durch Landnot, Übervölkerung, Mißernten infolge klimatischer Veränderungen oder durch andere Gründe verursacht waren, ist nicht geklärt. Sicher ist jedoch, daß solche kriegerischen Bewegungen, als sie einmal im Gang waren, auch auf andere Völker einen Druck ausübten und sie zwangen, gleichfalls neue Siedlungsräume zu suchen. So stießen die skythischen Sarmaten aus Osteuropa gegen die Provinz Dakien vor.

Die römische Grenzverteidigung war diesem Völkerdruck nicht gewachsen. Zahlreiche Kastelle wurden trotz tapferer Gegenwehr der Besatzungen von der Übermacht der Angreifer überrannt. Die Ausgrabungsbefunde solcher Kastelle zeigen Brand- und Schuttschichten. Man konnte die Einbruchsstellen am Limes und an der Donaugrenze auch nicht mehr abriegeln, weil keine Reservetruppen vorhanden waren. Es erwies sich als strategischer Fehler, daß im 2. Jahrhundert das gesamte Heer in den Grenzgarnisonen seßhaft und damit unbeweglich gemacht worden war. Man hatte es damals versäumt, eine Heeresreserve bereit zu halten, die an gefährdeten Stellen rasch und wirksam eingreifen konnte. Das Sicherheitsdenken und die Limespolitik waren erstarrt.

Um die Mitte des 3. Jahrhunderts wurden die Folgen katastrophal. Der obergermanisch-rätische Limes mußte aufgegeben werden. Ganz Süddeutschland ging an die Alamannen verloren, die über die Alpen nach Oberitalien vorrückten wie einst die Kimbern. Bei Straubing wurde ein römischer Münzschatz gefunden, den sein Besitzer in der Not vergraben hatte. Die zuletzt geprägte Münze des Schatzes stammt aus dem Jahre 231. In diese Zeit sind also die Ereignisse zu datieren.

Noch weiter ging der Vorstoß der Franken. Sie fanden im römischen Hinterland so wenig Widerstand, daß sie vom Niederrhein durch ganz Frankreich und Spanien bis über die Straße von Gibraltar gelangen konnten. Die Provinzbevölkerung griff zur Selbsthilfe. Dörfer und Gutshöfe wurden befestigt, die Bauern bewaffneten sich, um die Plünderer abzuwehren. Am weitesten drangen die Goten und mit ihnen die Gepiden und Heruler vor. Von der unteren Donau aus verheerten sie die Balkanprovinzen und kamen bis Athen. Gleichzeitig bauten sie eine Flotte, fuhren um die Küsten Kleinasiens, in die Ägäis und ins Ostmittelmeer bis Cypern. Der Kaiser Decius, der den Goten bei Abrittus in der Dobrudscha entgegentrat, wurde geschlagen und fiel. Die Provinz Dakien mußte von den Römern geräumt werden und wurde von den Goten besetzt.

In der bildenden Kunst dieser Jahrzehnte kommen die Kämpfe und Schrecken des Zeitalters deutlich zum Ausdruck. Der römische Adler war überall in die Verteidigung gedrängt. Alarmsignale riefen die Menschen zu den Waffen. Auf Sarkophagen erscheinen Kampfszenen und Schlachtreliefs, ein wildes Getümmel von Leibern. Sieger und Besiegte sind kaum zu unterscheiden, die Sterbenden sind in der Überzahl.

Die Invasion der Germanen war nicht die einzige Gefahr für das Reich. Ein neuer Gegner Roms erhob sich im Orient, das neupersische Reich der Sassaniden. Die Perser hatten im Jahre 227 die Herrschaft der Parther gestürzt und unter Ardaschir, dem Begründer der sassanidischen Dynastie, wieder ein Großreich bis Indien geschaffen, das an die altpersische Tradition der Achaimeniden anknüpfte und die Lehre Zarathustras zur Staatsreligion machte. In Ktesiphon am Tigris wurde ein gewaltiger Palast als Residenz der Perserkönige erbaut, zum Teil aus Steinen, die von hellenistischen und römischen Bauten geraubt waren und Jahrhunderte später den Kalifen von Bagdad nochmals als Baumaterial dienten. Die Stärke des Sassanidenreiches waren seine Steppenreiter, die nach Eroberung der römischen Euphratfestung Dura-Europos bis nach Syrien und Kleinasien vordrangen. Eine persische Silberschale zeigt einen Sassanidenkönig auf der Löwenjagd. Charakteristisch ist die Schnelligkeit und Gewandtheit dieser berittenen Bogenschützen, gegen die das römische Fußvolk nicht ankam. Im Jahre 260 geriet der römische Kaiser Valerian sogar in die Gefangenschaft eines Perserkönigs, Schapurs I., der auf einem persischen Felsrelief zu Pferde dargestellt ist, vor ihm kniend Valerian. Es war ein Tiefpunkt der römischen Kaisergeschichte.

Infolge aller dieser Ereignisse, der feindlichen Invasionen von außen, der zunehmenden Desorganisation im Innern, dazu der ständigen Rivalitätskämpfe der Kaiser und Gegenkaiser, begann der bisher so festgefügte Verband des Römischen Reiches sich aufzulösen. Separatistische Bewegungen traten auf, Gallien, Britannien und Spanien im Westen, Syrien und die anderen Provinzen im Osten erklärten ihre Selbständigkeit. Die Statthalter und Machthaber in diesen Gebieten konnten mit Recht sagen, daß es keine zentrale Regierungsautorität in Rom mehr gebe und daß sie sich deshalb mit ihren eigenen Kräften am Rhein und am Euphrat verteidigen müßten. Damals wurde Trier unter Postumus die Hauptstadt des Westens und Palmyra in Syrien die Residenz der Kaiserin Zenobia im Osten, die ihr selbständiges Reich bis Ägypten ausdehnte. Palmyra und Baalbek-Heliopolis, wo die größten Römerbauten des Ostens erhalten sind, schienen endgültig wieder der Welt des Orients zu verfallen. Dazu gehörten auch die berühmte Säulenstraße und der Baalstempel in Palmyra, der gewaltige Jupitertempel und sein Altarhof in Baalbek.

Warum, so müssen wir jetzt fragen, war es so weit gekommen, daß das Römertum, das solche Bauten in West und Ost errichtet hatte, nun anscheinend am Ende seiner Geschichte stand? Warum zeigte sich kein einheitlicher Widerstand, kein wirksamer Selbstbehauptungswille? Um diese Fragen zu beantworten, müssen wir die wirtschaftlichen und sozialen Verhältnisse, aber auch die geistige Situation noch näher ins Auge fassen.

Man war früher der Auffassung, daß die äußeren Feinde, die Angriffe der Germanen und der Perser, allein die Ursache des Zusammenbruchs waren. Gewiß, sie waren gefährlich, ja furchtbar, aber sie haben den Ausbruch der Krise nur veranlaßt, nicht verschuldet. Innere Gründe müssen mitgewirkt haben, Fehler und Schwächen im Römischen Reiche selbst, die schon vorhanden waren, bis sie durch äußere Einwirkung akut und offenbar wurden. Das Fehlen einer überlegenen Führung und einer zweckmäßigen Heeresverfassung wurde schon erwähnt. Es lag aber nicht nur an politischen und militärischen Dingen. Wesentlich war das Fundament, auf dem diese Dinge beruhten.

Am auffälligsten zeigt sich die allgemeine Krise des 3. Jahrhunderts im Geldwesen. Schon vor den großen Einfällen der Germanen, bereits unter Septimius Severus, begann der Geldwert zu sinken. Der Nennwert der Münzen blieb gleich, doch wurde ihr Gewicht und Metallwert immer geringer. Eine Inflation setzte ein, wie man sie vorher nie gekannt hatte. Man rechnete bald mit Millionen wie zur Zeit unserer Papiergeldinflation, bezahlte mit Beuteln voll Geld, sogenannten folles, oder kehrte zu der primitiven Methode des Naturaltausches zurück. Auch die Löhne und Gehälter wurden zuletzt großenteils in Naturalien ausbezahlt, weil das Geld fast wertlos geworden war.

Der Währungsverfall wurde durch die Kriege verschlimmert, doch lag seine Ursache schon in der Finanz- und Wirtschaftspolitik der vorhergehenden Zeit. Die Staatskasse, der fiscus, war durch die enormen Unterstützungszahlungen an die Bevölkerung bereits in der guten Zeit des Kaisertums unerträglich belastet worden. Auch durch die luxuriösen Großbauten, etwa die Thermen des Caracalla, wurden Unsummen verbraucht oder, volkswirtschaftlich richtiger gesagt, in unproduktiver Weise verschwendet. Als Severus den Truppensold verdoppeln wollte, konnte er dies nur durch eine manipulierte Geldentwertung erreichen, weil keine Mittel in der Staatskasse mehr dafür vorhanden waren. Eine wesentliche Heeresverstärkung, wie sie zur erfolgreichen Abwehr der Invasionsvölker nötig gewesen wäre, war also schon aus finanziellen Gründen unmöglich.

Ebenso trug der Außenhandel zur ständigen Verschlechterung der Finanzen und der Währung bei. Die Barbarenvölker außerhalb der Reichsgrenzen bezahlten die römischen Handelswaren nur mit Naturalien, weil sie kein eigenes Geld besaßen. Es gab also keinen Devisenverkehr wie beim heutigen Außenhandel. Ihre Einfuhrwaren ins Römische Reich ließen sich die Fremdvölker jedoch mit Gold- und Silbermünzen bezahlen, die sie als Schätze horteten, als Schmuck verwendeten oder einschmolzen. In Island und Skandinavien, in Indien und Ostasien wurden große Mengen römischer Münzen gefunden. Man hat errechnet, daß bis zur Zeit der Soldatenkaiser mehr als die Hälfte des Silbergeldes und etwa vier Fünftel der Goldmünzen auf diese Weise aus dem römischen Reichsgebiet abströmten. Dieser Verlust konnte durch die Silber- und Goldbergwerke in Spanien oder in Dakien nicht ausgeglichen werden.

Zudem gingen die Steuereinnahmen zurück. Die großen Landwirtschaftsgüter, die Latifundien, produzierten schon im 2. Jahrhundert zum großen Teil nicht mehr rentabel genug, weil es an billigen Arbeitskräften fehlte. Infolge der langen Friedenszeit waren nur noch relativ wenige Sklaven auf den Markt gekommen, so daß die Betriebe in der früheren Form nicht mehr weitergeführt werden konnten. Dasselbe gilt von den großen Manufakturwerken. Es blieb den Grundbesitzern und gewerblichen Unternehmern nichts anderes übrig, als ihre Großbetriebe in Kleinbetriebe zu zerlegen und diese zu verpachten. So wurden die Latifundien parzelliert und an Kleinpächter vergeben, die sogenannten Kolonen. Diese hatten einen Teil des Ertrags ihrem Grundherrn abzuliefern, einen Teil verbrauchten sie selbst, aber für die Marktbelieferung und für den Fiskus blieb immer weniger übrig. Als die Invasoren ins Land kamen, flüchteten viele dieser Kolonen und ließen ihre Felder unbestellt. Einzelne Regierungserlasse zur Sicherung der Produktion und Beitreibung der Abgaben blieben ohne nachhaltigen Erfolg. Die wirtschaftliche Rezession und die soziale Desintegration waren dadurch nicht aufzuhalten.

Dazu kam schließlich ein tiefer Konflikt, der im geistigen und religiösen Leben seine Wurzel hatte, aber durch wirtschaftliche und soziale Not verschärft wurde. Es ist der Gegensatz zwischen Heidentum und Christentum. Die altheidnischen Götterkulte hatten ihre Überzeugungskraft weithin verloren, doch die Not der Zeit drängte die Menschen gerade dazu, in der Religion und in der Philosophie, das heißt in der geistigen Wahrheit, Hilfe und Trost zu suchen. Schon Mark Aurel hatte in den einsamen Nächten seines Feldlagers Betrachtungen über die Nichtigkeit des irdischen Daseins, über den Wert und Unwert des Lebens niedergeschrieben.

Ein eigentümlicher Zug von Weltflüchtigkeit und Hinwendung zum Jenseitigen, wie er etwa aus dem ausdrucksvollen Porträt des Kaisers Gallienus spricht, ist für das 3. Jahrhundert bezeichnend, in starkem Kontrast zu dem kriegerischen, bewegten Geschehen dieser Zeit und doch auch gerade daraus verständlich. Gallienus war der Freund Plotins, des letzten großen Denkers der heidnischen Antike, dessen Philosophie, der Neuplatonismus, einen mystischen Zug hat. Andere philosophische Köpfe, versonnen, grüblerisch oder weltabgewandt, ließen sich hier anreihen. Ein Sarkophagrelief derselben Zeit zeigt heidnische Philosophen im Gespräch. Wenn wir ihre ruhige Würde beachten und sie mit der Personengruppe eines zweiten, ähnlichen Sarkophagreliefs vergleichen, so scheint kaum ein Unterschied zu bestehen. Und doch ist das zweite Relief christlich. Es stellt Christus als Jüngling dar, zwischen Petrus und Paulus. Christen und Heiden waren Menschen derselben Zeit, dem Geist derselben Zeit unterworfen.

Der christliche Glaube hatte sich bis ins 3. Jahrhundert im wesentlichen unbehindert durch das ganze Reich verbreitet, ähnlich der Mithrasreligion und den Mysterienkulten, die sich vom hellenistischen Orient nach Westen ausbreiteten. Der römische Staat tolerierte alle Religionen. Die Christenverfolgung Neros in Rom, der auch die Apostel Petrus und Paulus zum Opfer fielen, entsprang einer Laune des Tyrannen, wie Tacitus glaubwürdig berichtet, nicht einem Grundsatz der römischen Politik. Paulus hatte durch seine Theologie entscheidend dazu beigetragen, daß sich das frühe Christentum vom Judentum löste und in der griechischrömischen Welt Eingang fand. Durch Petrus, dessen Grabstätte unter der Peterskirche in Rom neuerdings durch Ausgrabungen nachgewiesen scheint, gewann der römische Bischof einen Vorrang, den die übrigen Christengemeinden anerkannten.

Die Kirche erhielt nun einen festen organisatorischen Zusammenhalt durch die Bischöfe als Gemeindevorsteher, durch Bischofskonferenzen, sogenannte Synoden, durch ihre Glaubenslehren, Sakramente und heiligen Schriften, nicht zuletzt auch durch eine intensive karitative Unterstützung der Gläubigen untereinander. Allmählich bildeten diese Christengemeinden eine eigene, selbständige Gemeinschaft innerhalb der Gesellschaftsordnung. Nicht der römische Kaiser, sondern Christus war ihr wahrer Herr, das Kreuzeszeichen ihr höchstes Symbol. Einer der ältesten Belege ist ein Wandkreuz mit Betstuhl von einem Haus in Herculaneum, wo es also schon im Jahre 79 zur Zeit des Vesuvausbruchs Christen gab.

Besonders in den unteren Volksschichten, bei den Sklaven, Freigelassenen, Besitzlosen, Minderberechtigten aller Art fand das Christentum zahlreiche Anhänger. In der Christengemeinde fanden sie die volle Anerkennung und Gleichberechtigung, die ihnen die römische Gesellschaft verweigerte. Die frühen Bischöfe Roms, Linus, Anacletus, Euaristus und andere, trugen noch Sklavennamen. Das Treiben der römischen Oberschicht, ihre Habgier und Genußsucht, wie sie die Satiriker schildern, wirkte auf die Christen abstoßend. Das Christentum war nicht nur eine religiöse Glaubensgewißheit, sondern auch eine Anklage gegen die herrschende Gesellschaft.

So könnte es nicht ausbleiben, daß viele Christen es ablehnten, politische Ämter zu bekleiden oder Militärdienst zu leisten. Vor allem das Opfer für den Kaiserkult schien ihnen mit ihrem Glauben unvereinbar. Der Konflikt mit dem Staat bahnte sich an. Wir sahen schon, daß die humanen Adoptivkaiser, Trajan und seine Nachfolger, bestrebt waren, diesen Konflikt nicht zu verschlimmern. Trotz einzelner lokaler Verfolgungen wurde die Kirche im 2. Jahrhundert im allgemeinen geduldet, wie es der römischen Tradition entsprach.

Dies änderte sich jedoch in der großen Krise zur Zeit der Soldatenkaiser. Das 3. Jahrhundert wurde das Märtyrerzeitalter der Kirche. Die wirtschaftliche Not und die feindlichen Invasionen verlangten die Anspannung aller Kräfte. Jetzt sollten auch die Christen zum Kaiseropfer und damit zum unbedingten Einsatz gezwungen werden. Kaiser Decius verordnete im Jahre 250 die erste allgemeine Christenverfolgung im ganzen Reichsgebiet. Wer das Kaiseropfer vollzog, erhielt dafür eine amtliche Bescheinigung oder Quittung. Wer das Opfer verweigerte, wurde mit Gefängnis bestraft oder hingerichtet. Unter den zahlreichen Märtyrern, das heißt Glaubenszeugen, die den Tod fanden, waren Fabianus, der Bischof von Rom, und Origenes von Alexandria, der bedeutendste christliche Theologe und Gelehrte seiner Zeit. Die Kirche ließ sich durch Zwang nicht für die Regierung gewinnen. Sie ging in den Untergrund. Die Toten wurden in den Katakomben bestattet, die Gottesdienste in unterirdischen Kapellen abgehalten.

Die geistige und religiöse Einheit des Römischen Reiches war zerbrochen, ebenso wie sein soziales und wirtschaftliches Leben ruiniert war, sein politischer und militärischer Zerfall bevorstand. Und doch gelang es, diese schwerste Krise Roms nochmals zu überwinden, nicht durch ein Wunder, sondern durch große Persönlichkeiten und Leistungen. Welche neuen Wege dabei eingeschlagen wurden, wollen wir im nächsten Abschnitt betrachten.

XI. Die Begründung des Absolutismus

Die schwere Krise, in die das Römische Reich im 3. Jahrhundert n. Chr. geriet, war nicht nur eine Folge des Angriffs äußerer Feinde, besonders der Germanen und der Perser, sondern – wie wir gesehen haben – vor allem das Ergebnis innerer Schwächen. Rom hatte versäumt, die Stellung des Kaisers zu wahren, das Heer beweglicher zu machen, die wirtschaftliche Produktion zu sichern, die Geldwährung stabil zu halten. Zwischen dem heidnischen Staat und der christlichen Kirche war es zum offenen Konflikt gekommen.

Aber es war nicht zu spät, die Versäumnisse nachzuholen und die Gegensätze auszugleichen. Obwohl sich die wichtigsten Provinzen im Westen und Osten von der Regierung in Rom losgesagt hatten, gelang es, die drohende Auflösung des Römischen Reiches zu verhindern und nochmals eine neue große Epoche seiner Geschichte zu begründen. Man nennt diese Zeit des 4. und 5. Jahrhunderts die späte Kaiserzeit oder spätantike Epoche. Ihrer Entstehung und Begründung müssen wir uns nunmehr zuwenden.

Wir haben dabei von Kaiser Gallienus auszugehen, dessen Bildnis schon in anderem Zusammenhang erwähnt wurde. Gallienus wurde im Jahre 260 der Nachfolger seines unglücklichen Vaters Valerian, der damals in persische Gefangenschaft geriet. Es war die kritischste Zeit Roms. Nach dem Abfall der Westprovinzen und der Bildung des selbständigen Reiches von Palmyra hatte Gallienus keine Aussicht, in dem Restgebiet, das ihm verblieb, eine Wendung der Lage herbeizuführen. Und doch gab er den Anlaß dazu, durch zwei Maßnahmen, die in die Zukunft wiesen. Er stellte eine bewegliche Reiterarmee in Mailand auf und leitete damit die Reorganisation des Heeres ein. Außerdem hob er die Verfolgungsmaßnahmen gegen die Christen auf und tat damit den ersten Schritt zum Frieden mit der Kirche.

Die Aufstellung eines selbständigen Reiterheeres – in der Geschichte des römischen Militärwesens etwas völlig Neues – war deshalb notwendig und wichtig, weil die Grenzlegionen nicht genügten, die Invasionen einzudämmen. Sie waren zahlenmäßig zu schwach und nicht entsprechend

230

ausgerüstet, um die Panzerreiter der Sarmaten und Sassaniden, die sogenannten Kataphrakten, und die Reiterheere der Goten abzuwehren. Nur eine zusätzliche römische Reitertruppe, die ebenso bewaffnet war, mit Bogen oder langen Lanzen, und an den entscheidenden Punkten rasch zur Stelle war, konnte mit diesen Feinden fertig werden. Es wurden dafür vor allem Illyrier aus Dalmatien rekrutiert.

Mit dem Heer des Gallienus errang Claudius II., sein Nachfolger, bald darauf die ersten wirkungsvollen Abwehrsiege über die Alamannen am Gardasee in Oberitalien und über die Goten bei Naissus-Nisch in Serbien. Diese Erfolge setzte Aurelian fort. Ihm gelang es auch, die beiden Sonderreiche im Osten und Westen seiner eigenen Regierung anzuschließen und damit die Einheit des Römischen Reiches wiederherzustellen. Dafür erhielt Aurelian die Ehrenbezeichnung restitutor orbis, ›Wiederhersteller des Erdkreises‹. Sein Werk vollendete Probus, der am Rhein und Neckar, an der Donau und in Kleinasien, schließlich in Syrien und Nubien die Grenzen zurückgewann. Auf den Denkmälern der Zeit erscheinen besiegte Feinde, die um Schutz flehen oder als Gefangene abgeführt werden.

In nur 10–12 Jahren, um 270–280, hatten somit die drei Kaiser Claudius, Aurelian und Probus die äußere Gefahr gebannt und das Römische Reich gerettet. Alle drei waren illyrischer Herkunft, aus der Gegend von Sirmium bei Belgrad, und hatten sich aus harten Verhältnissen heraufgedient. Ein neues, strenges Wesen kam durch diese Illyrier auf, ein Zug von rauher, unerbittlich durchgreifender Härte, die auf vieles Herkömmliche keine Rücksicht mehr nahm. Der Geist des Zeitalters veränderte sich. Im Vergleich zur Humanität und Kulturhöhe der mittleren Kaiserzeit hat der Charakter der spätrömischen Zeit einen herben, barbarischen Zug. Doch nur mit Härte, nicht mit Humanität, war die furchtbare Not des 3. Jahrhunderts zu überwinden. Aurelian scheute sich nicht, die Stadt Rom zu einer Festung zu machen, deren Türme und Mauern noch heute aufragen. Der Bevölkerung Roms kam es beim Bau dieser Aureliansmauer zum Bewußtsein, daß die Zeit vorbei war, in der sie fern der Grenze im Schutz des Kaiserfriedens lebte. Mit neuen Invasionen mußte gerechnet werden. Rom war nicht mehr der bevorrechtete Mittelpunkt der römischen Welt, sondern wurde in das Abwehrsystem einbezogen.

Auch in der Religionspolitik beschritt Aurelian neue Wege. Er erkannte, daß der Zwiespalt zwischen den zahllosen heidnischen Kulten und der christlichen Kirche beseitigt werden müsse. Die militärischen Erfolge

231

konnten nicht von Dauer sein, wenn nicht auch die innere, geistige Einheit wiederhergestellt wurde. Dem Christentum gegenüber, das an einen einzigen Gott und Weltschöpfer glaubte, konnten die lokalen und nationalen Götter des Heidentums nicht mehr glaubhaft erscheinen. Aurelian war aber kein Christ. Er hatte seine Siege im Glauben an den unbesiegten Sonnengott errungen, den Helios oder den Sol invictus, der vor allem in Emesa in Syrien verehrt wurde.

So führte Aurelian jetzt einen monotheistischen Sonnenkult als Staatsreligion ein und verband ihn mit dem Kaiserkult. Der Kaiser sollte der Vertreter oder die Verkörperung des Sonnengottes auf Erden sein. Seine Stellung wurde ins Übermenschliche erhöht. Er galt als ›Herr und Gott‹, dominus et deus, wie sich Aurelian zum ersten Mal auf Münzen nennen ließ. Ein Münzbild zeigt Aurelian mit der Strahlenkrone des Sonnengottes und mit den Pferden des himmlischen Sonnenwagens. In Rom wurde ein Sonnentempel geweiht und der Geburtstag des Sonnengottes, der 25. Dezember, festlich begangen.

Doch diese künstliche Religionsstiftung konnte sich nicht recht durchsetzen. Die Anhänger der altrömischen Tradition, die in Jupiter ihren höchsten Gott sahen, ließen sich nicht gewinnen und noch weniger die Christen. Das Problem der religiösen Einigung vermochte Aurelian nicht zu lösen, so groß auch seine Erfolge und Verdienste auf anderen Gebieten waren.

Da Aurelian ebenso wie Probus schon nach kurzer Wirksamkeit ermordet wurde, wäre die von ihnen erreichte Rückgewinnung der Grenzen sowie die begonnene Erneuerung im Innern wahrscheinlich wieder zunichte geworden, wenn nun nicht glücklicherweise die zwanzigjährige Regierungszeit Diokletians von 284–305 gefolgt wäre. Damit war das Zeitalter der Soldatenkaiser beendet, die Beständigkeit der obersten Regierungsgewalt wiederhergestellt.

Diokletian, wiederum von dalmatinisch-illyrischer Herkunft, derb, hart in seinen Gesichtszügen, war einer der größten Organisatoren der römischen Geschichte. Er hat nicht nur die letzte Epoche des römischen Kaisertums, den Absolutismus, fest begründet, sondern auch das gesamte Staatswesen, die Wirtschaft und Gesellschaft seiner Zeit neu geordnet. Durch rigorose und tief eingreifende Maßnahmen auf allen Gebieten sollte das Werk des Claudius, Aurelian und Probus, der Vorgänger Diokletians, gesichert werden. Es war der Zweck der diokletianischen Reformen, eine Wiederkehr der Reichskrise zu verhindern und stabile Verhältnisse für die Zukunft zu schaffen. Durch die Erreichung dieses Zieles hat Diokletian dem Römischen Reich und der spätantiken Kultur nochmals den Fortbestand auf zwei Jahrhunderte ermöglicht.

Der Absolutismus, die uneingeschränkte Machtstellung des Herrschers, wörtlich seine ›Loslösung‹ von verfassungsmäßigen Bindungen, war schon durch Aurelian vorbereitet worden, wenn er sich als ›Herr‹, dominus, bezeichnen ließ. Diese Auffassung machte Diokletian jetzt zur Grundlage des Kaisertums. Man nennt daher die späte, absolutistische Form der römischen Monarchie den Dominat. Die Entwicklung der Kaisergewalt ging vom Prinzipat des Augustus zum Dominat des Diokletian, von der noch republikanisch erscheinenden Stellung des Kaisers als Princeps, als eines ersten Bürgers, bis zur reinen Autokratie des Dominus, der als Herr über seinen Untertanen steht und nur von der Gottheit seinen Herrschaftsauftrag und seine Legitimation ableitet. Aus Bürgern wurden also Untertanen, die cives waren jetzt subiecti. Darin drückt sich die Wandlung in der Lage der Bevölkerung aus. Der Absolutismus war konsequent, aber nach der Anarchie des 3. Jahrhunderts war er zur Wiederherstellung der Staatsautorität unvermeidlich.

Schon in der Tracht des Kaisers kam seine erhöhte Stellung zum Ausdruck. Er trug das Diadem, später die Krone, mit Juwelen besetzt, und Gewänder aus Purpur und Goldbrokat. Würdenträger und Trabanten umgaben ihn. Ein förmliches Hofzeremoniell wurde eingeführt, mit Fußfall bei der Audienz. Alle diese Dinge hatten ihr Vorbild nicht in der römischen Tradition, sondern in der orientalischen, persischen Monarchie. Sie sind in das byzantinische und mittelalterliche Kaisertum übergegangen und haben ihre Nachwirkung bis in die Monarchien unserer Zeit.

Der Dominat war zentralistisch, indem alle Ämter, Verwaltungsorgane und Befehlsgewalten in der Person des Kaisers, an höchster Stelle, zusammenliefen. Da die Erfahrung jedoch gelehrt hatte, daß ein einzelner Herrscher nicht mehr imstande war, alle Teile und Grenzgebiete des Reiches gleichmäßig zu überwachen, schuf Diokletian das System der Tetrarchie, der Vierherrschaft. Vier Herrscher sollten zusammen regieren, zwei Ältere mit dem Titel Augustus und zwei Jüngere mit dem Titel Caesar. Nach 20 Jahren sollte ein Revirement erfolgen, ein Aufrücken der Caesaren in den Augustusrang unter Heranziehung jüngerer Nachfolger. Jeder der vier Kaiser erhielt einen Teil des Reiches, eine Präfektur, wie man es nannte, als Zuständigkeitsbereich. Es war also eine Art Arbeitsteilung, eine Dezentralisation aus praktischen Gründen bei Wahrung der staatsrechtlichen Einheit des Reiches.

Diokletian selbst übernahm den östlichen Reichsteil mit der Residenz

Nicomedia in Kleinasien. Seinen Mitarbeitern, bewährten illyrischen Offizieren, teilte er die anderen Präfekturen zu. Maximian erhielt Italien und Afrika mit dem Sitz in Mailand, Galerius die Donau- und Balkanprovinzen mit der Hauptstadt Sirmium, und Constantius Gallien, Britannien und Spanien, den Westen, mit den Hauptstädten Trier und York. Die Residenzen und Befehlszentren waren somit in die Nähe der Grenzen verlegt, damit die vier Kaiser im Notfall rasch eingreifen konnten. Rom war keine Kaiserstadt mehr. Diokletian hat die Stadt erst am Ende seiner Regierung betreten. Aber er ließ für die Bevölkerung Roms neue Thermen erbauen, die größten, die es jemals gab. 3000 Menschen hatten darin Platz. Das heutige Thermenmuseum und die von Michelangelo eingerichtete Kirche Santa Maria degli Angeli sind noch ein Teil der Thermen Diokletians.

Das Tetrarchensystem konnte nur funktionieren, wenn die vier Herrscher einträchtig waren. In den vier Gestalten der bekannten Porphyrgruppe am Markusdom in Venedig scheinen sie dargestellt, einander umarmend, um ihre Einigkeit zu zeigen, die Hand am Schwertgriff, um die Sicherheit der neugewonnenen Ordnung zu verbürgen. Eine umfassende Verwaltungsreform wurde durchgeführt. Die vier Reichsteile wurden in zwölf Bezirke gegliedert, sogenannte Diözesen, ein Begriff, der dann auch von der Kirche übernommen wurde. Die Provinzen wurden verkleinert, also ihre Zahl vermehrt. Die Verwaltung sollte einheitlich und übersichtlich sein. Alte Vorrechte wurden beseitigt. Auch Italien, das einst das Mutterland des Römischen Reiches gewesen war, wurde in Provinzen eingeteilt. Sie entsprachen im wesentlichen den Landschaften des alten Italien.

Neu war ferner die Trennung der Militärgewalt von der Zivilgewalt. Seit den republikanischen Magistraten hatte die römische Befehlsgewalt, das imperium, für beide Bereiche gegolten, den zivilen und den militärischen. Jetzt wurde der Grundsatz eingeführt, der auch für die modernen Staaten maßgebend ist, daß ein Offizier nicht zugleich Zivilbeamter sein könne und umgekehrt. Die Militärbefehlshaber wurden dadurch auf ihre eigentliche Aufgabe beschränkt. Die von Gallienus geschaffene, mobile Reservearmee zum Eingreifen an bedrohten Grenzen baute Diokletian weiter aus. Es waren die comitatenses, das heißt Begleittruppen, weil sie dem Kaiser bei den Feldzügen folgten, während die limitanei, die Grenztruppen, in den Grenzgarnisonen ihren festen Standort hatten. In zunehmendem Maße wurden auch Germanen ins Heer eingestellt.

Die Einsatzfähigkeit des Heeres hing entscheidend davon ab, ob es auf die Dauer mit Waffen, Material und Proviant versorgt werden konnte.

234

Dieses Problem bildete für Diokletian den speziellen Anlaß für seine Neuordnung des Wirtschaftslebens. Auf diesem Gebiet, das zugleich die Sozialpolitik umfaßte, war seine Reformtätigkeit wohl am einschneidendsten. In den beiden ersten Jahrhunderten der Kaiserzeit war das Heer durch den Fiskus versorgt worden. Die große Reichskrise aber hatte nicht nur die Wirtschaft, sondern auch die Staatsfinanzen ruiniert. Hier konnte nur eine grundlegende Reform helfen.

Diokletian begann mit der Stabilisierung der Währung. Er beendete die Inflation des 3. Jahrhunderts, indem er, wie die Goldmünzen der vier Tetrarchen zeigen, wieder wertbeständiges Geld prägen ließ und dafür einen neuen Kurswert festsetzte. Damit war die Gefahr gebannt, daß das Geldwesen vollends durch den Naturaltausch verdrängt wurde, der in der Zeit der Not immer stärker aufgekommen war. Da aber das Warenangebot noch sehr knapp war, mußten weitere Maßnahmen ergriffen werden.

Viele Landpächter und Handwerker hatten in der Kriegszeit ihre Grundstücke und Betriebe verlassen oder verloren. Wer noch Lebensmittel besaß, verbrauchte sie selbst. Die städtischen Märkte und die Truppenlager wurden nicht mehr ausreichend beliefert. Die Heeresversorgung unter den Soldatenkaisern war so schlecht geworden, daß die römischen Soldaten auf dem Lande ebenso plünderten wie die feindlichen Angreifer. Um also die Agrarproduktion wieder in Gang zu bringen, verordnete Diokletian, daß die Bauern und Landpächter, die Kolonen, ihre Pachtverträge nicht mehr kündigen durften und ihren Grund und Boden, auf dem sie arbeiteten, nicht mehr verlassen durften. Brachliegende Felder mußten wieder angebaut werden. Die Freizügigkeit, das Recht auf freien Orts- und Berufswechsel, wurde stark eingeschränkt. Die Bauern wurden glebae adscripti, ›schollengebunden‹, was im Laufe der Zeit freilich dazu führen mußte, daß sie zu Hörigen ihrer Grundherren wurden. Diese bäuerliche Hörigkeit erhielt sich in den meisten europäischen Staaten über das Mittelalter bis in neuere Zeit und wurde meist erst im 19. Jahrhundert abgeschafft.

Diokletian ging noch einen Schritt weiter. Auch die Handwerker und andere Gewerbetreibende wurden gezwungen, in ihren Betrieben und Berufen zu verbleiben. Sie hatten sich zu Innungen zusammenzuschließen, sogenannten Kollegien oder Korporationen. Schon vorher hatte es Berufsverbände und Vereinigungen aller Art gegeben, doch jetzt wurden daraus Zwangsinnungen gemacht, die der Staat beaufsichtigte. Zum Beispiel konnte kein Transportunternehmer, der Getreide vom Hafen Ostia

235

nach Rom fuhr, sein Geschäft weiterführen, wenn er nicht der Korporation für das Transportgewerbe beitrat. Der Staat erhielt dadurch die Kontrolle über die Liefermengen, die Preise, über den ganzen Markt und Wirtschaftsverkehr, vor allem über die Steuerleistungen.

Die Innungen wurden nämlich für die regelmäßige Bezahlung der Gewerbesteuern haftbar gemacht. Ähnlich hatten die Gemeinderäte in den Städten, die Dekurionen, für die pünktliche Zahlung der kommunalen Abgaben an den Fiskus zu sorgen und notfalls dafür zu haften. Das Steuerwesen wurde zu diesem Zweck neu geordnet und straff organisiert. Auf Grund allgemeiner Einkommensveranlagungen im ganzen Reiche erhielt die Bevölkerung von nun an durch die indictio, das heißt Ansage, den Steuerbescheid für 15 Jahre angesagt oder zugestellt. Dadurch wurde es zum ersten Mal in der römischen Geschichte, vielleicht überhaupt in der Geschichte, möglich, die öffentlichen Einnahmen und Ausgaben auf längere Frist zu übersehen und damit einen planmäßigen, ordentlichen Staatshaushalt aufzustellen, wie er heute für jedes geordnete Staatswesen selbstverständlich ist. Das Indiktionensystem der Steuerperioden wurde so wichtig, daß man darnach die Zeitrechnung datierte. In Deutschland wurde noch bis zum Jahre 1806 die Datierung nach römischen Indiktionen neben der christlichen Zeitrechnung amtlich verwendet.

Die letzte Maßnahme Diokletians war sein berühmtes Preisedikt vom Jahre 301. Für alle Handelswaren, Lebensmittel, gewerblichen Erzeugnisse, Rohstoffe und für Dienstleistungen wurden Höchstpreise festgesetzt. Durch Inschriften ist uns dieser Erlaß bekannt, in dem es zum Beispiel heißt: Carnis porcinae, pondo unum, den. XII ›Schweinefleisch, 1 Pfund, 12 Denare‹, Carnis bubulae, pondo unum, den. VIII ›Rindfleisch, 1 Pfund, 8 Denare‹, Carnis verbecinae, pondo unum, den. VIII ›Hammelfleisch, 1 Pfund, 8 Denare‹. In der Präambel dazu erklärten die Tetrarchen, daß sie nach der Wiederherstellung der Reichseinheit und des Friedens nicht dulden würden, daß die wirtschaftliche Stabilität durch Wuchergeschäfte und erneuten Preisanstieg gefährdet würde. Der Warenkatalog des Edikts ist so umfassend, daß allein bei den Textilien über 300 einzelne Artikel aufgezählt sind, darunter auch die Dalmatika, die als geistliche Amtstracht ebenso wie der Talar bis heute im Gebrauch blieben. Aus den Frachtkosten für Seetransporte geht hervor, daß der Schiffsverkehr nach allen Häfen des Mittelmeeres vom Schwarzen Meer bis Gibraltar zur Zeit des Edikts sehr lebhaft gewesen sein muß.

Die wirtschaftliche Krise wurde also überwunden und ein neues Zeitalter des Friedens und der Sicherheit eingeleitet. Die Produktion war durch die Berufsbindungen wieder in Gang gebracht, der Finanzhaushalt durch das Steuerwesen ausgeglichen und die Währung durch eine feste Preispolitik geschützt. Wenn wir die Reformen Diokletians und seiner Mitarbeiter zusammenfassend beurteilen, so müssen wir sagen, daß sie ihren Zweck erreichten. Es wäre unmöglich gewesen, einfach zu den früheren Verhältnissen zurückzukehren, das Wirtschaftsleben sich selbst zu überlassen und nur durch kaiserliche Sozialfürsorge in Notfällen einzugreifen. Der spätrömische, absolutistische Staat wurde durch seine Wirtschaftsplanung, sein geregeltes Steuer- und Finanzwesen, seine berufsständische Gliederung der Gesellschaft zu einer stabilen Ordnungsmacht, die dem Reich und den Untertanen die sichere Existenz garantierte. Gewiß ging es dabei nicht ohne Zwang ab, aber Gerechtigkeit und Ordnung lassen sich im staatlichen und gesellschaftlichen Leben ohne einen gewissen Zwang nicht herstellen.

Nur noch eine Aufgabe blieb für Diokletian zu lösen, die Einigkeit in der Religion, der religiöse Friede. Die Einführung des offiziellen Sonnenkults durch Aurelian hatte sich als Mißerfolg erwiesen. Die christliche Kirche lehnte diesen Kult ab. Sie war durch den Opfermut ihrer Märtyrer in der Verfolgungszeit nur noch stärker geworden. Es gab jetzt keine Provinz und keine Stadt des Reiches mehr, in der nicht eine Christengemeinde bestand. Allein in Nordafrika gab es mehr als 200 Bischöfe. Diokletian selbst war trotz all seiner Neuerungen ein Anhänger des altrömischen Glaubens. Er verehrte daher vor allem Jupiter und nahm deshalb auch den Beinamen Iovius an. Seine eigene Gemahlin sympathisierte jedoch mit den Christen, auch seine Tochter Valeria war Christin und wurde später von der Kirche sogar heiliggesprochen. Lange Zeit duldete Diokletian das Christentum ebenso wie die anderen Religionen. Er verzichtete auf das Kaiseropfer der Christen, weil er wußte, welcher Konflikt sich daraus ergeben würde.

Die Entscheidung blieb ihm jedoch nicht erspart. Als sich die Fälle mehrten, daß Christen den Militärdienst verweigerten, entschloß sich Diokletian im Jahre 303, nach zwanzigjähriger Regierungszeit, zu einer allgemeinen Christenverfolgung. Sie war die letzte und zugleich schwerste in der Geschichte der alten Kirche. Mit der ihm eigenen Gründlichkeit verordnete Diokletian, die christlichen Kultgebäude niederzureißen, die Gemeindevermögen zu beschlagnahmen, die heiligen Schriften zu verbrennen und die Gläubigen das Kaiseropfer vollziehen zu lassen. Widerstrebende wurden zu schwerer Bergwerksarbeit, zu Gefängnis oder zum Tode verurteilt. Wieder gab es Märtyrer.

237

Aber nicht überall wurde die Verfolgung nach dem Willen Diokletians durchgeführt. Während besonders im Osten zahlreiche Christen gefoltert und hingerichtet wurden – es gab freilich auch Abtrünnige, die sich von der Kirche lossagten –, gingen in anderen Provinzen die Statthalter nur zögernd vor. Der Kaiser des westlichen Reichsteiles, Constantius, der Vater Konstantins des Großen, begnügte sich damit, eine Anzahl Kirchen zu schließen, ließ aber die Christen in seiner persönlichen Umgebung unbehelligt. Die Tetrarchen, die bisher in den entscheidenden Fragen stets zusammengearbeitet hatten, zeigten also jetzt eine verschiedene Haltung. Diokletian mußte erkennen, daß die Vollendung der Reichseinheit nicht gegen die Kirche zu erreichen war. In diesem Punkte blieb er erfolglos.

Wie er es in seinem Tetrarchensystem vorgesehen hatte, dankte er im Jahre 305 zusammen mit Maximian ab, wofür zwei andere Tetrarchen nachrückten. In Spalatum an der Küste Dalmatiens baute er sich als Alterssitz einen Palast, der so geräumig war, daß daraus eine ganze Stadt, das heutige Spalato oder Split, entstehen konnte. Das Mausoleum Diokletians, ein großer Kuppelbau, ist heute der Dom von Split.

Schon wenige Jahre nach dem Rücktritt Diokletians beendeten seine Mitherrscher und Nachfolger, Galerius, Licinius, Konstantin, den Kampf gegen die Kirche durch mehrere Erlasse, vor allem durch das Toleranzedikt von Mailand, 313. Darin verkündeten sie die völlige Religionsfreiheit, die Gleichberechtigung des Christentums und die Rückgabe des beschlagnahmten Kirchenvermögens.

Staat und Kirche waren miteinander versöhnt, aber noch nicht miteinander verbunden. Ihre Verbindung mußte kommen, weil sie für beide Seiten von Nutzen war. Doch damit entstanden ganz neue Aufgaben und Probleme, deren Lösung der große Konstantin in Angriff nahm.

XII. Die späte Kaiserzeit

Das spätrömische Reich, dessen Geschichte wir nunmehr verfolgen wollen, beruhte auf den Grundlagen, die Diokletian geschaffen hatte. Wir sahen, daß er die absolute Kaisergewalt begründete, den Dominat, verbunden mit dem Tetrarchensystem, das heißt der regionalen Gliederung des Reiches in vier große Regierungsbezirke, die je einem Teilherrscher unterstanden. Dazu kamen umfassende Reformen auf dem Gebiet des Heerwesens, der Steuer- und Finanzpolitik, der Sozial- und Wirtschaftsordnung, so daß für stabile Verhältnisse gesorgt war. Nur die Kirchenfrage war im Grunde noch ungelöst.

Die Einigkeit unter den Tetrarchen währte aber nicht lange. Kaum war Diokletian zurückgetreten und seine Autorität nicht mehr wirksam, da setzte sich unter den Nachfolgern erneut das dynastische Prinzip anstelle der Adoption durch. Es kam zum Bürgerkrieg, in dem Constantinus, der Sohn des Constantius, seine Mitkaiser Maximian, Maxentius, Licinius nacheinander verdrängte und schließlich die Alleinherrschaft errang. Der Kopf Konstantins von einer Kolossalstatue in Rom ist nicht nur ein Symbol des Absolutismus, der unbeschränkten Kaisergewalt, sondern zugleich der Ausdruck eines unbeirrten persönlichen Machtbewußtseins. Diese Züge lassen keinen Zweifel, daß Konstantin stark genug und fähig war, das Reich allein zu regieren. Dennoch konnte die Abkehr vom Tetrarchensystem, von der wohlüberlegten Aufteilung der Regierungsaufgaben, besonders in den Grenzgebieten, auf die Dauer nur Schaden bringen, dann nämlich, wenn keine so kraftvolle Persönlichkeit wie Konstantin mehr die Verantwortung trug.

Von den Aufstiegskämpfen Konstantins ist sein Sieg über Maxentius an der Milvischen Brücke bei Rom im Jahre 312 bemerkenswert, weil Konstantin damals seine Hinwendung zum Christentum vollzog. Der Kirchenhistoriker Eusebios berichtet, Konstantin habe vor der Schlacht eine Kreuzesvision gehabt, bei der ihm die Worte erschienen: in hoc signo vinces, ›in diesem Zeichen wirst du siegen‹. Tatsächlich führte Konstantin jetzt als Feldzeichen für seine Truppen das sogenannte labarum ein, eine Standarte mit dem Monogramm Christi, den beiden griechischen

Anfangsbuchstaben des Namens Christus, Chi und Rho. Auch auf einem Silbermedaillon, das einige Jahre später geprägt wurde, trägt Konstantin oben am Helm das Christogramm.

War Konstantin also Christ geworden? Diese Frage wurde von der historischen Forschung verschieden beantwortet. Jacob Burckhardt vertrat in seinem berühmten Buch über Konstantin die Auffassung, der Kaiser, der ein Machtmensch war, habe sich nur äußerlich, aus Staatsraison, zum Christentum bekannt, um die Kirche für seine politischen Ziele und für die Einheit des Reiches zu gewinnen. Demgegenüber nehmen maßgebende neuere Konstantinforscher an, besonders Joseph Vogt, Konstantin habe sich auch innerlich zum Christenglauben bekehrt und gelte daher mit Recht als der erste christliche Kaiser der Geschichte.

Wir können die Streitfrage so entscheiden, daß Konstantin wohl ein Christ war, aber ein Christ seiner Zeit. Für ihn hatte sich Christus vor allem als der stärkere Schlachtengott erwiesen, dem er den Sieg an der Milvischen Brücke verdankte. Daher führte Konstantin das christliche Feldzeichen ein und begünstigte die christliche Kirche in zunehmendem Maße gegenüber den anderen Religionen. Die bischöfliche Gerichtsbarkeit wurde anerkannt, die Kleriker erhielten Steuerprivilegien. Der Geburtstag des Sonnengottes, der 25. Dezember, wurde in das Weihnachtsfest umgewandelt und der Sonntag im christlichen Sinne zum staatlichen Feiertag erklärt. Aber auch in der Gesetzgebung brachte Konstantin christliche Gedanken zur Geltung, ein Zeichen dafür, daß er sich mit der neuen Lehre mehr und mehr vertraut machte. Er verbot zum Beispiel, Strafgefangene auf der Stirn zu brandmarken, mit der biblischen Begründung, daß der Mensch das Ebenbild Gottes sei.

Staat und Kirche ließen sich nicht mehr trennen. Beim ersten allgemeinen Kirchenkonzil in Nicaea in Kleinasien, wo das nicaenische Glaubensbekenntnis formuliert wurde, 325, führte Konstantin den Vorsitz. Er erzwang die Einigung der verschiedenen theologischen Richtungen, indem er die westliche Lehre des Athanasius zur Anerkennung brachte, daß Christus mit Gott wesensgleich sei, gegen die östliche Lehre des Arius, wonach Christus nur wesensähnlich mit Gott sei. Konstantin erkannte, daß eine dogmatische Spaltung der Kirche, also der Gegensatz zweier Konfessionen, zugleich die politische Einheit des Reiches gefährden würde. Die Kirche verdankte ihm somit ihre Glaubenseinheit. Sie geriet damit freilich auch in die Gefahr, vom Kaiser abhängig zu werden.

Zum Bruch mit dem Heidentum ließ es Konstantin nicht kommen, vielleicht deshalb, weil er die Anhänger des alten Glaubens nicht verlieren wollte, oder aber, weil er selbst noch eine gewisse Scheu vor den heidnischen Göttern hatte. In Rom ließ er über dem Apostelgrab die erste große Peterskirche errichten, eine fünfschiffige Basilika, in der später Karl der Große gekrönt wurde und die erst im 16. Jahrhundert beim Bau der heutigen Peterskirche abgebrochen wurde. Auch die Grabeskirche in Jerusalem wurde unter Konstantin erbaut. Ebenso ließ Konstantin aber auch heidnische Tempel bauen. Der Konstantinsbogen in Rom für den Sieg über Maxentius entspricht ganz der römischen Tradition, ebenso das große Gerichtsgebäude mit seiner Gewölbearchitektur, die sogenannte Maxentius- oder Konstantinsbasilika in Rom. Der Fries des Triumphbogens Konstantins in Rom zeigt den Kaiser als Herrscher, umgeben von seinem Kronrat, dem consistorium, und den Ministern.

Die Szene macht deutlich, daß Konstantin den Absolutismus Diokletians mit seinem Hofzeremoniell und der Beamtenbürokratie der Exzellenzen und Eminenzen, wie diese Titel hießen, übernahm und weiter ausbildete. Auch die übrigen Staatsreformen seines großen Vorgängers auf militärischem, wirtschaftlichem und sozialem Gebiet hat Konstantin vollendet. Die Grenzwehr wurde verstärkt, der Friede blieb gesichert.

Noch eine Neuerung von großer Tragweite führte Konstantin durch. Er verlegte seine ständige Residenz und damit die Hauptstadt des Reiches nach dem griechischen Byzantion am Bosporus, das jetzt Konstantinopel hieß und als Neues Rom oder Zweites Rom entsprechend ausgebaut wurde. Schon unter den Tetrarchen hatte das alte Rom seine politische Bedeutung als Hauptstadt verloren. Die Stadt am Bosporus bot den Vorteil, daß die Feinde an der Donau- und der Euphratgrenze, die Goten und die Perser, von hier aus besser beobachtet und wirksamer bekämpft werden konnten. Außerdem schien hier der Aufbau einer christlichen Regierung leichter, da in Rom die heidnische, altrömische Opposition immer noch stark war. Daß die Verlegung des Schwergewichts nach Osten jedoch für die Verteidigung des Westens gefährlich werden könnte, war noch nicht vorauszusehen.

Als Konstantin im Jahre 337 starb, hinterließ er das Reich seinen drei Söhnen, Constantinus, Constantius und Constans, die nach Art der Tetrarchen gleichberechtigt, aber in verschiedenen Teilgebieten regieren sollten. Aber ihnen fehlte die Einigkeit. Sie bekämpften einander und setzten dadurch die Sicherheit der Grenzen aufs Spiel. Constantius II. – sein Porträt zeigt den typischen Ausdruck der gesteigerten absolutistischen Kaiseridee – verschärfte die Religionspolitik. Die altrömischen Kulte suchte er zum ersten Male durch Verbote, also durch Aufhebung der Glaubensfreiheit, zu unterdrücken, der Kirche zwang er nach Absetzung des römischen Bischofs den Arianismus auf. Es war eine Folge dieses beginnenden Staatskirchentums, daß sich in den afrikanischen Provinzen unter Führung des Bischofs Donatus eine Sonderkirche bildete, die Donatisten, die die Unabhängigkeit der Kirche von der Kaisergewalt forderten. Die Kirche hatte zwar über das altrömische Heidentum gesiegt, aber nun war ihre Selbständigkeit und ihre Einheit in Gefahr.

Doch auch ihr Sieg schien noch einmal in Frage gestellt. Auf die Söhne des großen Konstantin folgte als Letzter seiner Dynastie Julian, genannt Apostata, der von der Kirche ›Abtrünnige‹. Seine Statue zeigt ihn in philosophischer Haltung, ähnlich seinem Vorbild Mark Aurel. Julian hatte sich unter Constantius II. als Teilherrscher des Westens durch einen Abwehrsieg über die Alamannen bei Straßburg verdient gemacht. Er war christlich erzogen worden, trat dann aber unter dem Einfluß neuplatonischer Lehrer zum alten Glauben über. Als Kaiser verkündete er die Wiederherstellung der altrömischen Kulte, ließ zahlreiche Tempel wieder eröffnen und stellte die kirchlichen Schulen unter Aufsicht. Nicht mit Gewalt, sondern mit Argumenten der Vernunft und der Philosophie wollte er die Christen oder Galiläer, wie er sie in seinen Schriften nannte, von ihrem Glauben abbringen. Eine byzantinische Buchillustration zeigt Julian bei der Vernehmung einer Christin, die jedoch eifrig ihren Standpunkt verteidigt.

Julians Restaurationsversuch mußte scheitern. Die religiöse und soziale Bewegung des Christentums, die seit langem geschichtlich gewachsen war und ihre festen dogmatischen und organisatorischen Formen besaß, konnte nicht durch Regierungserlasse und durch literarische Polemik mit Erfolg bekämpft werden. Auch wenn Julian, der nach wenigen Jahren im Kampf gegen die Perser fiel, länger regiert hätte, wäre sein Versuch ergebnislos geblieben. Die römischen Kulte waren nicht mehr erneuerungsfähig. Seine geschichtliche Epoche ging zu Ende. Es ist bezeichnend, daß Julian den altrömischen Priestern empfahl, ihre Kultgemeinden nach christlichem Muster zu organisieren, Katechetenschulen einzurichten, karitative Fürsorge zu treiben. Er gab damit selber zu, daß die Göttermythologie, das Opferschlachten und das übrige Ritual der alten Religion überholt war. Immer finden die Vertreter einer untergehenden Sache bei der Nachwelt Sympathie, so auch Julian, aber das historische Urteil kann sich dadurch nicht bestimmen lassen.

Die damalige Bezeichnung der römischen Kultanhänger als pagani, ›Landbewohner‹, zeigt, daß sich die alten Kulte hauptsächlich in ländlichen Rückzugsgebieten hielten, während die städtische Bevölkerung in der Mehrheit wohl schon christlich geworden war. Nur in Rom gab es im 4. Jahrhundert noch eine einflußreiche altrömische Gruppe. Von ihr stammt ein Elfenbeinrelief mit der Darstellung einer opfernden Priesterin in klassizistischem Stil. Da blutige Tieropfer verboten waren, opfert die Frau nur ein paar Weihrauchkörner auf einem alten heidnischen Altar. Das Relief gehörte, wie die Inschrift besagt, dem Stadtpräfekten Symmachus. Er war in Rom der Mittelpunkt eines Kreises vornehmer konservativer Senatoren und Konsularfamilien, die bewußt die altrömische Tradition pflegten.

Zu ihnen zählte auch der letzte große Geschichtsschreiber Roms, Ammianus, der das Werk des Tacitus fortsetzte. Zur Charakterisierung dieses Kreises dient etwa das Porträt eines hohen Beamten, sehr vergeistigt, aber mit einem Zug von Resignation. In der starren, vereinfachenden Stilisierung solcher spätantiker Köpfe kündigt sich im übrigen schon der Übergang zur mittelalterlichen Kunst an. Das Hauptsymbol des stadtrömischen Adels war der Altar der Siegesgöttin Victoria im Senat, den einst Augustus gestiftet hatte und dessen Entfernung jetzt von den Bischöfen immer dringender gefordert wurde. Die Entscheidung konnte nicht mehr lange ausbleiben.

Kaiser Valentinian war der letzte Vertreter der religiösen Toleranz. Als Christ hob er die kirchenfeindlichen Erlasse Julians auf, zugleich aber duldete er auch den Altar der Victoria in Rom. Nochmals wurde durch diesen tatkräftigen Herrscher die Westhälfte des Römischen Reiches gesichert, die seit der Gründung von Konstantinopel vernachlässigt zu werden drohte. Valentinian schuf unter Mitwirkung seines Bruders Valens, seiner beiden Söhne sowie des fähigen spanischen Heerführers Theodosins ein Regierungs- und Verteidigungssystem mit verteilten Aufgabenbereichen, ähnlich den Tetrarchien Diokletians. Nur so konnte das Vordringen der germanischen Völker an der Nordgrenze aufgehalten werden, wenn es militärisch überhaupt noch möglich war.

An Rhein und Donau wurden befestigte Brückenköpfe mit starken Türmen errichtet, so das Kastell Divitia, heute Deutz, am rechten Rheinufer bei Köln. Die Bautechnik dieser spätrömischen Mauertürme aus Ziegeln und flachen Steinen übernahmen dann die Germanen, was auch an der neuerdings freigelegten karolingischen Befestigung von Regensburg zu sehen ist, hinter der die ältere Römermauer liegt. Das Kastell Eining an der Donau zeigt in seiner Südwestecke einen spätrömischen Einbau, eine stärkere, aber verkleinerte Festungsanlage, in die sich die Verteidiger zurückziehen konnten. Im ganzen Grenzgebiet finden sich als Stützpunkte aus dieser Zeit auch zahlreiche quadratische, einzelstehende Türme mit Graben, sogenannte burgi. Die römische Bezeichnung burgus, unser Wort Burg, ist germanischer Herkunft. Es zeigt, daß der sprachliche und kulturelle Einfluß, der bisher vorwiegend von den Römern auf die Germanen ausgegangen war, nun auch umgekehrt wirksam wurde. Als Beispiel für eine Wort- und Sachentlehnung dieser Art sei noch die Seife genannt, die die Römer erst durch die Kelten und Germanen kennenlernten. Vorher gebrauchten sie dafür Öl. Das germanische Wort saipo, althochdeutsch seifa, englisch soap, wurde ins Lateinische übernommen als sapo. Das Gebiet zwischen Rhein und Donau, das bis ins 3. Jahrhundert durch den Limes gedeckt worden war, blieb den Alamannen überlassen. Sie waren die erste germanische Stammesgruppe, die einen Teil des römischen Reichsgebiets für dauernd in Besitz nahm. Ihre frühe Nachbarschaft zu der romanischen Bevölkerung Galliens ist noch daran zu erkennen, daß der französische Name für die Deutschen les Allemands lautet. Einen Teil der Alamannen bildeten die Sueben, die Vorfahren der Schwaben, deren literarisch bezeugte Haartracht, ein Knoten an der rechten Stirnseite, auch auf den Denkmälern nachweisbar ist. Da die Alamannen auch das Bodenseegebiet besetzt hatten, verlief die Grenze Rätiens im 4. Jahrhundert an der Iller mit den Kastellen Kempten und Kellmünz. Die einzige erhaltene Straßenkarte des Altertums, die Peutingertafel in Wien, eine fast sieben Meter lange Rolle, früher im Besitz des Augsburger Humanisten Peutinger, zeigt deutlich die spätrömischen Orte Rätiens und ihre Verbindungen von Bregenz über Kempten bis Salzburg.

Wenn es somit im Westen gelang, die Verhältnisse auf diese Weise im wesentlichen zu sichern, so mußte an der unteren Donau gegenüber den Goten anders verfahren werden. Die Goten hatten den Kaiser Valens bei Adrianopel in Thrakien geschlagen, so daß der junge Kaiser Theodosius, der hier jetzt die Befehlsgewalt übernahm, im Jahre 382 einen umfassenden Ansiedlungsvertrag mit ihnen schloß. Statt zu Angriff und Abwehr entschloß man sich also jetzt auf beiden Seiten zum Vertragsschluß. Die Goten wurden als Föderaten, das heißt Verbündete, ins Römische Reich aufgenommen und in den Balkanprovinzen angesiedelt, wobei sie die Rechtsstellung von Kolonen erhielten und in geschlossenen Verbänden unter ihren eigenen Anführern leben konnten. Zusätzlich sollten sie jährliche Getreidelieferungen bekommen. Die Goten ihrerseits verpflichteten sich dafür, selber den Grenzschutz an der Donau gegen die auswärtigen Völker zu übernehmen.

244

Dieser Vertrag wurde für das Verhältnis zwischen Römern und Germanen richtungweisend. Die Germanen wollten ja vor allem Siedlungsboden, den Römern ging es in erster Linie um Frieden und Sicherheit. Wenn der Vertrag eingehalten wurde, so konnten beide Partner befriedigt sein. Auch in der Religion bestand kein Gegensatz mehr, da die Goten durch ihren Bischof Ulfilas oder Wulfila schon großenteils christianisiert waren. Die gotische Bibelübersetzung des Wulfila, das älteste Literaturdenkmal einer germanischen Sprache, ist durch den berühmten Silberkodex, den Codex argenteus in Uppsala, erhalten, der in Silberschrift auf Purpurblättern geschrieben ist. Das gotische Alphabet hatte Wulfila aus griechischen und lateinischen Buchstaben unter Verwendung germanischer Runen geschaffen.

Kurz vor dem Gotenvertrag brachte Theodosius auch die kirchliche Entwicklung im ganzen Reichsgebiet zum Abschluß. Er berief 381 nach Konstantinopel das zweite allgemeine Kirchenkonzil und ließ dabei das athanasisch-nicänische Bekenntnis gegen den Arianismus bestätigen. Zugleich aber verbot er endgültig alle heidnischen Kulte und befahl, den größten noch bestehenden Tempel des Heidentums, den des Sarapis in Alexandria, zu zerstören. Auch die Olympischen Spiele wurden aufgehoben, die mehr als 1000 Jahre lang alle vier Jahre zu Ehren des Zeus in Olympia abgehalten worden waren. Eine letzte militärische Erhebung der heidnischen Reaktion in Italien wurde niedergeworfen. Die Religionsfreiheit war damit beseitigt, das Christentum athanasischer Konfession zur Staatsreligion geworden. Die Kirche wurde zur Staatskirche, ihre Leitung beanspruchte jetzt der Kaiser.

Noch wenige Jahre regierte Theodosius als letzter Herrscher über das Gesamtreich. Auf dem Relief am Sockel des Obelisken in Konstantinopel-Istanbul steht er in der Mittelloge mit seinen beiden Söhnen Arcadius und Honorius, umgeben vom straff und hierarchisch geordneten Hofstaat. Das Bild ist der vollkommene Ausdruck der spätrömischen, schon byzantinischen Autokratie und Theokratie.

Nach dem Willen des Theodosius wurde die Regierung nach seinem Tode 395 unter die beiden Söhne geteilt. Arcadius erhielt den Osten, Honorius den Westen. Es sollte keine Reichsteilung sein, sondern wieder nur eine Abgrenzung der Zuständigkeitsbereiche. Tatsächlich aber fand die Einheit des Römischen Reiches damit ihr Ende. Beide Hälften, das Oströmische und das Weströmische Reich, nahmen immer deutlicher eine selbständige Entwicklung, obwohl an der staatsrechtlichen Fiktion der Einheit festgehalten wurde. Arcadius, auf einem Reliefbild thronend neben gotischen Leibwächtern, herrschte in Konstantinopel über die östlichen Provinzen mit griechischsprechender Bevölkerung. Das Oströmische oder Byzantinische Reich erhielt dadurch einen griechischen Charakter. Honorius, der auf einem Kameo mit seiner Gattin ähnlich wie früher die julisch-claudischen Kaiser dargestellt ist, hatte die lateinischen Länder mit den romanisierten Völkern des Westens. Die antike Welt begann sich in ihre zwei Grundbestandteile aufzulösen, den griechischen Orient und den lateinischen Okzident, das Abendland. Dies war die folgenschwere Bedeutung des Jahres 395. Die Idee von der Einheit des gesamten Kulturkreises, des orbis Romanus, verblaßte. Das Bewußtsein der Zusammengehörigkeit des Ostens und des Westens ging mehr und mehr verloren.

Zunächst war diese Entwicklung freilich noch nicht allgemein sichtbar. Arcadius und Honorius unterzeichneten ihre Erlasse gemeinsam und auch das römische Recht sollte weiterhin im ganzen Reiche Geltung haben. Theodosius II., der Nachfolger des Arcadius im Osten, ließ deshalb in seinem Codex Theodosianus alle früheren Gesetze und kaiserlichen Erlasse sammeln, dazu die Lehrsätze der Juristen Gaius, Ulpian, Papinian und anderer, die seit dem 2. Jahrhundert das klassische römische Privatrecht ausgebildet hatten. Diese Rechtssammlung wurde das Vorbild für das spätere Corpus Iuris und damit auch für das moderne bürgerliche Recht. Das Recht gehört zu den großen Leistungen des Römertums, die das Ende der politischen Reichseinheit überdauerten. Unter Theodosius II. wurde die östliche Hauptstadt Konstantinopel schließlich mit der 6 km langen, doppelten Landmauer umgeben, die den Schutz der Stadt durch alle Völkerstürme noch für ein Jahrtausend bis zur Einnahme durch die Türken 1453 gewährleistete.

Im Westreich wurden die Verhältnisse schon nach kurzer Zeit viel unsicherer. Honorius regierte zunächst in Mailand, dann in Ravenna. Ein politischer Mittelpunkt von der früheren Bedeutung Roms konnte nicht mehr hergestellt werden, was von entscheidender Bedeutung war. Dazu kam, daß die weströmischen Kaiser den militärischen Oberbefehl immer häufiger germanischen Heerführern überließen, die sie in ihren Dienst gestellt hatten, wie dem Vandalen Stilicho oder später dem Sueben Ricimer. Diese Germanen betrachteten sich zwar als Sachwalter und Schutzherrn des Kaisertums und des Reiches, doch ließ es sich nicht verhindern, daß sie immer selbständiger auftraten und eigene politische Ziele verfolgten. Als die Goten, die von Theodosius in den Donauprovinzen angesiedelt worden waren, dort mit der oströmischen Provinzverwaltung in Konflikt

246

gerieten, zogen sie unter ihrem König Alarich nach Italien, besetzten 410 Rom und nahmen darauf, teils eigenmächtig, teils als Föderaten mit kaiserlicher Genehmigung, in Südfrankreich und Spanien neue Siedlungsge biete in Besitz. Ebenso setzten sich im 5. Jahrhundert die Angelsachsen in Britannien fest, die Burgunder an Rhein und Rhône, die Vandalen in Nordafrika. Es waren faktisch bereits Nachfolgestaaten des Weströmischen Reiches. Im Jahre 476 erklärten germanische Söldner in Italien den unmündigen Kaiser Romulus für abgesetzt und riefen ihren Anführer Odoaker als König von Italien aus. Damit war die Kaisergewalt im Westen erloschen.

Nur einmal gab es während dieser Zeit der Wirren eine gemeinsame, bedeutungsvolle Aktion der westlichen Völker. Die Hunnen, ein asiatisches Reitervolk, das unter Attila von Osteuropa bis nach Mittelfrankreich vorgestoßen war, wurden dort in der furchtbaren Schlacht auf den Katalaunischen Feldern 451 von einem vereinigten Heer der Römer, Goten, Franken, Burgunder und Sachsen unter der Führung des Aëtius, des letzten Römers, wie man ihn genannt hat, geschlagen. Es war wie eine Rettung des Abendlandes, richtiger gesagt, es war ein Zeichen dafür, daß die Römer und die Germanen sich ihrer Gemeinschaft jetzt bewußt wurden. Ihre Zukunft hing nicht mehr davon ab, ob es eine Kaisergewalt gab, sondern davon, ob das Römertum und das Germanentum einer tieferen und dauerhaften Verbindung fähig waren.

Wenn es gelang, eine solche Verbindung zu schaffen, dann war es geschichtlich folgerichtig, daß später ein Germane, Karl der Große, das römische Kaisertum erneuerte.

XIII. Ende und Nachwirkung

Das Ende der römischen Geschichte läßt sich historisch nicht datieren, auf ein bestimmtes Ereignis oder Jahr festlegen, so wenig wie die Anfänge Roms. Das Erlöschen des weströmischen Kaisertums im Jahre 476 bedeutete zwar das Ende des Reiches im Westen, wie wir sahen, doch bestand das Oströmische Reich fort. Seine Herrscher in Konstantinopel beanspruchten auch weiterhin die rechtmäßige Oberhoheit über die germanischen Völker und Könige des Westens.

Dieser staatsrechtliche Gesichtspunkt ist freilich nicht von entscheidender Bedeutung. Tatsächlich war die spätrömische Welt seit dem 5. Jahrhundert in zunehmender Auflösung und Umbildung begriffen, wofür die Aufgabe der Reichseinheit und die Entstehung selbständiger Nachfolgestaaten nur der sichtbare Ausdruck waren. In vieler Hinsicht lassen sich Erscheinungen des Niedergangs und Zerfalls feststellen.

Die Wirtschafts- und Gesellschaftsordnung war immer starrer geworden. Der Steuerdruck, der auf der Bevölkerung lastete, war so schwer, daß die Germanen weithin als Befreier begrüßt wurden, weil man von ihnen eine Erleichterung oder gar Aufhebung der Abgabenpflicht erhoffte. Durch die soziale Nivellierung der Untertanen waren zwar die früheren Unterschiede zwischen Freien und Unfreien, Kolonen und Sklaven meist bedeutungslos geworden, aber dafür hatte sich eine neue privilegierte Oberschicht von Beamten, Offizieren, Geistlichen und anderen Standespersonen gebildet, die durch ihre gesellschaftliche Rangordnung vom Volk geschieden waren. Irgendein politisches Mitbestimmungsrecht der Bevölkerung war infolge des absolutistischen Regierungssystems ohnehin ausgeschlossen, so daß außer den Privilegierten kaum jemand ein Interesse daran hatte, den Staat zu verteidigen. So erklärt es sich, daß etwa die Vandalen mit nur 15 000 Mann in kurzer Zeit die Provinz Afrika erobern konnten, in der acht Millionen Menschen lebten.

Dieses Beispiel zeigt, daß die Invasion der Germanen keineswegs die primäre oder ausschließliche Ursache des Reichsverfalls war. Man kann wohl überhaupt nicht eine einzelne Ursache dafür namhaft machen. Der Raubbau am Boden und Waldbestand, der zur Verkarstung ganzer Länder führ-

248

te, in Spanien, Dalmatien, Griechenland, oder der Schwund des römischen Volkstums durch Vermischung und Aussterben der einst führenden Familien, ferner die Barbarisierung des Heeres durch Einstellung von Germanen und durch Auflösung der alten Militärdisziplin, all diese und andere Dinge spielten gewiß eine Rolle, aber nur ihr Zusammenwirken macht die Wandlung insgesamt verständlich. Die Gegensätze der verschiedenen Religionen und die frühere Staatsfeindlichkeit vieler Christen waren seit Konstantin im wesentlichen beseitigt, fielen also nicht mehr ins Gewicht. Schwerer wog die Tatsache, die schon hervorgehoben wurde, daß Rom seine Bedeutung als politischer Mittelpunkt der römischen Welt, speziell des Westens, verloren hatte. Damit war gleichsam der Ursprung des Römischen Reiches aufgegeben und verleugnet.

Geschichtsphilosophisch läßt sich sagen, daß jede historische Erscheinung, ein Staatsgefüge, eine Gesellschaftsordnung, eine Kultur, offenbar einem gewissen Alterungsprozeß unterliegt, wie ein organischer Körper. Bei diesem Vergleich ist jedoch zu berücksichtigen, daß ein Staat oder ein Gesellschaftskörper kein Organismus wie ein Individuum ist, das notwendig sein natürliches Ende findet. Die Gesellschaft setzt sich aus vielen Individuen zusammen. Sie kann sich regenerieren, erneuern, umbilden. Staatliche Formen und kulturelle Werte können von anderen Völkern und Personen übernommen, mit neuem Geist erfüllt werden und dadurch weiterleben. Was in der Geschichte als Untergang erscheint, erweist sich nach gewisser Zeit und bei genauerer Betrachtung meist als Übergang, als Umwandlung zu neuen Epochen und Verhältnissen. Auch die antike Kultur ist nicht untergegangen, sondern in das Mittelalter übergegangen.

Freilich hat es an Katastrophen in der spätrömischen Zeit nicht gefehlt. Die Plünderung Roms durch die Goten und durch die Vandalen mußte den Zeitgenossen wie ein Symbol des Zusammenbruchs erscheinen. ›Alle erwarten das Ende der Welt‹, schrieb ein gallischer Bischof. ›Weder Gebirge noch Ströme, Mauern oder Burgen halten die barbarischen Völker mehr auf. Zwietracht herrscht überall. Wer früher im Wagen durch herrliche Städte fuhr, zieht jetzt entkräftet durch ein verödetes Land. Tausendfacher Tod geht um, der Friede hat die Erde verlassen‹. Diese apokalyptischen Sätze klingen wie ein schauerlicher Widerruf der Lobpreisungen des Friedens und Fortschritts bei den früheren Autoren des glücklichen 2. Jahrhunderts.

Augustinus, der größte Denker des christlichen Altertums, unterzog in seinem Werk über den ›Gottesstaat‹, das er als Bischof in Afrika kurz vor der Vandalenzeit schrieb, die Geschichte des Römischen Reiches einer kritischen Prüfung. Die Römer wurden groß durch ihre Leistungen in der Vergangenheit, sagt er, ›aber was sind die Reiche, wenn ihnen die Gerechtigkeit fehlt, denn anderes als große Räuberbanden! Wo keine Gerechtigkeit mehr ist, da ist auch kein Staat‹. Von anderen Kirchenvätern wurden die Ereignisse der Zeit in ähnlicher Weise als göttliches Strafgericht gedeutet.

Dabei ist aber bemerkenswert, daß gerade die bedeutendsten Theologen des Westens, wie Ambrosius, Augustinus, Leo der Große, den Begriff oder die Idee Roms nicht aufgaben. Je schwächer das weströmische Kaisertum wurde, um so wirksamer traten die Bischöfe oder Päpste in Rom in vieler Hinsicht geradezu die Nachfolge des Kaisers an, zunächst in der örtlichen Gerichtsbarkeit und Verwaltung, dann in weitergehenden Befugnissen. Als der Hunnenkönig Attila Rom bedrohte, soll ihn Papst Leo durch sein Eingreifen zum Abzug bewogen haben. Die Kleriker erfüllten öffentliche Funktionen.

Eine solche Rolle spielte auch Abt Severin in Passau, der dort nach dem Ausfall der Grenzverteidigung für den Schutz der Bevölkerung sorgte. In den Randprovinzen, wo früher die Legionäre, Kolonisten und Kaufleute die römische Kultur ausbreiteten, wurde dieselbe Kultur jetzt von kirchlichen Sendboten und Mönchen verbreitet. Da sie für ihre Missionstätigkeit und Klostergründungen keine weltliche Herrschaft beanspruchten, waren sie auch an keine politischen Grenzen gebunden. Der Zerfall der römischen Reichsgrenze und die Bildung selbständiger Staaten war für die Kirche kein Hindernis, ihren Wirkungskreis weiter auszudehnen. Im Orient drang das Christentum nach Armenien, Persien, Äthiopien vor, im Westen nach Irland und in die germanischen Länder.

Im organisatorischen Aufbau der Kirche lebte der spätrömische Absolutismus fort. Die Diözesanverfassung, die Hierarchie der Kleriker und der Laien, der Amtsstil der bischöflichen Erlasse hatten in den staatlichen Einrichtungen ihr Vorbild. Dies gilt auch für die Stellung des Oberhauptes der Kirche. Während im Oströmischen Reich der Kaiser zum unbeschränkten Herrn der Kirche wurde, der die drei rivalisierenden Patriarchen von Konstantinopel, Antiochia und Alexandria in Abhängigkeit hielt, gewann das Papsttum im Westen volle Selbständigkeit. Die westliche, römische Kirche konnte daher straffer ausgebaut und zentralistisch geleitet werden. Dadurch steigerte sie nicht nur ihren missionarischen Erfolg bei den neuen Völkern des Nordens, sondern vermied auch die dogmatischen Kämpfe und häretischen Abspaltungen, die in der Ostkirche so häufig waren.

Die Kirche hat durch alle ihre Ziele und Aufgaben, durch die Ausbreitung des Christentums, durch die Weiterbildung der römischen Organisationsformen, ebenso durch die Bewahrung der lateinischen Sprache, des basilikalen Kirchenbaustils und durch vieles andere entscheidend dazu beigetragen, den Übergang der spätrömischen Kultur ins abendländische Mittelalter zu ermöglichen.

Auch die Erhaltung der klassischen Literatur des Römertums, ihre Rettung über die Zeit der Katastrophen und der Völkerwanderung, hängt damit zusammen. Im Jahre 529 wurde auf dem Monte Cassino in Italien das erste Benediktinerkloster gegründet, im gleichen Jahr, als der oströmische Kaiser Justinian die platonische Akademie in Athen schließen ließ. Es ist ein eigentümlicher Zufall, daß also gerade damals, als diese große Tradition des antiken Geisteslebens, die erste griechische Philosophenschule, ihr Ende fand, die Benediktiner damit begannen, die alten Handschriften abzuschreiben und zu verbreiten, nicht nur die Bibeltexte und die Schriften der Kirchenväter, sondern ebenso die Werke des heidnischen Altertums. Nur dadurch sind uns Cicero, Horaz, Tacitus und die anderen Klassiker des alten Rom überliefert. Das Mönchtum, das in Ägypten entstanden war und ursprünglich allein dem Ideal einer asketischen Lebensführung diente, erhielt somit im Westen die zusätzliche Bedeutung einer Vermittlerrolle für die antike Kulturtradition.

Die letzten großen Züge und Staatsgründungen der germanischen Völkerwanderung bis ins 7. Jahrhundert, der Franken und Ostgoten, der Bayern und Langobarden, konnten unter allen diesen Voraussetzungen zwar das germanische Element im Aufbau der mittelalterlichen Welt weiter verstärken, jedoch das römische Erbe nicht mehr wesentlich beeinträchtigen.

Mit den Franken hatte schon Stilicho unter Kaiser Honorius einen Föderatenvertrag geschlossen, wodurch sie sich verpflichteten, den Grenzschutz im Rheinland zu übernehmen. Um 500 dehnte der Frankenkönig Chlodwig seine Herrschaft über den größten Teil von Gallien aus, das dadurch zum Frankenreich, zu Frankreich wurde. Die gallisch-römische Bevölkerung war dabei sowohl in ihrer Oberschicht, den senatorischen Grundherrn, wie in der Masse der bäuerlichen Kolonen so stark, daß sich ihre romanische Sprache trotz der fränkischen Einwanderung durchsetzte. Indem sich Chlodwig nach römischem Ritus taufen ließ, erlangte er die Unterstützung der Bischöfe in seinem Lande, was dort wiede-

251

rum die Festigung des kirchlichen Einflusses unter fränkischer Herrschaft zur Folge hatte.

Der leichte Übertritt Chlodwigs und der meisten germanischen Fürsten zum Christentum läßt übrigens erkennen, daß der Götterglaube der Germanen in dieser Zeit längst nicht mehr die Bedeutung und sittliche Kraft besaß, die ihm einst Tacitus in seiner Germania zugeschrieben hatte. Es scheint, daß die germanische Religion ebenso wie das römische Spätheidentum jedenfalls bei den führenden Schichten in der Auflösung begriffen war. Dagegen hat die Volksreligiosität der Germanen unverkennbar auf die christliche Missionstätigkeit eingewirkt, was in der Lage und Benennung der Kirchen, in der Nachwirkung alter Bräuche und Naturvorstellungen vielfach zum Ausdruck kommt.

Die Ostgoten waren als Föderaten unter ihrem König Theoderich oder Dietrich von Bern, wie er in der deutschen Sage heißt, von der mittleren Donau nach Italien gezogen, wo Theoderich im Auftrag des oströmischen Kaisers den Germanen Odoaker beseitigte, der den letzten weströmischen Kaiser abgesetzt hatte. Theoderich regierte somit als kaiserlicher Statthalter mit der Residenz in Ravenna über die Römer und Goten in Italien. Dabei blieben die beiden Bevölkerungsteile allerdings weithin getrennt, schon deshalb, weil die Goten im Gegensatz zu den Römern arianischer Konfession waren.

Unter Theoderich, dessen Regierung für Italien am Anfang des 6. Jahrhunderts nochmals eine Zeit der Ruhe, der wirtschaftlichen Erholung und der Sicherheit bedeutete, schrieb Boëthius, der letzte Vertreter des alten stadtrömischen Adels, sein gedankenvolles Werk über den Trost der Philosophie. Eine Buchillustration zeigt Boëthius und neben ihm die allegorische Gestalt der Philosophie. In seinem Werk bekennt er sich, obwohl er Christ war, zugleich so deutlich zu den Lehren der platonischen und stoischen Philosophie, also zu einer geistigen Einheit des alten und des neuen Glaubens, daß er, seiner Zeit weit voraus, wie ein früher Vorläufer des Humanismus erscheint.

Theoderichs Versuch, zusammen mit den Franken und Burgundern, den Westgoten in Spanien und den Vandalen in Afrika ein ausgedehntes Bündnissystem zu bilden, das die ganze Westhälfte des Römerreiches umfassen sollte, konnte bei dem Selbständigkeitsstreben der germanischen Könige keinen dauerhaften Erfolg haben. Dennoch gilt Theoderich der Große mit Recht als der bedeutendste germanische Herrscher der spätantiken Zeit. Seine Bauten und sein Grabmal in Ravenna gehören ebenso der römischen wie der germanischen Geschichte an.

Erst in der 2. Hälfte des 6. Jahrhunderts erfolgte die Landnahme der Langobarden in Oberitalien, in der nach ihnen benannten Lombardei, ebenso der Bayern im nördlichen Voralpengebiet. Beide germanischen Völker waren durch ihre Fürstenhäuser miteinander verbunden. Der Verkehr über die römischen Alpenstraßen war noch nicht unterbrochen. Die große römische Festung Regensburg wurde die Residenz der bajuwarischen Stammesherzöge. Sie blieb unzerstört, so daß noch im 8. Jahrhundert der Bischof Arbeo von Freising die Festigkeit ihrer Türme und Mauern rühmen konnte. Die rätoromanische Bevölkerung Bayerns, die Welschen oder Walchen, wie sie die Einwanderer nannten, wurde meist in die Gebirgstäler oder in andere Rückzugsgebiete verdrängt. Der Walchensee und manche Ortsnamen erinnern noch an diese Volksgruppe, die erst im Hochmittelalter vollends germanisiert wurde.

Während aller dieser Veränderungen im Westen behauptete das oströmische Kaisertum seinen übergeordneten Rang und seine Geltung. Der letzte römisch denkende und wohl auch der größte Herrscher von Byzanz war Justinian im 6. Jahrhundert. Es gelang ihm, noch einmal große Teile des Westens zurückzugewinnen, indem er vor allem die Ostgoten in Italien, die sich nach Theoderichs Tod unabhängig gemacht hatten, sowie die Vandalen in Afrika durch seine Feldherrn Belisar und Narses unterwarf. Justinians Ziel, die Einheit des Gesamtreiches zu erneuern, war damit weithin erreicht.

Es war gleichsam ein geschichtliches Experiment, ob die Wiederherstellung des Römerreiches auf die Dauer noch möglich sei. Doch diese Hoffnung erwies sich bald als Illusion. Byzanz konnte die westlichen Länder nur vorübergehend halten, seine militärischen und finanziellen Mittel reichten nicht mehr aus, neue Gegner traten auf. Trotzdem bleibt der Integrationsversuch Justinians denkwürdig, ebenso wie vor ihm die Bündnispolitik Theoderichs, weil in der auseinanderfallenden Staatenwelt der Spätantike dadurch der Gedanke einer größeren Einheit nochmals in Erscheinung trat. Auch die verhängnisvolle Entfremdung innerhalb der Kirche, die sich damals anbahnte und die schließlich zur dogmatischen Kirchenspaltung, zum Schisma führte, konnte von Justinian nur für kurze Zeit aufgehalten werden.

Die bleibende Leistung Justinians besteht in der großen abschließenden Kodifikation des römischen Rechts im Corpus Iuris. Schon Theodosius II. im 5. Jahrhundert hatte, wie wir sahen, eine solche Sammlung der geltenden Rechtssätze herstellen lassen. Sie wurde jetzt zu einem umfassenden Gesetzgebungswerk erweitert, das im Jahre 534 veröffentlicht wurde. Seine vier Teile, die Institutionen, die Pandekten oder Digesten, der Codex Iustinianus und die Novellen enthalten das System des römischen Rechts in seiner bis heute maßgebenden Gliederung nach dem Personenrecht, dem Sachenrecht und dem Schuldrecht. Durch die spätere Übernahme des Corpus Iuris in die Rechtsschule von Bologna im 11. Jahrhundert wurde die abendländische Rezeption des römischen Rechts eingeleitet, das heißt seine Annahme als gültiges Recht in den Staaten Europas. Die germanischen Volksrechte der Goten, Franken, Bayern und Langobarden verloren dadurch ihre Bedeutung. Nur das kanonische Kirchenrecht blieb für den Klerus in Geltung. Geistesgeschichtlich gesehen, stellt das römische Recht neben der christlichen Religion und neben der klassischen römischen Literatur das wichtigste Erbe dar, das das Römertum der Nachwelt hinterlassen hat.

An Justinian erinnern aber auch seine berühmten Bauten und Kunstdenkmäler. Die Hofkirche San Vitale in Ravenna enthält die goldschimmernden Mosaikdarstellungen Justinians mit seinem weltlichen und geistlichen Gefolge und der Kaiserin Theodora mit ihren Hofdamen. Das strenge, höfische Zeremoniell und die kirchlich-sakrale Feierlichkeit dieser Gestalten, die sich in einer Prozession dem Beschauer präsentieren, sind für den Stil der byzantinischen Kunst ebenso bezeichnend wie für die Selbstauffassung des Kaisers von Byzanz.

Das Meisterwerk der byzantinischen und überhaupt vielleicht der antiken Baukunst ist die unter Justinian in Konstantinopel erbaute Kuppelkirche der Heiligen Weisheit, die Hagia Sophia, unübertroffen in ihrer Raumwirkung, das Vorbild für alle großen Moscheen, die später von den Türken in Konstantinopel und an anderen Orten errichtet wurden. Die Hagia Sophia als Bauwerk und das Corpus Iuris als Gesetzeswerk sind zwei gewaltige Leistungen, die in der Geschichte des Römertums einen letzten Höhepunkt und zugleich den Abschluß bilden. Das Zeitalter Justinians, in dem sich die geistigen und materiellen Kräfte nochmals sammelten, bietet das notwendige Gegenbild zu den Zeichen des Verfalls und der Auflösung, die so häufig zu beobachten waren.

Der Gegensatz wirkt besonders eindringlich, wenn man die einzelne Säule betrachtet, die bald nach Justinian am Anfang des 7. Jahrhunderts auf dem Forum in Rom für den byzantinischen Kaiser Phokas errichtet wurde. Sie ist das späteste und letzte Denkmal auf dem Forum, ein Sinnbild der Verlassenheit inmitten von Ruinen. Einst war das Forum die Keimzelle Roms gewesen, dann in seiner größten Zeit das Zentrum der Kaiserstadt und des Weltreiches. Die Hagia Sophia in Konstantinopel und die Phokassäule in Rom gehören zusammen, trotz des furchtbaren Gegensatzes von Größe und Vergänglichkeit, der hier zum Ausdruck kommt. Beide Bilder entstammen derselben römischen Welt des Westens und Ostens, die einst ein Ganzes gebildet hatte.

Erst die Ausbreitung der Araber im Zeichen Mohammeds und des Islam brach die Macht des Oströmischen Reiches. Im 7. Jahrhundert belagerten die Araber schon Konstantinopel. Die syrischen und afrikanischen Provinzen gingen nacheinander in kurzer Zeit verloren. Im Westen erlag das spanische Gotenreich und im Osten das persische Sassanidenreich den Arabern. Die arabische Expansion und Invasion brachte die Einheit der antiken Mittelmeerkultur vollends zur Auflösung. Die meisten Städte wurden zerstört, die römischen Aquädukte und Bewässerungsanlagen der Anbaugebiete verfielen, die Wüste drang wieder vor, in Ägypten, in ganz Nordafrika.

Da der Islam zugleich als kämpferische Religion auftrat, verlor auch das Christentum seine ältesten Stammländer. Die Kirche konnte hier nicht die Bedeutung einer Klammer zwischen Altertum und Mittelalter gewinnen, keine Vermittlerrolle in der Kulturtradition mehr spielen wie bei den germanischen Völkern. Die Araber übernahmen vom Römertum weder die Religion noch die Kaiseridee noch das Rechtswesen. Das antike Erbe, das auch sie gelehrig aufnahmen und in ihrer Sprache selbständig weiterbildeten, war die griechische Wissenschaft und Philosophie, die Mathematik, Medizin, Astronomie.

Indem die Araber alle südlichen Randländer des Mittelmeeres besetzten und ihnen den Charakter der arabisch-orientalischen Kultur aufprägten, trennten sie diesen Teil der antiken Mittelmeerwelt und des Römerreiches endgültig von seiner nördlichen, europäischen Hälfte ab. Erst dadurch wurde die geographische Bezeichnung Europa zu einem geschichtlichen und kulturellen Begriff. Zu der bereits vollzogenen, gleichsam vertikalen Spaltung der antiken Welt in ein weströmisches Reich mit seinen germanischen Nachfolgestaaten und ein oströmisch-byzantinisches Reich, in ein Abendland und ein Morgenland, kam jetzt noch die horizontale Spaltung zwischen dem Norden und dem Süden, zwischen Europa und den afrikanisch-orientalischen Ländern. Weil die einst blühenden römischen Städte und Kulturprovinzen in Tunesien, Libyen, Ägypten und Syrien damals orientalisiert wurden und zumeist im Wüstensand versunken sind, aus dem nur noch Ruinen hervorragen, deshalb fällt es uns heute so schwer, uns ihre einstige Zugehörigkeit zur gemeinsamen römischen Kulturwelt überhaupt vorzustellen. Die weltgeschichtliche Leistung und Bedeutung Roms, seine Einigung aller Länder und Völker zu einer politischen Ordnung und Kulturgemeinschaft, wird hier in ihrer ganzen Größe sichtbar.

Die islamische Bewegung der Kalifen kam im Osten erst am Indus, im Westen erst am Atlantik zum Stehen. Sie war nicht rückgängig zu machen und konnte weder von den abendländischen Mächten noch von Byzanz entscheidend eingedämmt werden. Ihre Abwehr in Spanien durch die Franken unter Karl Martell schuf jedoch die Voraussetzung dafür, daß dessen Enkel Karl der Große später im Westen den Gedanken des römischen Kaisertums zu erneuern vermochte.

Im Osten erwehrte sich Byzanz der arabischen und der slawischen Angriffe. Es übermittelte sogar, ähnlich wie die abendländische Kirche den Germanen, noch den slawischen Völkern der Balkanländer und Osteuropas seine Kultur, Schrift und christliche Religion. Die Slawen wurden dadurch als letzte europäische Völkergruppe über Byzanz in das Erbe des Römertums einbezogen, woraus sie in Moskau die Idee eines wiederum neuen, Dritten Rom entwickelten.

Mit der Eroberung Konstantinopels durch die Türken im Jahre 1453 ging das Oströmische Reich zu Ende. Vom Westen hatte es keine Unterstützung erhalten. Sein Fall war nur möglich geworden, weil die politische und auch die kirchliche Einheit des Westens und Ostens längst zerbrochen war. Europa hatte das Vermächtnis Roms, daß Ost und West eine unteilbare Einheit bilden, vergessen. Doch die letzten Byzantiner brachten ihre Tradition, ihre Kunst und ihre Handschriften nach Italien und trugen damit zur Entstehung der Renaissance und des Humanismus bei. Die Erinnerung an die klassische Welt der Antike lebte wieder auf und gewann zunehmend an Stärke.

Seitdem wächst Europa. Indem es seiner Grundlagen bewußt wird, wird es auch seiner Einheit bewußt. Darin liegt für uns der Sinn der römischen Geschichte.

Zeittafel

Griechische Geschichte

Gliederung:	Frühzeit	3.–2. Jahrts. v. Chr.
	Archaische Zeit	12.–6. Jahrh. v. Chr.
	Klassische Zeit	5.–4. Jahrh. v. Chr.
	Hellenistische Zeit	3.–1. Jahrh. v. Chr.
	Römerzeit	1.–4. Jahrh. n. Chr.

um 2500	Sesklo und Dimini, Ende der neolithischen Zeit
um 2500–1200	Bronzezeit in der Ägäis
um 2500–2000	Frühhelladische, frühkykladische, frühminoische Kultur
um 2000	Einwanderung der Frühgriechen
um 2000–1600	Mittelhelladische, mittelminoische Zeit
um 1900–1700	Kretische Paläste, Kamaresvasen
um 1600–1200	Späthelladische, spätminoische Zeit, mykenische Kultur
um 1400	Zerstörung von Knossos
um 1300	Zerstörung Trojas, Kuppelgräber in Mykene
um 1200	Dorische Wanderung
um 1000	Übernahme der phönikischen Alphabetschrift
um 900–700	Geometrische Keramik
um 800–700	Homer, Ilias und Odyssee
776	Erste Olympiade
um 750–550	Kolonisation im Westmittelmeer und Schwarzmeergebiet
um 740–720	Unterwerfung Messeniens durch die Spartaner
um 700–600	Aufkommen der Münzprägung und des Sklavenhandels
um 700	Hesiod
um 650–585	Kypselos und Periander von Korinth
624	Strafgesetze Drakons in Athen
um 600–500	Archaische Plastik, schwarzfigurige Vasen
594	Reformen Solons in Athen, Bauernbefreiung
584	Vorausberechnung einer Sonnenfinsternis durch Thales von Milet
560–527	Tyrannis des Peisistratos in Athen
559–529	Kyros, Gründer des Perserreiches
546	Ende des Lyderreiches, Ostgriechen unter persischer Herrschaft
514	Tyrannenmörder Harmodios und Aristogeiton in Athen

323	Tod Alexanders in Babylon
323–322	Lamischer Krieg
317–289	Agathokles von Syrakus
um 310	Gründung der stoischen Schule in Athen durch Zenon
306–305	Annahme des Königstitels durch die Diadochen
306	Schulgründung Epikurs in Athen
301	Schlacht bei Ipsos
um 295	Gründung des Museion in Alexandreia durch Ptolemaios I.
280–275	Feldzug des Pyrrhos nach Italien und Sizilien
223–187	Antiochos III.
222	Schlacht bei Sellasia
217	Schlacht bei Raphia
212	Eroberung von Syrakus, Tod des Archimedes
196	Freiheitserklärung des Flamininus
190	Schlacht bei Magnesia
um 180	Zeusaltar von Pergamon
168	Schlacht bei Pydna
166	Erhebung der Juden unter Judas Makkabaios
148	Makedonien römische Provinz
146	Zerstörung von Korinth, Ende des Achäischen Bundes
133	Testament Attalos' III. von Pergamon zugunsten Roms
88	Erhebung Mithradates' VI. von Pontos
63	Syrien römische Provinz, Ende des Seleukidenreiches
30 v. Chr.	Ägypten römische Provinz, Ende des Ptolemäerreiches
45–58 n. Chr.	Missionsreisen des Apostels Paulus
um 50–120	Plutarch
67	Freiheitserlaß Neros
117–138	Kaiser Hadrian, Bautätigkeit in Athen
171–174	›Selbstbetrachtungen‹ Mark Aurels
um 175	Reisebeschreibung des Pausanias
313	Anerkennung des Christentums durch Konstantin
330	Konstantinopel wird Hauptstadt.

Römische Geschichte

Gliederung:	Anfänge und Königszeit	8.–6. Jahrh. v. Chr.
	Römische Republik	5.–1. Jahrh. v. Chr.
	1. Frühe Republik	5.–4. Jahrh. v. Chr.
	2. Mittlere Republik	3.–2. Jahrh. v. Chr.
	3. Späte Republik	1. Jahrh. v. Chr.
	Römische Kaiserzeit	1.–5. Jahrh. n. Chr.
	1. Frühe Kaiserzeit	1. Jahrh. n. Chr.
	2. Mittlere Kaiserzeit	2.–3. Jahrh. n. Chr.
	3. Späte Kaiserzeit	4.–5. Jahrh. n. Chr.
	Übergang zum Mittelalter	6.–8. Jahrh. n. Chr.

753 v. Chr.	Gründung Roms nach Varro
um 510	Sturz des Königtums, Errichtung der Republik
507	Weihung des Jupitertempels auf dem Kapitol
494	Sezession der Plebejer
450	Zwölftafelgesetz
445	Eheschließungsrecht zwischen Patriziern und Plebejern
396	Eroberung von Veji
387	Schlacht an der Allia, Rom von den Kelten besetzt
366	Zulassung der Plebejer zum Konsulat
338	Unterwerfung der Latiner
326	Aufhebung der Schuldknechtschaft
312	Appius Claudius Censor, Bau der Appischen Straße
290	Unterwerfung der Samniten
287	Plebiszite erhalten Gesetzeskraft, Ende des Ständekampfs
272	Unterwerfung Tarents nach dem Abzug des Pyrrhos
264–241	1. Punischer Krieg
241	Provinz Sizilien
218–201	2. Punischer Krieg
216	Schlacht bei Cannae
202	Sieg Scipios über Hannibal bei Zama
196	Freiheitserklärung des Flamininus für die Griechen
190	Antiochos III. bei Magnesia geschlagen
168	Perseus bei Pydna geschlagen, Freihafen Delos
148	Provinz Makedonien
146	Zerstörung von Karthago und Korinth, Provinz Africa
133	Provinz Asia, Tiberius Gracchus Volkstribun
123–121	Reformen des Gaius Gracchus
102–101	Siege des Marius über Teutonen und Kimbern, Heeresreform
91–88	Bundesgenossenkrieg
82	Schlacht am Kollinischen Tor, Diktatur Sullas
73–71	Sklavenaufstand unter Spartacus
66–63	Mithridates von Pompeius geschlagen, Provinz Syrien
63	Konsulat Ciceros, Verschwörung des Catilina

60	Triumvirat Caesar, Pompeius, Crassus
59	Konsulat Caesars
58–52	Eroberung Galliens durch Caesar
49–44	Bürgerkrieg, Diktatur Caesars
48	Sieg Caesars über Pompeius bei Pharsalus
44	15. März: Ermordung Caesars
42	Schlacht bei Philippi
31	Schlacht bei Actium, Ende der Bürgerkriege
30	Provinz Ägypten
27	Prokonsularisches Imperium des Augustus, Prinzipat
20	Vertrag mit den Parthern
19	›Aeneis‹ Vergils
15	Provinz Rätien
9 v. Chr.	Weihung des Friedensaltars in Rom
9 n. Chr.	Schlacht im Teutoburger Wald, Arminius
14	Tod des Augustus
14–37	Tiberius, Julisch-claudische Dynastie
69	Vierkaiserjahr
69–79	Vespasian, Flavische Dynastie
70	Eroberung Jerusalems durch Titus
79	Ausbruch des Vesuv, Untergang von Pompeji
um 90	Provinzen Ober- und Untergermanien, Limes
98–117	Trajan, Adoptivkaisertum
98	›Germania‹ des Tacitus
101–106	Eroberung Dakiens durch Trajan
117–138	Hadrian
161–180	Mark Aurel, Markomannenkrieg
193–211	Septimius Severus, Severische Dynastie
212	Bürgerrechtsverleihung an die Provinzialen durch Caracalla
235–284	Soldatenkaiser, Krise des Reiches
248	Tausendjahrfeier Roms
250	Christenverfolgung des Decius
um 250–260	Einfälle der Alamannen, Franken und Goten
260	Valerian in persischer Gefangenschaft
270–275	Aurelian, Wiederherstellung der Reichseinheit
284–305	Diokletian, Ausbildung des Absolutismus
301	Preisedikt Diokletians
312	Schlacht an der Milvischen Brücke, Kreuzesvision Konstantins
313	Toleranzedikt von Mailand
325	Kirchenkonzil von Nicaea
330	Konstantinopel wird Hauptstadt
337	Tod Konstantins
361–363	Julian Apostata
364–375	Valentinian
381	Kirchenkonzil von Konstantinopel
382	Ansiedlungsvertrag des Theodosius mit den Goten
395	Tod des Theodosius, Teilung des Reiches

410	Besetzung Roms durch die Westgoten unter Alarich
426	›Gottesstaat‹ Augustins
429	Übergang der Vandalen nach Nordafrika
451	Schlacht auf den Katalaunischen Feldern, Aëtius
476	Ende des weströmischen Kaisertums
493–526	Ostgotenreich unter Theoderich in Italien
527–565	Justinian
529	Benediktinerkloster auf dem Monte Cassino
534	Corpus Iuris
568	Einfall der Langobarden in Italien
um 630	Vordringen der Araber, Ausbreitung des Islam
800	Kaiserkrönung Karls des Großen in Rom
1453	Eroberung Konstantinopels durch die Türken.

Literatur

Zusammenfassende Werke über Griechenland und Rom sind bei der Griechischen Geschichte angeführt

Griechische Geschichte

Altheim, F., Weltgeschichte Asiens im griechischen Zeitalter, 2 Bände, Halle 1947–1948

Bayer, E., Griechische Geschichte, Stuttgart 1968

Beloch, K. J., Griechische Geschichte, 4 Bände (8 Teilbände), 2. Auflage, Straßburg-Berlin-Leipzig 1912–1927

Bengtson, H., Einführung in die Alte Geschichte, 6. Auflage, München 1969
– Griechische Geschichte von den Anfängen bis in die römische Kaiserzeit, 4. Auflage, München 1969

Bengtson, H.-Milojcić, V., Großer Historischer Weltatlas I, 4. Auflage, München 1963

Berve, H., Das Alexanderreich auf prosopographischer Grundlage, 2 Bände, München 1926
– Griechische Geschichte, 2. Auflage, Freiburg 1950–1951
– Die Tyrannis bei den Griechen, 2 Bände, München 1967

Berve, H.-Gruben, G., Griechische Tempel und Heiligtümer, München 1961

Burckhardt, J., Griechische Kulturgeschichte, 4 Bände, Berlin-Stuttgart 1898 bis 1902. Neudruck Basel, Darmstadt, Berlin 1956–1957

Bury, J. B., A History of Greece to the Death of Alexander the Great, 3. Auflage, London 1955

Busolt, G., Griechische Geschichte bis zur Schlacht bei Chaeroneia, 3 Bände (4 Teilbände), 2. Auflage, Gotha 1893–1904
- Griechische Staatskunde, 2 Bände, München 1920–926

The Cambridge Ancient History IV–XII, hrsg. von J. B. Bury u. a., Cambridge 1927–1959

Christ, K., Antike Numismatik, Einführung und Bibliographie, Darmstadt 1967

Droysen, J. G., Geschichte des Hellenismus, 3 Bände, 2. Auflage, Gotha 1877 bis 1878. Neudruck Basel, Tübingen 1952–1954

Dunbabin, T. J., The Western Greeks, Oxford 1948

Ehrenberg, V., Der Staat der Griechen, 2. Auflage, Zürich-Stuttgart 1965

Forbes, R. J., Studies in Ancient Technology, 9 Bände, 1.–2. Auflage, Leiden 1964–1966

Franke, P. R.-Hirmer, M., Die griechische Münze, München 1964

Friedell, E., Kulturgeschichte Griechenlands, München 1950

Hamann, R., Geschichte der Kunst, Von der Vorgeschichte bis zur Spätantike, München 1952. Neudruck Darmstadt 1962

Heichelheim, F. M., Wirtschaftsgeschichte des Altertums, 2 Bände, Leiden 1938. An Ancient Economic History, 3 Bände, Leiden 1958–1970

Jaeger, W., Paideia, Die Formung des griechischen Menschen, 3 Bände, 3.–4. Auflage, Berlin 1959

Jones, A. H. M., Athenian Democracy, Oxford 1965

Junge, P. J., Dareios I., König der Perser, Leipzig 1944

Kaerst, J., Geschichte des Hellenismus, 2 Bände, 2.–3. Auflage, Leipzig-Berlin 1926–1927. Neudruck Darmstadt 1968

Kaletsch, H., Tag und Jahr, Die Geschichte unseres Kalenders, Zürich-Stuttgart 1970

Kern, O., Die Religion der Griechen, 3 Bände, Berlin 1926–1938

Kirsten, E., Die griechische Polis als historisch-geographisches Problem des Mittelmeerraumes, Bonn 1956

Kirsten, E.-Kraiker, W., Griechenlandkunde, Ein Führer zu klassischen Stätten, 5. Auflage, Heidelberg 1967

Klaffenbach, G., Griechische Epigraphik, 2. Auflage, Göttingen 1966

Kranz, W., Die griechische Philosophie, 2. Auflage, Wiesbaden 1950

Kromayer, J.-Veith, G., Heerwesen und Kriegführung der Griechen und Römer, München 1928. Neudruck München 1963

Lauffer, S., Abriß der antiken Geschichte, 2. Auflage, München 1964

Lesky, A., Geschichte der griechischen Literatur, 2. Auflage, Bern 1963

Lietzmann, H., Geschichte der alten Kirche, 4 Bände, 2.–3. Auflage, Berlin 1953

Lipsius, J. H., Das Attische Recht und Rechtsverfahren, 3 Bände, Leipzig 1905–1915. Neudruck Hildesheim 1966

Matz, F., Kreta, Mykene, Troja, Die minoische und die homerische Welt, 6. Auflage, Stuttgart 1955

Meyer, Ed., Geschichte des Altertums, 5 Bände, Stuttgart-Berlin 1884–1902

Michell, H., Economics of Ancient Greece, 2. Auflage, Cambridge 1957

Nestle, W., Geschichte der griechischen Literatur, 2 Bände, 3. Auflage, Berlin 1961–1963

Niese, B., Geschichte der griechischen und makedonischen Staaten seit der Schlacht von Chaeronea, 3 Bände, Gotha 1893–1903. Neudruck Darmstadt 1963

Nilsson, M. P., Geschichte der griechischen Religion, 2 Bände, 2. Auflage, München 1955–1961

Otto, W. F., Die Götter Griechenlands, 5. Auflage, Frankfurt 1961

Philippson, A.-Kirsten, E., Die griechischen Landschaften, 4 Bände, Frankfurt 1950–1959

Pöhlmann, R. v., Geschichte der sozialen Frage und des Sozialismus in der antiken Welt, 2 Bände, 3. Auflage, München 1925

Potratz, J. A. H., Einführung in die Archäologie, Stuttgart 1962

Prächter, K., Die Philosophie des Altertums, 12. Auflage, Berlin 1926

Préaux, Claire, L'Economie royale des Lagides, Brüssel 1939

Putzger, F. W., Historischer Weltatlas, 90. Auflage, Bielefeld 1969

Reitzenstein, R., Die hellenistischen Mysterienreligionen, 3. Auflage, Leipzig 1927

Rostovtzeff, M., Die hellenistische Welt, Gesellschaft und Wirtschaft, 3 Bände, Stuttgart 1955–1956. Gesellschafts- und Wirtschaftsgeschichte der hellenistischen Welt, 3 Bände, Darmstadt 1955–1956. The Social and Economic History of the Roman Empire, 2. Auflage, Oxford 1957. Neudruck Oxford 1963

Sarton, G., A History of Science, Cambridge 1959

Schachermeyr, F., Die ältesten Kulturen Griechenlands, Stuttgart 1955

– Perikles, Stuttgart-Berlin-Köln-Mainz 1969

Schaefer, A., Demosthenes und seine Zeit, 3 Bände, 2 Auflage, Leipzig 1885–1887

264

Schubart, W., Einführung in die Papyruskunde, Berlin 1918

Seltman, Ch., Greek Coins, London 1958

Stauffenberg, A. Schenk Graf v., Trinakria, Sizilien und Großgriechenland in archaischer und frühklassischer Zeit, München-Wien 1963

Stier, H. E., Grundlagen und Sinn der griechischen Geschichte, Stuttgart 1945

Stier, H. E.-Kirsten, E., Westermanns Atlas zur Weltgeschichte I, Braunschweig 1963

Stroheker, K. F., Dionysios I., Gestalt und Geschichte des Tyrannen von Syrakus, Wiesbaden 1958

Taeger, F., Das Altertum, 2 Bände, 6. Auflage, Stuttgart 1958

Tarkiainen, T., Die athenische Demokratie, Zürich-Stuttgart 1966

Tarn, W. W., The Greeks in Bactria and India, 2. Auflage, Cambridge 1951

– Alexander der Große, Darmstadt 1967

Tarn, W. W.-Griffith, G. T., Die Kultur der hellenistischen Welt, Darmstadt 1966

Vogt, J., Sklaverei und Humanität, Studien zur antiken Sklaverei und ihrer Erforschung, Wiesbaden 1965

Wilamowitz-Moellendorf, U. v. Aristoteles und Athen, 2 Bände, Berlin 1893. Neudruck Berlin-Dublin-Zürich 1966

– Der Glaube der Hellenen, 2 Bände, 3. Auflage, Darmstadt 1959

Wilcken, U., Griechische Geschichte im Rahmen der Altertumsgeschichte, 9. Auflage, München 1962

Will, E., Histoire politique du monde hellénistique, 2 Bände, Nancy 1966–1967

Zeller, E.-Nestle, W., Grundriß der Geschichte der griechischen Philosophie, 13. Auflage, Leipzig 1928.

Römische Geschichte

Altheim, F., Die Soldatenkaiser, Frankfurt 1939
– Niedergang der Alten Welt, 2 Bände, Frankfurt 1952
Aubin, H., Vom Altertum zum Mittelalter, München 1949
Bengtson, H., Grundriß der römischen Geschichte mit Quellenkunde, 2. Auflage, München 1970
Bidez, J., Julian der Abtrünnige, München 1940
Büchner, K., Römische Literaturgeschichte, 3. Auflage, Stuttgart 1962
Carcopino, J., So lebten die Römer während der Kaiserzeit, Stuttgart 1959
Dessau, H., Geschichte der römischen Kaiserzeit, 2 Bände, Berlin 1924–1930
Dopsch, A., Wirtschaftliche und soziale Grundlagen der europäischen Kulturentwicklung aus der Zeit von Cäsar bis auf Karl d. Gr., 2 Bände, 2. Auflage, Wien 1923–1924
Enßlin, W., Theoderich der Große, München 1959
Ferrero, G., Größe und Niedergang Roms, 6 Bände, Stuttgart 1908–1914
Frank, T. (Hrsg.), An Economic Survey of Ancient Rome, 6 Bände, Baltimore 1933–1940. Neudruck Paterson, New Jersey 1959
Friedländer, L., Darstellungen aus der Sittengeschichte Roms, 4 Bände, 9.–10. Auflage, Leipzig 1921–1923. Neudruck Aalen 1964
Gelzer, M., Caesar, der Politiker und Staatsmann, 6. Auflage, Wiesbaden 1960
Göbl, R., Einführung in die Münzkunde der römischen Kaiserzeit, 2. Auflage, Wien 1960
Haller, J., Der Eintritt der Germanen in die Geschichte, 3. Auflage, Berlin 1957
Heinze, R., Vom Geist des Römertums, 3. Auflage, Darmstadt 1960
Heuß, A., Römische Geschichte, 2. Auflage, Braunschweig 1964
Hirschfeld, O., Die kaiserlichen Verwaltungsbeamten bis auf Diokletian, 2. Auflage, Berlin 1905. Neudruck Berlin-Zürich 1963
Hoffmann, W., Hannibal, Göttingen 1962
Jones, A. H. M., The Later Roman Empire 284–602, 3 Bände, Oxford 1964
Kähler, H., Rom und seine Welt, Bilder zur Geschichte und Kultur, 2 Bände, München 1958–1960
Kahrstedt, U., Kulturgeschichte der römischen Kaiserzeit, 2. Auflage, Bern 1958
Klingner, F., Römische Geisteswelt, 4. Auflage, München 1961
Kornemann, E., Römische Geschichte, 2 Bände, 6. Auflage, Stuttgart 1970
Kretschmer, F., Bilddokumente römischer Technik, 2. Auflage, Düsseldorf 1964
Kunkel, W., Römische Rechtsgeschichte, 5. Auflage, Köln-Graz 1967
Latte, K., Römische Religionsgeschichte, München 1960
Lissner, I., Die Cäsaren, Macht und Wahn, 2. Auflage, Olten, 1958. Wien 1960, München 1963
Lübtow, U. v., Das römische Volk, sein Staat und sein Recht, Frankfurt a. M. 1955
Magie, D., Roman Rule in Asia Minor to the End of the Third Century A. D., 2 Bände, Princeton 1950
Marquardt, J., Römische Staatsverwaltung, 3 Bände, 2. Auflage, Leipzig 1881–1885. Neudruck Darmstadt 1957
– Das Privatleben der Römer, 2. Auflage, Leipzig 1886. Neudruck Darmstadt 1964
Mattingly, H., Roman Coins, London 1967
Mazzarino, S., Das Ende der antiken Welt, München 1961

Meltzer, O.-Kahrstedt, U., Geschichte der Karthager, 3 Bände, Berlin 1879–1913

Meyer, Ed., Ursprung und Anfänge des Christentums, 3 Bände, Berlin 1921–1923

Meyer, E., Römischer Staat und Staatsgedanke, 3. Auflage, Zürich-Stuttgart 1964

Mommsen, Th., Römische Geschichte, 4 Bände, 9.–13. Auflage, Leipzig 1921–1923. Gekürzte Ausgaben Stuttgart, Frankfurt, Wien, Köln, Gütersloh 1948–1963

– Römisches Staatsrecht, 3 Bände, 3. Auflage, Leipzig 1887–1888. Neudruck Graz-Tübingen 1952–1953, Basel 1963

Niese, B.-Hohl, E., Grundriß der römischen Geschichte nebst Quellenkunde, 5. Auflage, München 1923

Norden E., Alt-Germanien, Leipzig-Berlin 1934. Neudruck Darmstadt 1962

Paoli, U. E., Das Leben im alten Rom, 2. Auflage, Bern 1961

Piganiol, A., Histoire de Rome, 5. Auflage, Paris 1962

Pirenne, H., Geburt des Abendlandes, Untergang der Antike am Mittelmeer und Aufstieg des germanischen Mittelalters, übers. von P. E. Hübinger, Amsterdam o. J. (1939)

Premerstein, A. v., Vom Wesen und Werden des Prinzipats, Abh. Bayer. Akad. d. Wiss., Phil.-hist. Abt. 15, München 1937. Neudruck London-New York 1964

Rahner, H., Kirche und Staat im frühen Christentum, München 1961

Rostovtzeff, M., Gesellschaft und Wirtschaft im Römischen Kaiserreich, 2 Bände, Leipzig 1929. The Social Economic History of the Roman Empire, 2 Bände, 2. Auflage, Oxford 1963

Rubin, B., Das Zeitalter Justinians, Berlin 1960

Schachermeyr, F., Etruskische Frühgeschichte, Berlin-Leipzig 1929

Schleiermacher, W., Der römische Limes in Deutschland, 3. Auflage, Berlin 1967

Schneider, C., Geistesgeschichte des antiken Christentums, 2 Bände, München 1954

Seeck, O., Geschichte des Untergangs der antiken Welt, 6 Bände, 1.–4. Auflage, Berlin und Stuttgart 1894–1922

Stein E., Geschichte des spätrömischen Reiches I, Wien 1928. Histoire du Bas-Empire I–II, Paris-Brüssel-Amsterdam 1949. Neudruck Amsterdam 1968

Straub, J., Vom Herrscherideal in der Spätantike, Stuttgart 1930. Neudruck Stuttgart 1964. Darmstadt 1964

Syme, R., Die römische Revolution, Stuttgart 1957. München 1962

Vogt, J. (Hrsg.), Rom und Karthago, Leipzig 1943

Vogt, J., Constantin der Große und sein Jahrhundert, 2. Auflage München 1960

– Römische Geschichte I: Die römische Republik, 4. Auflage, Basel-Freiburg-Wien 1959. Neudruck Freiburg 1962

– Der Niedergang Roms, Metamorphose der antiken Kultur, Zürich 1965

Volkmann, H., Grundzüge der römischen Geschichte, Darmstadt 1965

Wagner, F., Die Römer in Bayern, 4. Auflage, München 1928

Weber, W., Rom, Herrschertum und Reich im zweiten Jahrhundert, Stuttgart-Berlin 1937.

Register

269

274

278